知識ゼロからの

東京オリンピック観戦入門

生島 淳 監修

A Beginner's Guide to
Watching Tokyo Olympic Games

2020

幻冬舎

2020年、東京2020大会が開催されます。いったいどんなスポーツの祭典となるのでしょうか? まずは開会式・閉会式、エンブレム、マスコットについて紹介します。

東京2020開幕!

Ceremony 開会式・閉会式

オリンピック・パラリンピックの開会式・閉会式は世界最大規模のセレモニー。東京2020大会では、狂言師の野村萬斎氏が演出の総合統括責任者を務めます。写真はロンドン五輪の聖火台。

【オリンピック】
開会式 7/24（金）、閉会式 8/9（日）
【パラリンピック】
開会式 8/25（火）、閉会式 9/6（日）

ミライトワ

©Tokyo 2020

Mascot マスコット

オリンピックのマスコットは、大会エンブレムと同じ市松模様をあしらった「ミライトワ」、パラリンピックのマスコットは桜をモチーフとした「ソメイティ」です。2,042件の応募の中から選ばれました。

ソメイティ

©Tokyo 2020

Emblem エンブレム

エンブレムのモチーフとなっているのは、日本の伝統的な図柄「市松模様」。形の異なる3種類の四角形がつながり合うデザインには、国や文化・思想などの違いを超えて人々がつながる「多様性と調和」のメッセージが込められています。

TOKYO 2020

©Tokyo 2020

TOKYO 2020
PARALYMPIC GAMES

©Tokyo 2020

数字で知る 東京 2020

東京2020大会に参加する国・地域は？ メダルの総数は？ など、
ここでは、「数字」を切り口に、オリンピックの魅力や見どころに迫ります。

参加国・地域は206

オリンピック・パラリンピックに参加する国・地域は増加傾向にあります。リオデジャネイロ 2016 大会では、オリンピックには 205、パラリンピックには 159 の国・地域が参加しました。東京 2020 大会では、オリンピック・パラリンピック合計で 206 の国・地域の参加が予定されています。なお、第 1 回アテネ 1896 大会に参加した国はわずか 14 か国でした。

東京開催は56年ぶり!!

前回、東京でオリンピック・パラリンピックが開催されたのは1964年のこと。アジア地域ではじめて開催されたオリンピックでした。このとき、オリンピックには 93、パラリンピックには 21 の国・地域が参加しました。

10年目の被災地復興

東京 2020 大会の大切な役割の 1 つに、2011 年に発生した東日本大震災で被災した地域の復興支援があります。野球・ソフトボールの試合の一部が福島県で、サッカーの試合の一部が宮城スタジアム（宮城県：写真）で行われるのはそのためです。

競技数 オリンピックは33 パラリンピックは22

東京2020大会のオリンピックでは、33競技339種目が行われます。このうち、スポーツクライミング、空手、スケートボード、サーフィンはオリンピックにはじめて採用された競技です。パラリンピックは22競技・540種目。バドミントンとテコンドーはパラリンピックにはじめて採用されました。参加する選手数は、オリンピックは約11,090人、パラリンピックは約4,400人と予想されています。

総予算は3兆円 経済効果は32兆円

東京都のオリンピック・パラリンピック準備局の発表によると、経済効果は、オリンピック開催による直接的な効果と、大会後の遺産（レガシー）で生じるレガシー効果とを合わせて32兆円になるとのこと。なお、総予算は約3兆円といわれています。

メダルは金・銀・銅合わせて5,000個

東京2020大会でアスリートに授与される入賞メダルは、使用済み携帯電話やパソコンなどの小型家電等から集めた金属でつくられます。回収プロジェクトはすでに終了しており、確保できた金属量は金が約32kg、銀が約3,500kg、銅が約2,200kg。ここから、東京2020大会のオリンピック・パラリンピックの金・銀・銅合わせて約5,000個のメダルがつくられます。

東京2020を楽しむ

「せっかく日本で開催されるのだから、東京2020大会を思い切り楽しみたい！」という人のために、チケットを持っていても持っていなくても楽しめる方法を紹介します。

エールを送ろう！

応援する

@沿道

@会場

試合観戦チケットを持っている人は、会場で選手たちに声援を送りましょう。チケットを持っていない人は沿道で応援してみては？　沿道で応援できる競技は、陸上競技の競歩、マラソン、トライアスロン、自転車競技のロードレースなどがあります。競技時間、コースは事前にしっかり調べておきましょう。

@ライブサイト

ライブサイトとは、競技会場外に設置された大型スクリーンで競技を観戦できる場所のこと。たくさんの人たちとオリンピックの感動を共有できます。東京2020大会の期間中は、東京都内はもちろん地方自治体でも設置が予定されています。

チケットについて

これからチケットを手に入れるには？

東京2020観戦チケット抽選販売に落選した人も、これからチケットを入手する方法があります。

- ●オリンピック・パラリンピックの公式チケット販売サイトで申し込む（2020年春～）
- ●公式チケット販売サイトが運営する「公式リセール（再販売）サービス」で購入する
- ●都内に設置予定（2020年春～）の公式チケット販売所で購入する

このほか、旅行代理店などが販売しているチケットつき観戦ツアーに参加する方法もあります。

オリンピックを盛り上げる

関連イベント

NIPPONフェスティバル

東京2020 NIPPON フェスティバル

©Tokyo 2020

2020年4月ごろから9月にかけて、東京2020大会公式の文化プログラム「東京2020 NIPPONフェスティバル」が日本全国で展開されます。どんなイベントがどの地域で行われているのか、興味がある人は下記の公式サイトでチェックしてみてください。

https://tokyo2020.org/jp/special/festival/

参画プログラム

2016年10月から、東京2020大会関連のイベントが全国各地で開催されています。競技の魅力を体験できるイベントから、会場となっている地域の文化を学べるイベントまで内容はさまざま。プログラムの内容、日程、開催場所などは下記の公式サイトから確認できます。

https://participation.tokyo2020.jp/jp/

パートナーハウス

オリンピック・パラリンピックの開催期間中、世界中の国々や競技団体などが集う「パートナーハウス」がオープンします。パートナーハウスでは、東京2020大会に参加する国や競技の魅力について学んだり、さまざまな国の人と出会ったりすることができます。世界中とつながる絶好のチャンスです。

スペクタキュラー

日本橋にて撮影

オリンピック・パラリンピックの開催時期が近づくにつれ、開催都市にはオリンピックやパラリンピックのシンボル、マスコットなどさまざまな「スペクタキュラー」が登場します。東京都内のお台場地区と八王子市の高尾山に設置予定の巨大五輪シンボルなどが挙げられます。ぜひ記念に撮影しておきましょう。

東京2020 聖火リレーを見る

オリンピック開催の約4か月前から、オリンピック・パラリンピック聖火リレーがスタートします。

聖火リレーとは

オリンピック・パラリンピック聖火リレーとは、ギリシャのオリンピアで採火された炎を、ギリシャ国内およびオリンピック・パラリンピック開催国内でリレーによってつなげるものです。東京 2020 オリンピック聖火リレーは、2020 年 3 月 26 日（木）に福島県を出発し、全国 47 都道府県をめぐります。その後、8 月 13 日（木）から 8 月 25 日（火）にかけて、パラリンピック聖火リレーが行われます。

聖火採火式・引継式

オリンピック聖火リレーは、ギリシャ・オリンピア市にあるヘラ神殿跡で行われる聖火採火式からはじまります。オリンピア市は古代オリンピック発祥の地です。採火された聖火はギリシャ国内を 8 日間リレーで中継された後、アテネ市で行われる聖火引継式にて日本へとバトンタッチされ、宮城県の航空自衛隊松島基地に到着します。宮城、岩手、福島の 3 県で展示された後、3月26日（木）より国内での聖火リレーがスタートします。

トーチについて

東京 2020 オリンピック・パラリンピック聖火リレーで用いられるトーチは桜がモチーフとなっています。このトーチは新幹線の製造にも使われているアルミ押出成形という手法でつくられており、継ぎ目がまったくないのが特徴。また、素材の一部には、東日本大震災の復興仮設住宅に使用されていたアルミ建築廃材が再利用されています。「Hope Lights Our Way / 希望の道を、つなごう。」が東京 2020 大会聖火リレーのコンセプトです。

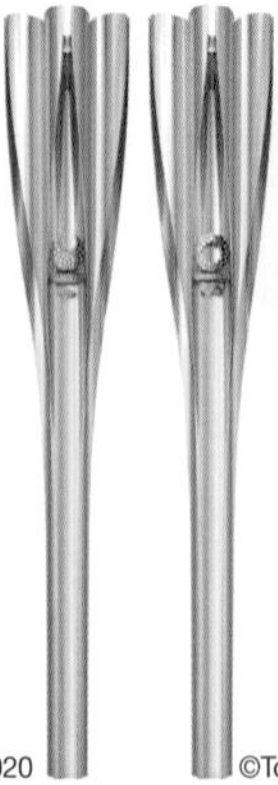

©Tokyo 2020 ©Tokyo 2020

©Tokyo 2020

聖火リレーコース

富山 6/3→6/4
新潟 6/5→6/6
山形 6/7→6/8
秋田 6/9→6/10
青森 6/11→6/12
北海道 6/14→6/15
岩手 6/17→6/19
宮城 6/20→6/22
静岡 6/24→6/26
山梨 6/27→6/28
神奈川 6/29→7/1
千葉 7/2→7/4
茨城 7/5→7/6
埼玉 7/7→7/9
東京 7/10→7/24
Goal

沖縄 5/2→5/3
熊本 5/6→5/7
長崎 5/8→5/9
佐賀 5/10→5/11
福岡 5/12→5/13
山口 5/14→5/15
島根 5/16→5/17
広島 5/18→5/19
岡山 5/20→5/21
鳥取 5/22→5/23
兵庫 5/24→5/25
京都 5/26→5/27
滋賀 5/28→5/29
福井 5/30→5/31
石川 6/1→6/2

長野 4/2→4/3
岐阜 4/4→4/5
愛知 4/6→4/7
三重 4/8→4/9
和歌山 4/10→4/11
奈良 4/12→4/13
大阪 4/14→4/15
徳島 4/16→4/17
香川 4/18→4/19
高知 4/20→4/21
愛媛 4/22→4/23
大分 4/24→4/25
宮崎 4/26→4/27
鹿児島 4/28→4/29

Start
福島 3/26→3/28
栃木 3/29→3/30
群馬 3/31→4/1

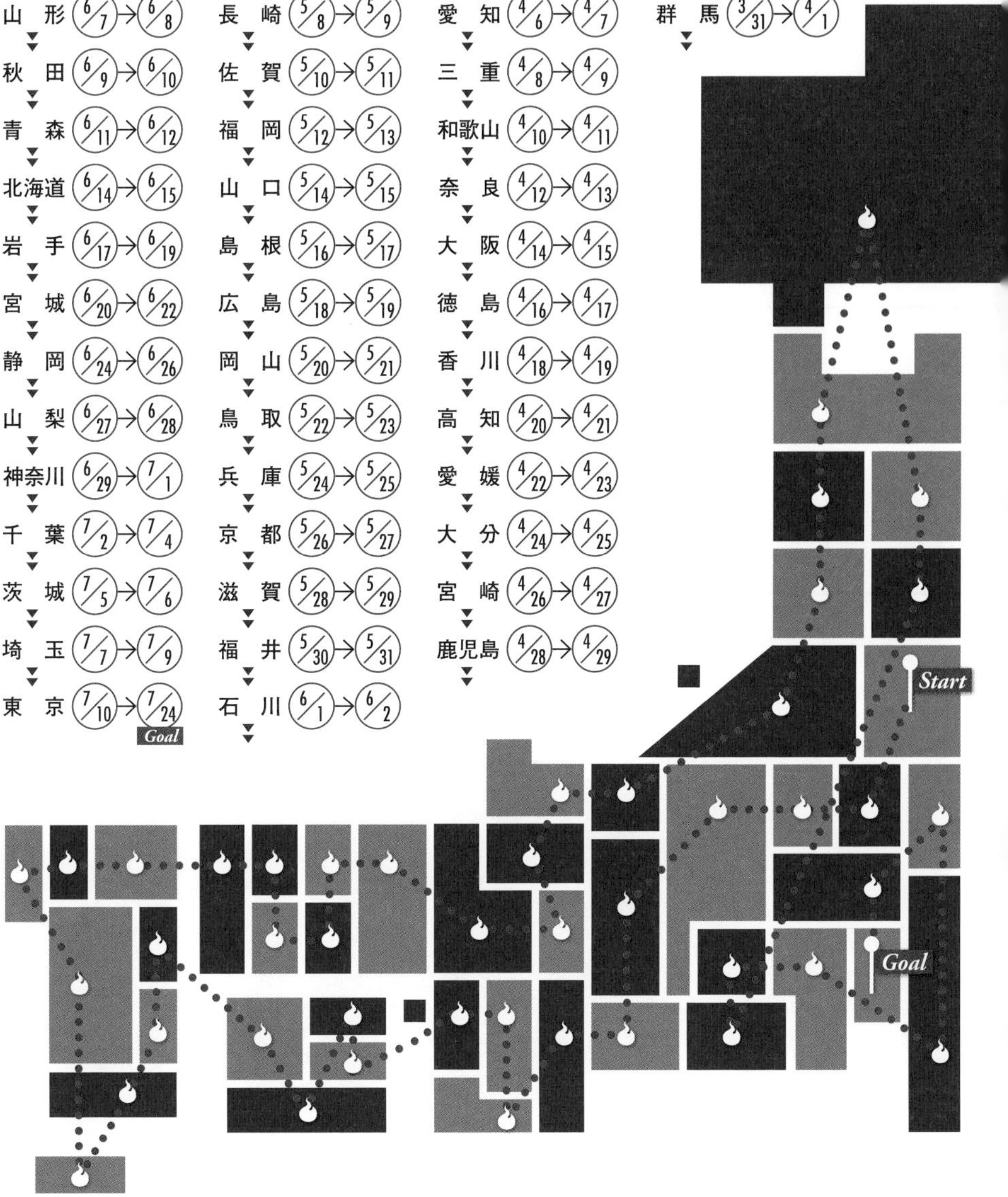

東京2020を彩るグッズ

東京2020大会を記念して、エンブレムやマスコットをあしらったさまざまなグッズが販売されています。ここではその一部をご紹介。

オフィシャルショップ

東京2020大会の公式ライセンス商品は、オフィシャルオンラインショップのほかオフィシャルショップでも購入できます。お近くの店舗は下記で確認できます。
https://tokyo2020shop.jp/contents/official_shop

ピンバッジ

贈り物としても喜ばれる金・銀・銅の３色がセットになったピンバッジ。￥1,800

メモ帳

持ち運びやすいサイズのメモ帳。￥450

マグカップ

東京2020大会ルックデザインのしっかりとしたマグカップ。現在、紅・桜・藍の３色を展開。￥1,200

和紙扇子

和紙を使った東京2020大会ルックデザインの扇子。落ち着いた色合いで、使う人の年齢を選びません。￥1,800

ブランケット

W90㎝×H60㎝。もちろん、ミライトワバージョンも。ふんわりとした肌心地で冷房対策に。￥2,200

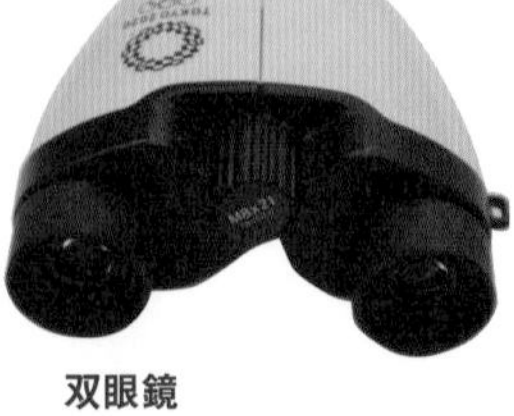

双眼鏡

なんといっても観戦に便利な双眼鏡。倍率８倍でスポーツ観戦にぴったり。￥6,000

真空断熱ステンレスマグ

熱いものは熱く、冷たいものは冷たく。すっきりとした色合いのサーモマグ。￥3,500

Tシャツ

Tシャツにはいくつかデザインがあります。すべておすすめです！￥3,000

※価格は税別

商品提供：®TOKYO2020

はじめに

２０２０年、東京オリンピック・パラリンピックがやって来ます。

１９６４年の東京大会から56年の歳月が過ぎ、東京という街は大きく変わりましたが、スポーツも大きく変化しています。もしも、「東京１９６４」を現場で観戦した人たちがタイムマシンに乗って現代にやって来たとしたら、びっくりするに違いありません。

スポーツクライミングってなに？　えっ、１９６４年には柔道が正式競技に採用されたばかりだったけれど、今度は空手までもが正式競技なの？　半世紀の間に「いったいなにが起きたの？」と疑問に思うに違いありません。

実際には、現代人にとってもいまのオリンピックを読み解くのは、かなりハードルが高くなっています。陸上競技のマラソン、競歩の開催場所の問題しかり、そしてそれぞれの競技のルールも大きく変わっています。

でも、もともとスポーツは楽しいものです。私の考えでは、東京２０２０の前にたっぷり予習すれば、みなさんがより大会を楽しめるのではないかと思っています。開催のためにどんな準備がされているのか。そして、ルールはどうなっているのか（21世紀のスポーツでルールを読み解く鍵は「わかりやすさ」と「進行のスピード」です）、どんな国が強いのか。それを知っているだけでも見方が大きく変わるはずです。

そして東京２０２０で社会に大きな影響を与えそうなのが、パラリンピックです。ダイバーシティ、共生などがキーワードになっている現代、障がい者スポーツが日本の社会に与えるインパクトはかなり大きなものになるのではないでしょうか。

スポーツ、そしてオリンピック、パラリンピックを多角的にとらえたこの本を手に、東京２０２０をより深く楽しんでいただければと思います。気づきと発見に満ちたスポーツの世界へようこそ。

生島　淳

TOKYO
2020

競技スケジュール

都 ヘリテッジゾーン
湾 東京ベイゾーン
郊 上記以外
（P108〜111参照）

7/22 (水)

- 郊 サッカー（札幌ドーム）
- 郊 サッカー（宮城スタジアム）
- 郊 サッカー（東京スタジアム）
- 郊 ソフトボール

7/23 (木)

- 郊 サッカー（札幌ドーム）
- 郊 サッカー（茨城カシマスタジアム）
- 郊 サッカー（横浜国際総合競技場）
- 郊 サッカー（東京スタジアム）
- 郊 ソフトボール

7/24 (金)

- 都 開会式
- 湾 アーチェリー
- 湾 ボート

7/25 (土)

- 都 卓球
- 郊 バドミントン
- 都 柔道
- 都 ボクシング
- 都 ウエイトリフティング
- 都 馬術（馬場馬術）
- 都 ハンドボール
- 湾 水泳（競泳）
- 湾 水泳（水球）
- 湾 体操（体操競技）
- 湾 バレーボール
- 湾 テニス
- 湾 バスケットボール（3×3）
- 郊 フェンシング
- 湾 アーチェリー
- 郊 テコンドー
- 湾 ホッケー
- 湾 ボート
- 湾 ビーチバレーボール
- 郊 サッカー（札幌ドーム）
- 郊 サッカー（宮城スタジアム）
- 郊 サッカー（埼玉スタジアム2002）
- 郊 ソフトボール
- 郊 自転車競技（ロード）
- 郊 射撃（ライフル）

7/26 (日)

- 都 卓球
- 郊 バドミントン
- 都 柔道
- 都 ボクシング
- 都 ウエイトリフティング
- 都 馬術（馬場馬術）
- 都 ハンドボール
- 湾 水泳（競泳）
- 湾 水泳（飛込）
- 湾 水泳（水球）
- 湾 体操（体操競技）
- 湾 バレーボール
- 湾 テニス
- 湾 バスケットボール（3×3）
- 郊 フェンシング
- 湾 アーチェリー
- 郊 テコンドー
- 湾 スケートボード（ストリート）
- 湾 ホッケー
- 湾 カヌー（スラローム）
- 湾 ボート
- 湾 ビーチバレーボール
- 郊 サッカー（札幌ドーム）
- 郊 サッカー（茨城カシマスタジアム）
- 郊 サッカー（埼玉スタジアム2002）
- 郊 サッカー（横浜国際総合競技場）
- 郊 ソフトボール
- 郊 バスケットボール
- 郊 サーフィン
- 郊 セーリング
- 郊 自転車競技（ロード）
- 郊 射撃（ライフル）
- 郊 射撃（クレー）

7/27 (月)

- 都 卓球
- 郊 バドミントン
- 郊 ラグビー
- 都 柔道
- 都 ボクシング
- 都 ウエイトリフティング
- 都 ハンドボール
- 湾 水泳（競泳）
- 湾 水泳（飛込）
- 湾 水泳（水球）
- 湾 体操（体操競技）
- 湾 バレーボール
- 湾 テニス
- 湾 バスケットボール（3×3）
- 郊 フェンシング
- 湾 トライアスロン
- 湾 アーチェリー
- 郊 テコンドー
- 湾 スケートボード（ストリート）
- 湾 ホッケー
- 湾 カヌー（スラローム）
- 湾 ボート
- 湾 ビーチバレーボール
- 郊 ソフトボール
- 郊 バスケットボール
- 郊 サーフィン
- 郊 セーリング
- 郊 自転車競技（マウンテンバイク）
- 郊 射撃（クレー）

7/28 (火)

- 都 卓球
- 郊 バドミントン
- 郊 ラグビー
- 都 柔道
- 都 ボクシング
- 都 ウエイトリフティング
- 都 馬術（馬場馬術）
- 都 ハンドボール
- 湾 水泳（競泳）
- 湾 水泳（飛込）
- 湾 水泳（水球）
- 湾 体操（体操競技）
- 湾 バレーボール
- 湾 テニス
- 湾 バスケットボール（3×3）
- 郊 フェンシング
- 湾 トライアスロン
- 湾 アーチェリー
- 郊 テコンドー
- 湾 ホッケー
- 湾 カヌー（スラローム）
- 湾 ボート
- 湾 ビーチバレーボール
- 郊 サッカー（宮城スタジアム）
- 郊 サッカー（茨城カシマスタジアム）
- 郊 サッカー（埼玉スタジアム2002）
- 郊 サッカー（横浜国際総合競技場）
- 郊 ソフトボール
- 郊 バスケットボール
- 郊 サーフィン
- 郊 セーリング
- 郊 自転車競技（マウンテンバイク）
- 郊 射撃（ライフル）

7/29 (水)

- 都 卓球
- 郊 バドミントン

- 郊 ラグビー
- 都 柔道
- 都 ボクシング
- 都 ウエイトリフティング
- 都 馬術（馬場馬術）
- 都 ハンドボール
- 湾 水泳（競泳）
- 湾 水泳（飛込）
- 湾 水泳（水球）
- 湾 体操（体操競技）
- 湾 バレーボール
- 湾 テニス
- 湾 バスケットボール（3×3）
- 郊 フェンシング
- 湾 アーチェリー
- 湾 ホッケー
- 湾 カヌー（スラローム）
- 湾 ボート
- 湾 ビーチバレーボール
- 郊 サッカー（札幌ドーム）
- 郊 サッカー（宮城スタジアム）
- 郊 サッカー（埼玉スタジアム2002）
- 郊 サッカー（横浜国際総合競技場）
- 郊 野球
- 郊 バスケットボール
- 郊 サーフィン
- 郊 セーリング
- 郊 自転車競技（ロード）
- 郊 射撃（クレー）

7/30（木）

- 都 卓球
- 郊 バドミントン
- 郊 ラグビー
- 都 柔道
- 都 ボクシング
- 都 ハンドボール
- 湾 水泳（競泳）
- 湾 水泳（水球）
- 湾 体操（体操競技）
- 湾 バレーボール
- 湾 テニス
- 郊 フェンシング
- 湾 アーチェリー
- 湾 ホッケー
- 湾 カヌー（スラローム）
- 湾 ボート
- 湾 ビーチバレーボール
- 郊 野球
- 郊 ゴルフ
- 郊 バスケットボール
- 郊 セーリング
- 湾 自転車競技（BMXレーシング）
- 郊 射撃（ライフル）
- 郊 射撃（クレー）

7/31（金）

- 都 陸上競技（トラック&フィールド）
- 郊 陸上競技（競歩）
- 都 卓球
- 郊 バドミントン
- 郊 ラグビー
- 都 柔道
- 都 ボクシング
- 都 馬術（総合馬術）
- 都 ハンドボール
- 湾 水泳（競泳）
- 湾 水泳（飛込）
- 湾 水泳（水球）
- 湾 体操（トランポリン）
- 湾 バレーボール
- 湾 テニス
- 郊 フェンシング
- 湾 アーチェリー
- 湾 ホッケー
- 湾 カヌー（スラローム）
- 湾 ボート
- 湾 ビーチバレーボール
- 郊 サッカー（宮城スタジアム）
- 郊 サッカー（茨城カシマスタジアム）
- 郊 サッカー（埼玉スタジアム2002）
- 郊 サッカー（横浜国際総合競技場）
- 郊 野球
- 郊 ゴルフ
- 郊 バスケットボール
- 郊 セーリング
- 湾 自転車競技（BMXレーシング）
- 郊 射撃（ライフル）

8/1（土）

- 都 陸上競技（トラック&フィールド）
- 郊 バドミントン
- 郊 ラグビー
- 都 柔道
- 都 ボクシング
- 都 ウエイトリフティング
- 都 馬術（総合馬術）
- 都 ハンドボール
- 湾 水泳（競泳）
- 湾 水泳（飛込）
- 湾 水泳（水球）
- 湾 体操（トランポリン）
- 湾 バレーボール
- 湾 テニス
- 郊 フェンシング
- 湾 トライアスロン
- 湾 アーチェリー
- 湾 ホッケー
- 湾 ビーチバレーボール
- 郊 サッカー（宮城スタジアム）
- 郊 サッカー（茨城カシマスタジアム）
- 郊 サッカー（埼玉スタジアム2002）
- 郊 サッカー（横浜国際総合競技場）
- 郊 野球
- 郊 ゴルフ
- 郊 バスケットボール
- 郊 セーリング
- 湾 自転車競技（BMXフリースタイル）
- 郊 射撃（ライフル）
- 郊 射撃（クレー）

8/2（日）

- 都 陸上競技（トラック&フィールド）
- 郊 陸上競技（マラソン）
- 都 卓球
- 郊 バドミントン
- 都 ボクシング
- 都 ウエイトリフティング
- 湾 馬術（総合馬術）
- 都 ハンドボール
- 湾 水泳（競泳）
- 湾 水泳（飛込）
- 湾 水泳（水球）
- 湾 体操（体操競技）
- 湾 バレーボール
- 湾 テニス
- 郊 レスリング
- 郊 フェンシング
- 湾 ホッケー
- 湾 ビーチバレーボール
- 郊 野球
- 郊 ゴルフ
- 郊 バスケットボール
- 郊 セーリング
- 湾 自転車競技（BMXフリースタイル）
- 郊 射撃（ライフル）

8/3（月）

- 都 陸上競技（トラック&フィールド）

(都)卓球
(郊)バドミントン
(都)ウエイトリフティング
(都)馬術(総合馬術)
(都)ハンドボール
(湾)水泳(飛込)
(湾)水泳(アーティスティックスイミング)
(湾)水泳(水球)
(湾)体操(体操競技)
(湾)バレーボール
(郊)レスリング
(湾)ホッケー
(湾)カヌー(スプリント)
(湾)ビーチバレーボール
(郊)サッカー(茨城カシマスタジアム)
(郊)サッカー(横浜国際総合競技場)
(郊)野球
(郊)バスケットボール
(郊)セーリング
(郊)自転車競技(トラック)
(郊)射撃(ライフル)

8/4(火)

(都)陸上競技(トラック&フィールド)
(都)卓球
(都)ボクシング
(都)ウエイトリフティング
(都)馬術(障害馬術)
(都)ハンドボール
(湾)水泳(飛込)
(湾)水泳(アーティスティックスイミング)
(湾)水泳(水球)
(湾)体操(体操競技)
(湾)バレーボール
(郊)レスリング
(湾)スポーツクライミング
(湾)ホッケー
(湾)カヌー(スプリント)
(湾)ビーチバレーボール
(郊)サッカー(茨城カシマスタジアム)
(郊)サッカー(埼玉スタジアム2002)
(郊)野球
(郊)バスケットボール
(郊)セーリング
(郊)自転車競技(トラック)

8/5(水)

(都)陸上競技(トラック&フィールド)
(都)卓球
(都)ボクシング
(都)ウエイトリフティング
(都)馬術(障害馬術)
(都)ハンドボール
(湾)水泳(飛込)
(湾)水泳(アーティスティックスイミング)
(湾)水泳(水球)
(湾)水泳(マラソンスイミング)
(湾)バレーボール
(郊)レスリング
(湾)スポーツクライミング
(湾)スケートボード(パーク)
(湾)ホッケー
(湾)カヌー(スプリント)
(湾)ビーチバレーボール
(郊)野球
(郊)ゴルフ
(郊)バスケットボール
(郊)セーリング
(郊)自転車競技(トラック)

8/6(木)

(都)陸上競技(トラック&フィールド)
(郊)陸上競技(20km競歩、男子)
(都)卓球
(都)空手
(都)ボクシング
(都)ハンドボール
(郊)近代五種
(湾)水泳(飛込)
(湾)水泳(水球)
(湾)水泳(マラソンスイミング)
(湾)バレーボール
(郊)レスリング
(湾)スポーツクライミング
(湾)スケートボード(パーク)
(湾)ホッケー
(湾)カヌー(スプリント)
(湾)ビーチバレーボール
(郊)サッカー(茨城カシマスタジアム)
(郊)野球
(郊)ゴルフ
(郊)バスケットボール
(郊)自転車競技(トラック)

8/7(金)

(郊)陸上競技(トラック&フィールド)
(郊)陸上競技(50km競歩、男子)
(郊)陸上競技(20km競歩、女子)
(都)卓球
(都)空手
(都)ボクシング
(都)馬術(障害馬術)
(都)ハンドボール
(郊)近代五種
(湾)水泳(飛込)
(湾)水泳(アーティスティックスイミング)
(湾)水泳(水球)
(湾)体操(新体操)
(湾)バレーボール
(郊)レスリング
(湾)スポーツクライミング
(湾)ホッケー
(湾)カヌー(スプリント)
(湾)ビーチバレーボール
(郊)サッカー(埼玉スタジアム2002)
(都)サッカー(オリンピックスタジアム)
(郊)ゴルフ
(郊)バスケットボール
(郊)自転車競技(トラック)

8/8(土)

(都)陸上競技(トラック&フィールド)
(郊)陸上競技(マラソン、女子)
(都)空手
(都)ボクシング
(都)馬術(障害馬術)
(都)ハンドボール
(郊)近代五種
(湾)水泳(飛込)
(湾)水泳(アーティスティックスイミング)
(湾)水泳(水球)
(都)体操(新体操)
(湾)バレーボール
(郊)レスリング
(湾)カヌー(スプリント)
(湾)ビーチバレーボール
(郊)サッカー(横浜国際総合競技場)
(郊)野球
(郊)ゴルフ
(郊)バスケットボール
(郊)自転車競技(トラック)

8/9(日)

(都)閉会式
(郊)陸上競技(マラソン、男子)
(都)ボクシング
(都)ハンドボール
(湾)水泳(水球)
(湾)体操(新体操)
(湾)バレーボール
(郊)バスケットボール
(郊)自転車競技(トラック)

知識ゼロからの東京オリンピック観戦入門

目次

PART1

東京2020 競技編

PART2
東京２０２０開催を通じて

©Tokyo 2020

©Tokyo 2020

※本書は、本文に特段の記載がない限り、2019年11月30日現在の情報で作成しています。
※本書に掲載した地図は、国土地理院の地理院タイルを利用して作成しています。

PART1

東京
2020
競技編

TOKYO 2020

競技 01

水泳

5種別全49種目 競泳のメダルに期待大

水泳競技は、泳ぐスピードや持久力、演技の美しさ、技術の高さなどを競う競技です。東京2020大会では、「競泳」「飛込」「水球」「アーティスティックスイミング」「マラソンスイミング」の5種別全49種目が行われます。

競泳の魅力は、一流選手の泳ぎの圧倒的なスピードと美しさです。どの国も、水の抵抗を減らして速く泳ぐための研究に力を入れており、大会のたびに世界新記録が更新されています。今大会でも世界が驚くよ

競　泳

【基本ルール】
決められた泳法（自由形、背泳ぎ、バタフライ、平泳ぎ）で泳ぎ、タイムを競います。

50m 自由形（男子／女子）
100m 自由形（男子／女子）
200m 自由形（男子／女子）
400m 自由形（男子／女子）
800m 自由形（男子／女子）
1500m 自由形（男子／女子）
100m 背泳ぎ（男子／女子）
200m 背泳ぎ（男子／女子）
100m 平泳ぎ（男子／女子）
200m 平泳ぎ（男子／女子）
100m バタフライ（男子／女子）
200m バタフライ（男子／女子）
200m 個人メドレー（男子／女子）
400m 個人メドレー（男子／女子）
4×100m リレー（男子／女子）
4×200m リレー（男子／女子）
4×100m メドレーリレー（男子／女子／混合）

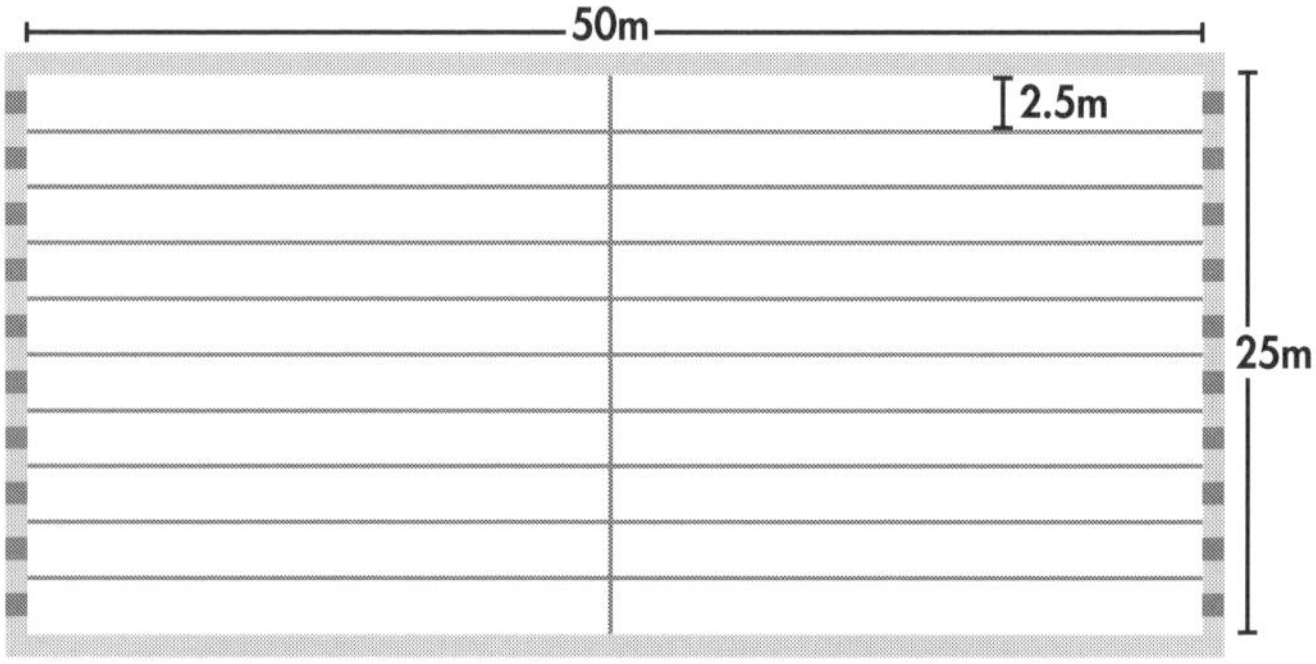

競泳のコース

25m × 50m のプールには 50m のレーンが 10 本あります。選手は同一スタートラインから決められた距離を泳ぎ、タイムを競います。各レーンの両端壁面には電子計測式タッチ板が設置され、選手がタッチした瞬間にタイマーが止まるしくみです。

各種目のここに注目！

背泳ぎ

水面を滑るような美しい泳ぎが見どころです。背泳ぎのみ、飛込台を使用せず水中からスタートします。

バタフライ

両腕で同時に水をかいて推進力を得るバタフライは、パワーあふれる泳ぎが魅力です。

クロール／自由形

クロールは最もスピードが出る泳法です。そのため、泳法を自由に選べる自由形では現在全員がクロールを選びます。圧倒的な速さがクロール／自由形種目の魅力です。

平泳ぎ

水泳のなかで最も古くから行われてきた種目。速く泳ぐには、手の動きよりも両足のキックのほうが重要といわれています。日本人選手の得意種目の１つです。

もっと楽しめるはみ出しネタ

競泳種目の泳法の１つ「バタフライ」は、平泳ぎから派生した泳ぎ方です。両足をそろえて足を上下させながら水を蹴るバタフライのドルフィンキックは、日本人が考案したといわれています。

郵 便 は が き

料金受取人払郵便

代々木局承認

6948

差出有効期間
2020年11月9日
まで

1 5 1 8 7 9 0

203

東京都渋谷区千駄ヶ谷 4 - 9 - 7

(株) 幻 冬 舎

書籍編集部宛

1518790203

ご住所 〒

都・道
府・県

フリガナ
お名前

メール

インターネットでも回答を受け付けております
http://www.gentosha.co.jp/e/

裏面のご感想を広告等、書籍の PR に使わせていただく場合がございます。

幻冬舎より、著者に関する新しいお知らせ・小社および関連会社、広告主からのご案内を送付することがあります。不要の場合は右の欄にレ印をご記入ください。

不要 □

本書をお買い上げいただき、誠にありがとうございました。
質問にお答えいただけたら幸いです。

◎ご購入いただいた本のタイトルをご記入ください。

『　　　　　　　　　　　　　　　　　　　　　　　　　　　　　』

★著者へのメッセージ、または本書のご感想をお書きください。

●本書をお求めになった動機は？
①著者が好きだから　②タイトルにひかれて　③テーマにひかれて
④カバーにひかれて　⑤帯のコピーにひかれて　⑥新聞で見て
⑦インターネットで知って　⑧売れてるから／話題だから
⑨役に立ちそうだから

生年月日　西暦　　年　　月　　日（　　歳）男・女				
ご職業	①学生	②教員・研究職	③公務員	④農林漁業
	⑤専門・技術職	⑥自由業	⑦自営業	⑧会社役員
	⑨会社員	⑩専業主夫・主婦	⑪パート・アルバイト	
	⑫無職	⑬その他（　　　　　　）		

このハガキは差出有効期間を過ぎても料金受取人払でお送りいただけます。

ご記入いただきました個人情報については、許可なく他の目的で使用することはありません。ご協力ありがとうございました。

うな記録が出るかもしれません。

　飛込は、踏み切ってから着水するまでのわずか数秒で勝負が決まります。躍動感あふれる演技と、時間が止まったかのような静かな入水。一瞬の美しい芸術が見どころです。

　7人からなる2つのチームが、水中でボールを運んでゴールを狙う水球では、ボールを保持している選手に対しての激しい接触が認められています。「水中の格闘技」と呼ばれるほどの激しいぶつかり合いは見応え十分です。

　「水中のバレエ」ともいわれるアーティスティックスイミングは、芸術性の高い演技と同調性に加えて、民族性豊かな衣装や音楽も観客を魅了します。マラソンスイミングは、刻々と変化する風向きや潮流に対応しながら力泳する選手の姿に圧倒されます。

　メダル獲得の期待が最も高いのは競泳です。リオデジャネイロ2016大会では日本は金銀銅計7つのメダルを獲得しています。

飛　込

【基本ルール】

3mまたは10mの高さからプールに飛び込み、空中のフォームや入水の美しさを競います。

3m 飛板飛込
（男子／女子）

10m 高飛込
（男子／女子）

シンクロダイビング 3m 飛板飛込
（男子／女子）

シンクロダイビング 10m 高飛込
（男子／女子）

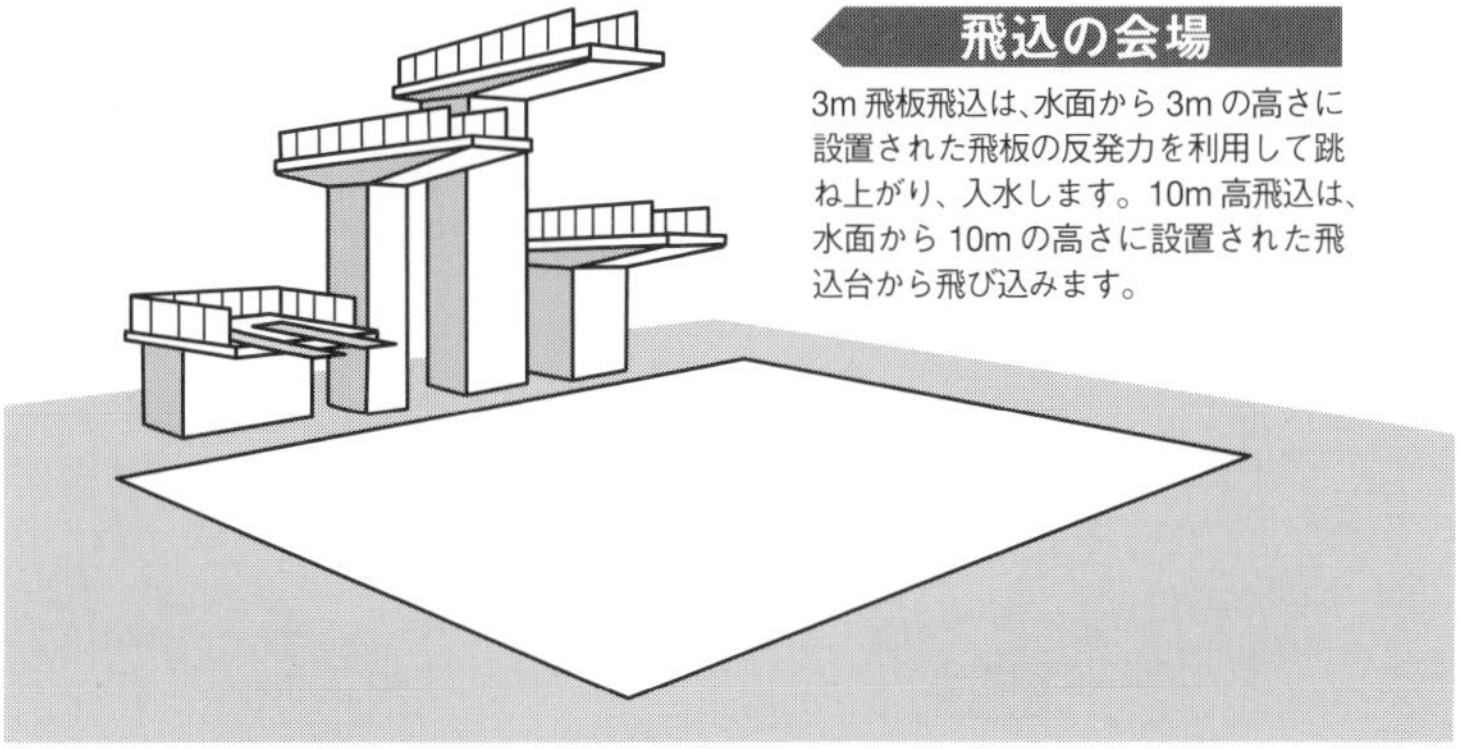

飛込の会場

3m 飛板飛込は、水面から 3m の高さに設置された飛板の反発力を利用して跳ね上がり、入水します。10m 高飛込は、水面から 10m の高さに設置された飛込台から飛び込みます。

シンクロナイズドダイビング

息の合った競技に注目！

2人1組が同時に飛び込んで演技をします。演技はもちろん、2人の同調性も重視されます。

ここに注目！

踏み切りと空中のフォーム

踏み切りには、前に向かって飛び込む「前飛込」、後ろ向きに飛び込む「後飛込」、跳び上がって体をひねる「ひねり飛込」などがあります。その後、宙返りやひねりなど、着水までの間に難度の高い技を多くくり出し、高得点を狙います。

入水時の水しぶきに注目

入水時に水しぶきを上げないほど高得点となります。水しぶきが立たず、「ポッ」という音だけが聞こえるような入水は「リップ・クリーン・エントリー」といわれます。

もっと楽しめる はみ出しネタ

マラソンスイミングでは競技中の給水が許されています。帯同者が、給水用桟橋から給水用竿を伸ばして選手に給水ボトルを渡す様子は、「まるで釣りのよう」とひそかに話題になっています。

水　球

【基本ルール】7人からなる2つのチームが水中でボールを投げ合い、得点を競います。

水球
（男子／女子）

水球のコート

プールにつくられたコートで行われます。コートの広さは男子は30m × 20m、女子は25m × 20m、深さは男女ともに2m以上です。コートの両側には高さ90cm、幅3mのゴールが設置されています。攻撃側は、攻撃を開始してから30秒以内にシュートに持ち込まないといけません。

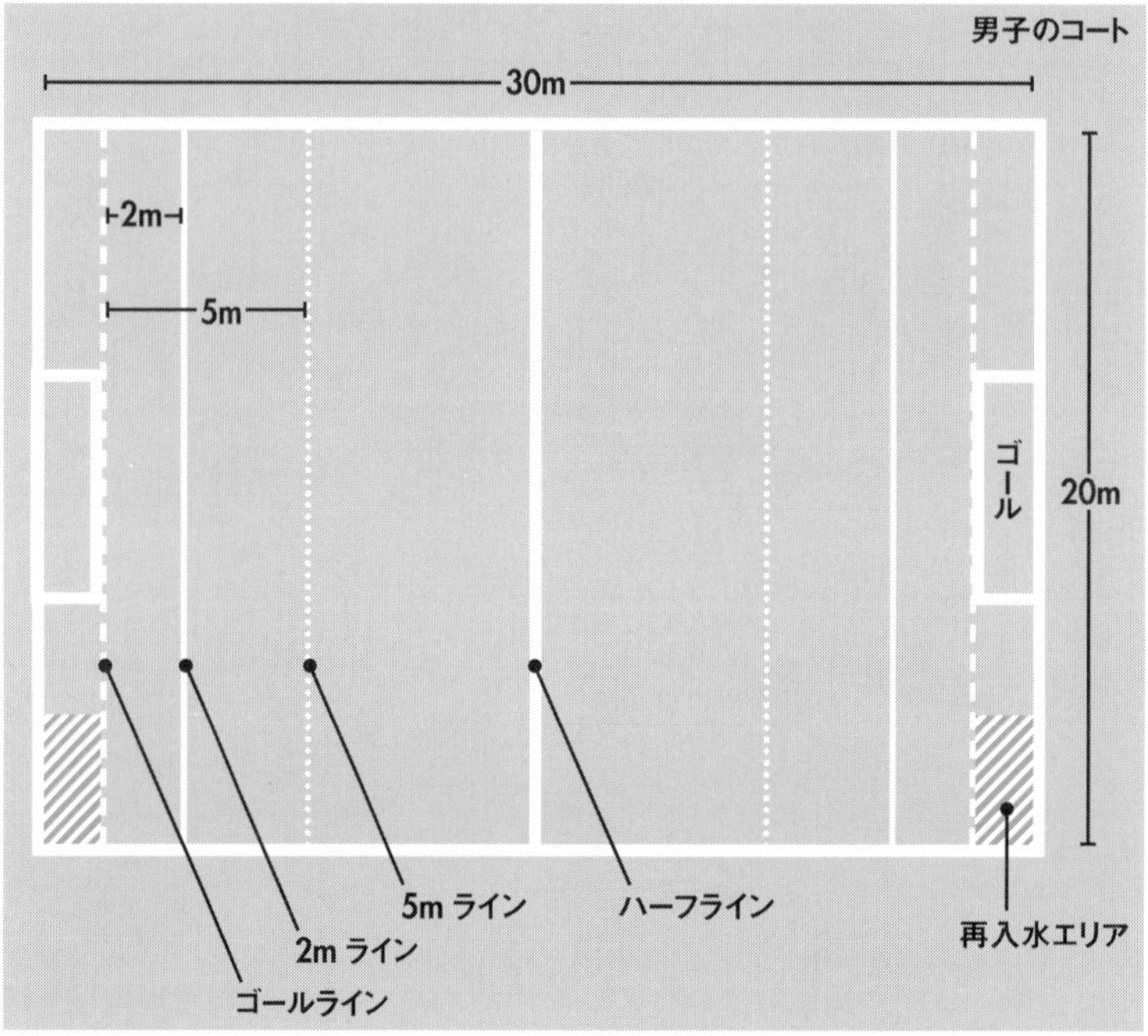

ポジションとその役割

フローター

相手のゴール前に位置してシュートを打ちます。「センターフォワード」とも呼ばれる攻撃の要です。

フローターバック

守備の要。相手のフローターをマークし、得点を防ぎます。センターバック、トップとも呼ばれます。

ドライバー

フローター、フローターバック、ゴールキーパー以外のプレーヤーを指します。マークを外してパスを受け、得点を狙います。

覚えておきたいポイント

試合時間は8分×4ピリオド

試合時間は1ピリオド8分で、第4ピリオドまで行います。第1ピリオドと第3ピリオドの後に2分、第2ピリオドの後に5分の休憩を挟みます。

底に足を着くと反則！

プールの底に足を着くのは反則です。そのため、選手は水中で立っているときは、足を左右交互に回転させる「巻き足」という方法で泳いでいます。

ボールに触れるのは片手だけ

攻撃、守備ともに、ゴールキーパー以外はボールを両手で持つと反則です。片手のみで行われる速く的確なパスも水球の見どころの1つです。

アーティスティック スイミング

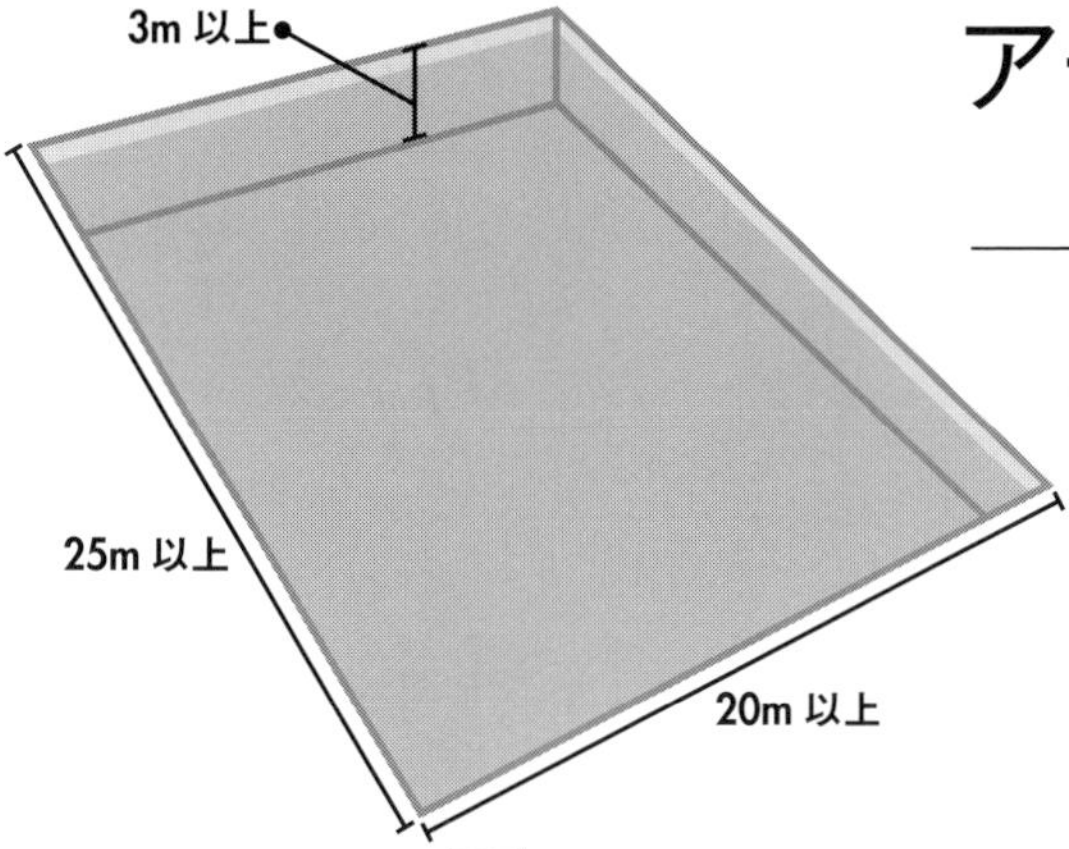

アーティスティックスイミングの競技場

25m 以上× 20m 以上のプールで行われます。水の深さは 3m 以上と決められています。オリンピックではアーティスティックスイミングは女子のみの競技で、2人で演技するデュエットと、8人で演技するチームの2種目があります。

【基本ルール】
音楽に合わせてプールの中で演技を行い、技の完成度、同調性、表現力などを競います。

デュエット（女子）
チーム（女子）

ここに注目！

大迫力のリフト&ジャンプ

リフトは、1人あるいは複数の選手をほかの選手が水中から水上へと持ち上げる大技です。リフトの高さ、持ち上げられた選手のポーズに注目です。2m をゆうに超えることもあるジャンプも迫力満点！

華麗な脚技の数々

あお向けの姿勢で浮かんで片脚を垂直に伸ばし、もう片方の脚はひざを曲げる「フラミンゴ」、水上に脚だけを出した状態で片脚を伸ばし、もう片方の脚のひざを曲げ、そのまま水中に沈む「パラクダベントニー」、水中で逆立ちの姿勢を保って両脚を水上に出し、2回転以上回転しながら沈んでいく「コンティニアス・スピン」など、美しい脚技の数々は見応え十分です。

覚えておきたいポイント

2つの演技で順位が決まる

デュエット、チームの2種目とも「テクニカルルーティン」「フリールーティン」の2つの演技が行われます。テクニカルルーティンは、定められた7～10の要素を音楽に合わせて順番に演技し、採点では技の完遂度や同調性が重視されます。フリールーティンでは、音楽に合わせて自由な構成で演技を行うため、高い表現力と芸術性が求められます。

美しさや同調性にも注目

プールサイドまでの移動、入水前のポーズも演技に含まれ、採点の対象となります。一糸乱れぬ演技の美しさはもちろん、選手を持ち上げるリフトやジャンプなど、アクロバティックで力強い大技も同時に楽しめるのがアーティスティックスイミングの魅力です。

マラソンスイミング

【基本ルール】
海、川、湖など自然の中で10㎞を泳ぎ、タイムを競います。泳法は自由です。

10km マラソンスイミング
（男子／女子）

覚えておきたいポイント

自然の中を泳ぐ競技

流れが緩やかな水域にブイが設定され、25人の選手がいっせいに泳ぎます。キャップ、ゴーグル、耳栓、ノーズクリップは着用できますが、ウエットスーツの着用は原則的に禁止です。海底に足を着けて立っても失格にはなりません。ただし、海底に足を着けて歩いたり、ジャンプしたりすると失格です。

TOKYO 2020

競技 02

アーチェリー

【基本ルール】弓で矢を放ち、70m離れたところにある直径122cmの円形の標的を射て得点を競います。

個人
（男子／女子）

団体
（男子／女子／混合）

時速250kmの矢で70m先の標的を射る

アーチェリー競技にはいくつかの種類がありますが、オリンピックでは、地面が平坦な屋外の射場で行う「ターゲットアーチェリー」が実施されます。

標的は中心が10点で、外側にいくほど点数が低くなります。10点を獲得できる中心の大きさは、CDとほぼ同じ。それを選手は70mも離れたところから狙うのです。また、矢の速さは上越新幹線の最高時速240kmを上回る250kmに達することもあり、その威力は厚さ数mm

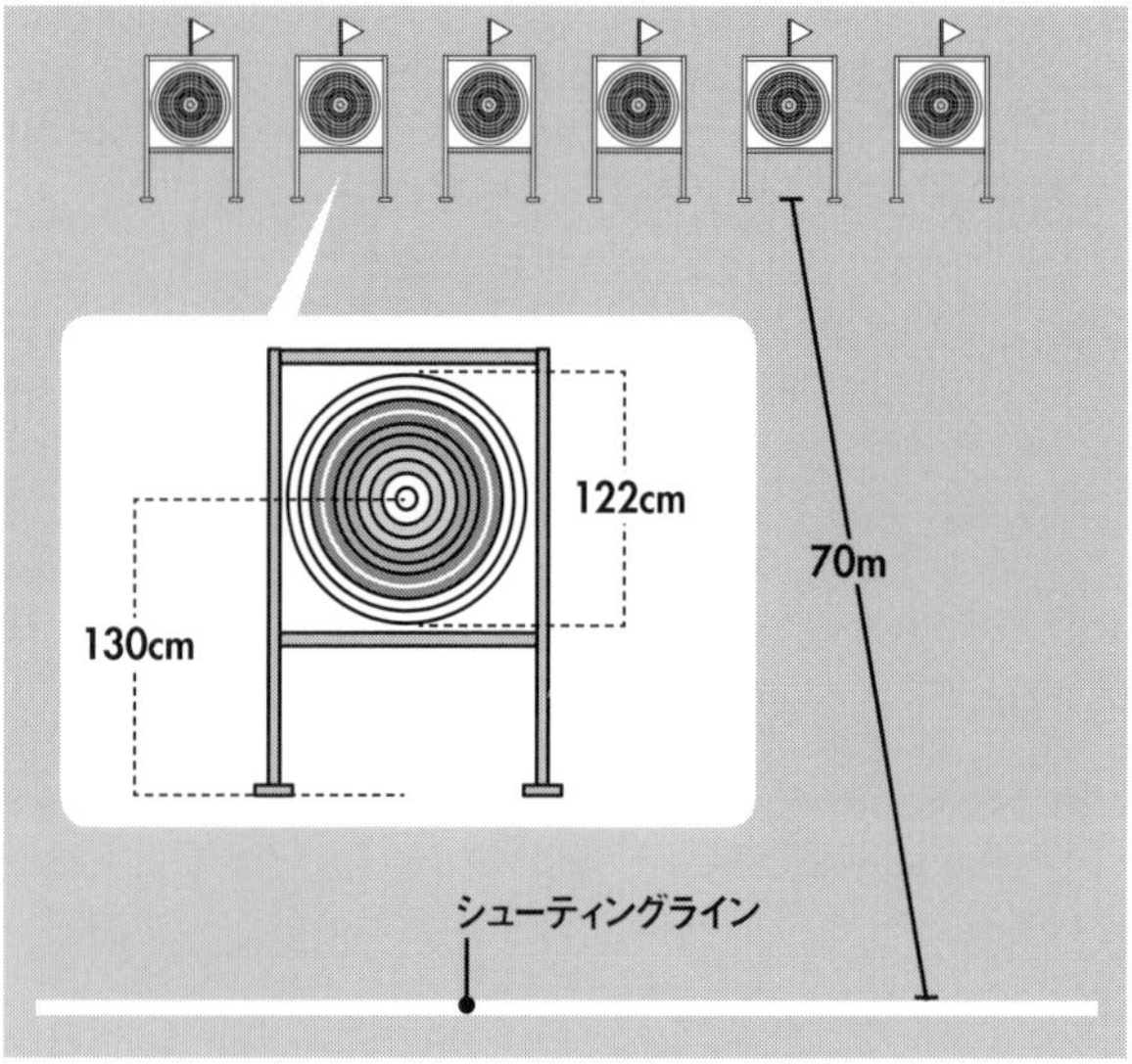

会場について

射場は屋外にあるため、矢を放つ際には風の影響を計算しなくてはいけません。また、選手は対戦相手（またはチーム）と交互に射るので、集中力や精神力が必要です。

標的と得点について

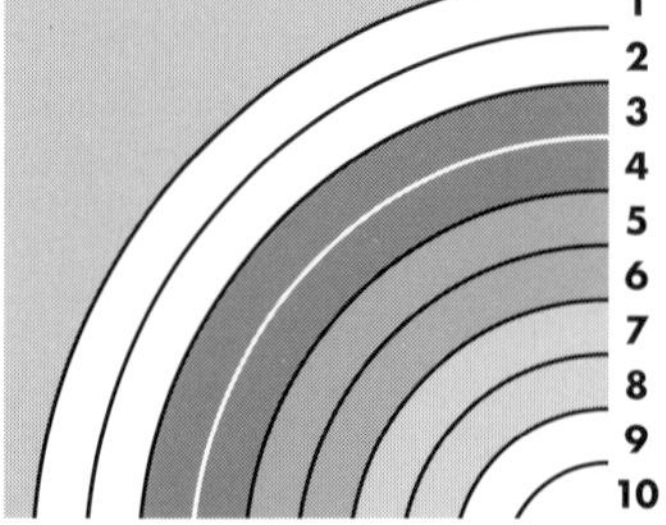

1射の最高得点は10点

選手はシューティングラインをまたいで立ち、70m先の標的に向けて矢を放ちます。標的は直径122cmの円形で、中心は地上から130cmの高さにあります。中心を射ると10点、外側になるほど点数が低くなり、一番外側を射た場合は1点となります。1点の外側は0点です。選手は交互に矢を放ち、1射ごとに得点が入ります。抜きつ抜かれつの合計点争いはゲーム性が高く、楽しんで観戦することができます。

もっと楽しめるはみ出しネタ

山本博選手はロサンゼルス1984大会で銅メダルを獲得。それから20年後のアテネ2004大会にて、今度は銀メダリストとなりました。このとき、山本選手は41歳。「中年の星」と呼ばれました。

の鉄板を射貫くほど。当然、高度な技術と集中力が必要とされますが、さらに、個人戦・団体戦ともに制限時間があり、個人戦であれば選手は20秒以内に矢を放たなければなりません。張り詰めた空気のなか、選手が放った矢が見事に的の中心を射た瞬間、会場は大きな興奮に包まれます。

30代、40代の選手が珍しくないのも、体力や技術はもちろん、メンタルの強さが求められるアーチェリーならでは。アテネ2004大会では、山本博選手が当時41歳で銀メダルを獲得しました。

東京2020大会でメダル候補と目されているのは、男子は韓国、アメリカ、イタリア、女子は韓国、中国、チャイニーズタイペイなど。なかでも、リオデジャネイロ2016大会で男女個人、団体の4種目で金メダルを独占した韓国は、メダル候補の筆頭といえるでしょう。日本も、男女ともにメダルを狙える位置にいます。

用具の名称

アーチェリーの弓と矢

アーチェリーで使われる弓のことを「ボウ」といい、リカーブボウ、ベアボウ、コンパウンドボウなどがあります。オリンピックで使用されるのは、組み立て式のテイクダウンボウです。アーチェリー用の弓として、日本では最も普及しています。

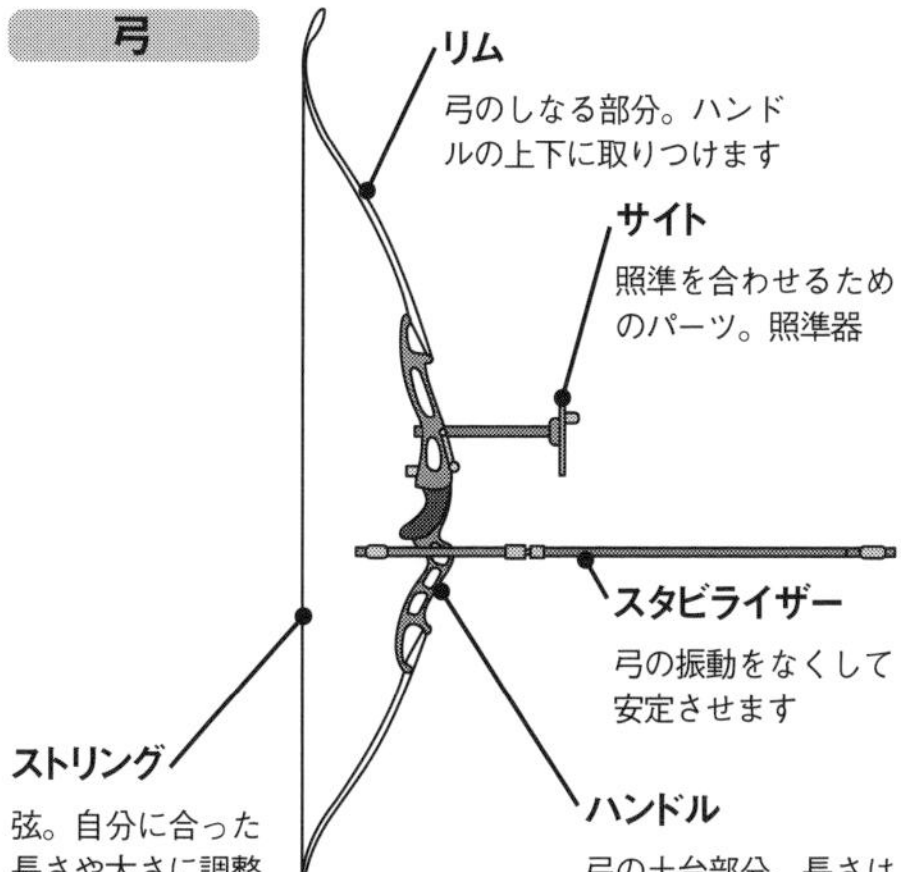

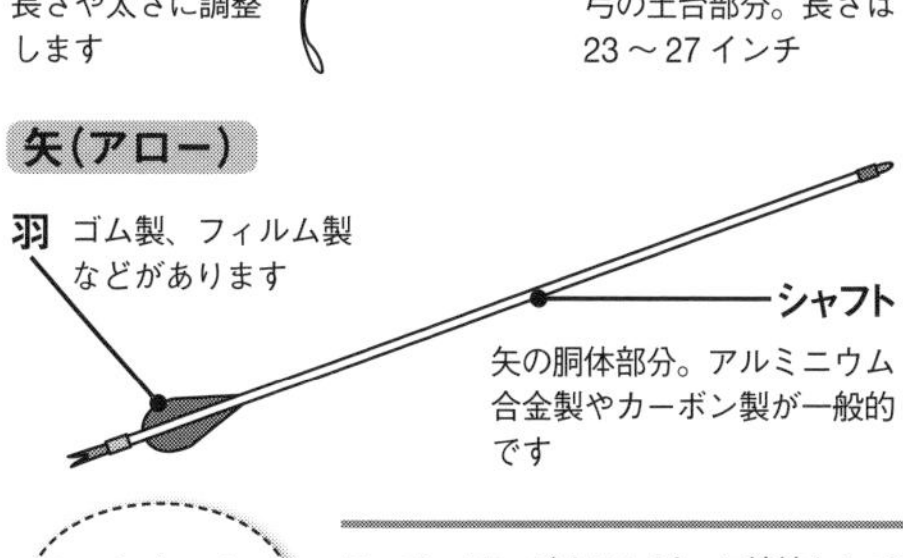

覚えておきたいポイント

個人戦は3射1セット×5セット

個人戦は1対1のトーナメント方式で選手が交互に矢を射ちます。1射の制限時間は20秒以内。3射を1セットとし、これを最大5セット行います。1セット勝利すると2ポイント、同点の場合はそれぞれに1ポイント入ります。先に6ポイント取ったほうが勝者です。

団体戦は1チーム3人で戦う

団体戦は1チーム3人でトーナメント戦を行います。3選手が120秒以内に各2本射ち、これを4セットくり返します。各セットで得点の高いほうに2ポイント、引き分けの場合は両チームに1ポイントが与えられ、先に5ポイントを獲得したチームが勝ちです。4セットを終えて同点の場合は、3選手が1本ずつ射ち、得点に差がついた時点で勝敗が決まります。

ランキングラウンド

アーチェリーでは予選は行われません。その代わりに、ランキングラウンドが行われます。これは、出場選手全員が標的に72射の矢を放ち、その合計得点を出して1～64位まで順位を決めるというもの。その結果、1位と64位、2位と63位……という具合にトーナメントでの対戦相手が決まります。

もっと楽しめるはみ出しネタ

アーチェリーがオリンピック競技としてはじめて採用されたのは、パリ1900大会です。その後、パリ1924大会で正式競技から外れましたが、ミュンヘン1972大会から復活し、現在に至ります。

TOKYO 2020

競技 03

陸上競技

自分の体一つで人類の限界に挑む

「より速く、より高く、より強く」というオリンピックのモットーに基づいて行われるのが陸上競技です。オリンピック競技の中でも種目数が多く、東京2020大会では48もの種目が行われます。

種目は、行われる場所や特性によって「トラック競技」「混成競技」「フィールド競技」「ロード競技」の4つに分けられます。いずれも、棒高跳、投てきを除けば道具は使いません。選手たちは己の体一つで、どれだけ速く走れるか、どれだけ速く

陸上競技場（トラック・フィールド）の図

1周400 mの競技コースを「トラック」といい、9つのレーンが設けられています。その内側や外側は「フィールド」と呼ばれ、走幅跳や棒高跳などが行われます。
※下の図は一例です。実際の競技場とは異なります。

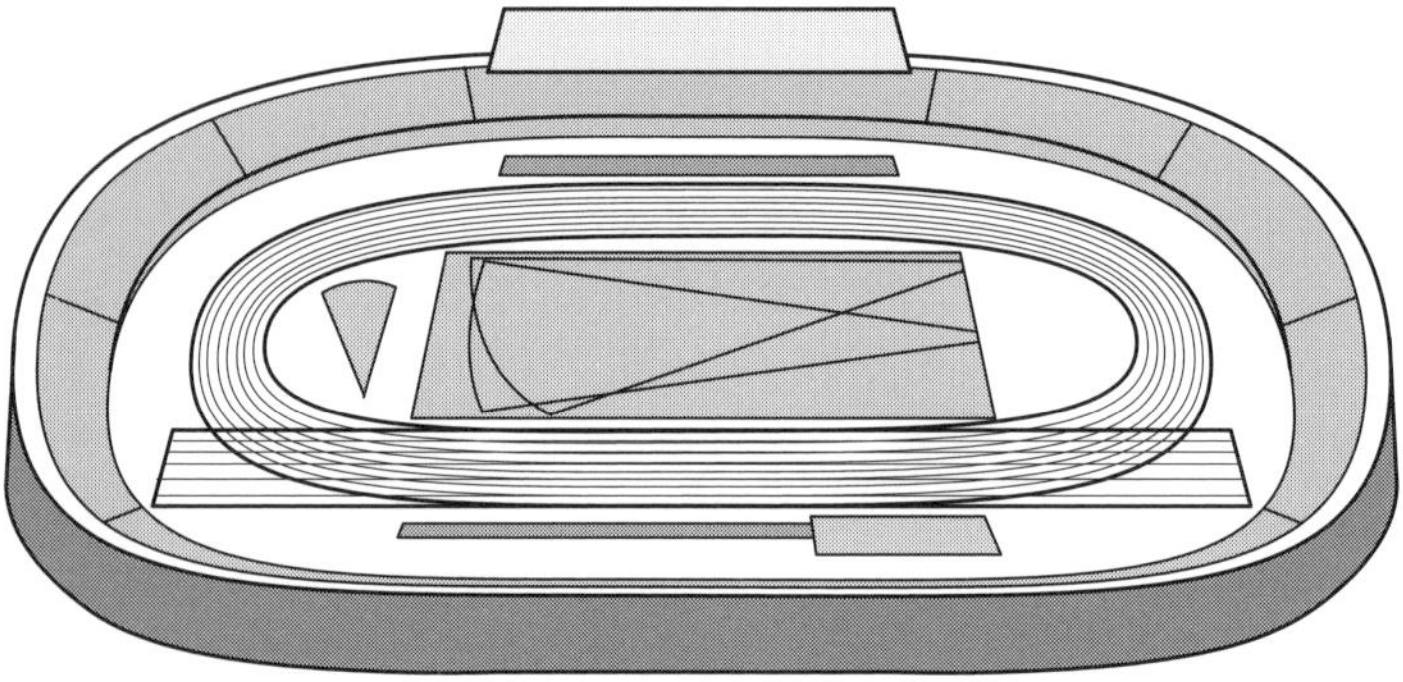

トラック

【基本ルール】
決められた距離を走って着順を競います。リレーは4人の走者がバトンをつなぎながら走ります。

100m（男子／女子）
200m（男子／女子）
400m（男子／女子）
800m（男子／女子）
1,500m（男子／女子）
5,000m（男子／女子）
10,000m（男子／女子）
110mハードル（男子）
100mハードル（女子）
400mハードル（男子／女子）
3,000m障害（男子／女子）
4×100mリレー（男子／女子）
4×400mリレー（男子／女子／混合）

各種目の概要と見どころ

リレー

リレーには4×100m、4×400mの2種目があり、どちらも4人の選手が出場します。リレーと短距離／中・長距離の大きな違いはバトンの受け渡しがあること。順調にトップを走っていたチームがバトンパスに失敗して順位を大きく落とすケースもあれば、ミスのないバトンパスでタイムが1秒以上縮まることもあり、見どころの1つといえます。

短距離／中・長距離

100m、200m、400mを短距離走、800m、1,500mを中距離走、5,000m、10,000mを長距離走といいます。100mは短距離走で唯一直線のコースを走ります。世界最速を決める戦いは10秒弱。一瞬たりとも目が離せません。ほかの短距離／中・長距離は、速さに加え、スピードを落とさずにコーナーをまわる技術やペース配分なども重要となります。

もっと楽しめるはみ出しネタ

紀元前に開催された第1回古代オリンピックで、最初に行われた競技が陸上競技（競走）です。陸上競技の中には当時から続く種目もあり、伝統ある競技といえます。

歩けるか、どれだけ高く、あるいは遠くまで跳べるか、どれだけ遠くまで投げられるかを競います。このように競技のルール自体は実に明快ですが、各種目で頂点に立つには、体力、瞬発力、パワーといった身体能力のほかに、精神力、高い技術、ほかの選手との駆け引きも必要です。シンプルだけれど奥深いところが、古来、陸上競技が多くの人を魅了してきた理由といえるでしょう。

東京2020大会で日本のメダルが期待されるのは、男子4×100mリレー、男子競歩です。北京2008大会では男子4×100mリレーで銀、リオデジャネイロ2016大会では男子競歩50㎞で荒井広宙選手が銅メダルを獲得しています。また近年、100mを9秒台で走破する選手が誕生しているため、短距離でも決勝進出が期待されます。女子は、アテネ2004大会の野口みずき選手の金メダル以降、メダルから遠ざかっているマラソンに要注目です。

混成

【基本ルール】
男子は10種目、女子は7種目の競技を1人の選手が行い、その結果得られた合計点を競います。

10種競技
（男子）

7種競技
（女子）

ここに注目！

陸上界のキングとクイーンが決まる

混成は、男子は10種目、女子は7種目の競技を2日間かけて行います。複数の競技を2日間かけて行う体力と各種目のスキルが必要とされるため、男子の10種競技の優勝者は「キング・オブ・アスリート」、女子の7種競技の優勝者は「クイーン・オブ・アスリート」と称されます。

混成の種目と順番

	男子（10種競技）	女子（7種競技）
1日目	①100m	①100mハードル
	②走幅跳	②走高跳
	③砲丸投	③砲丸投
	④走高跳	④200m
	⑤400m	
2日目	⑥110mハードル	⑤走幅跳
	⑦円盤投	⑥やり投
	⑧棒高跳	⑦800m
	⑨やり投	
	⑩1,500m	

3,000m障害

1周400mのトラックには、5つの障害が①ハードル×3、②水濠、③ハードル×1の順に設置されており、選手はこれを7周します。ハードルの高さは男子91.4cm、女子76.2cm。3,000m障害ではハードルは手を使って越えてもOKですが、くぐったり、迂回したりするのは反則となります。選手の超人的なスタミナと脚力に驚嘆することうけあいです。走力はもちろん、アジリティ、スターティングと多くの技術が必要とされる競技です。トラックでは熾烈な争いがくり広げられます。

ハードル

男子の110mでは高さ106.7cmのハードルが9.14mの間隔で、女子の100mでは高さ83.8cmのハードルが8.5mの間隔で10台設置されています。400mでは男女ともに110・100mよりもやや低いハードルが35m間隔で設置されています。スピードを落とさず、かつ頭の高さを変えずにハードルを跳び越える選手たちの華麗な走りに注目です。走るだけでなく、ハードルを越えるテクニックと体力が必要な種目です。最後の直線での逆転の可能性も大いに残されており、目が離せません。

もっと楽しめるはみ出しネタ

短距離のスタートは「かがむ」を意味するクラウチングスタート、中・長距離は「立つ」を意味するスタンディングスタートで行われます。リレーでは、第一走者のみクラウチングスタートです。

フィールド

【基本ルール】
「跳躍」「投てき」に大別できます。前者は跳ぶ高さや距離を、後者は用具を投げた距離を競います。

走高跳
（男子／女子）

棒高跳
（男子／女子）

走幅跳
（男子／女子）

三段跳
（男子／女子）

砲丸投
（男子／女子）

円盤投
（男子／女子）

ハンマー投
（男子／女子）

やり投
（男子／女子）

跳躍について

フィールド競技のうち、走高跳、棒高跳、走幅跳、三段跳を「跳躍」といいます。

走高跳

助走をつけてバーを跳び越え、跳び越えた高さを競います。

棒高跳

ポールを使って跳び越えたバーの高さを競います。

走幅跳

助走をつけて踏み切り板を使って跳び、着地点までの距離を競います。

三段跳

助走をつけて踏み切り板から「ホップ」「ステップ」「ジャンプ」の3段階で跳び、着地点までの距離を競います。

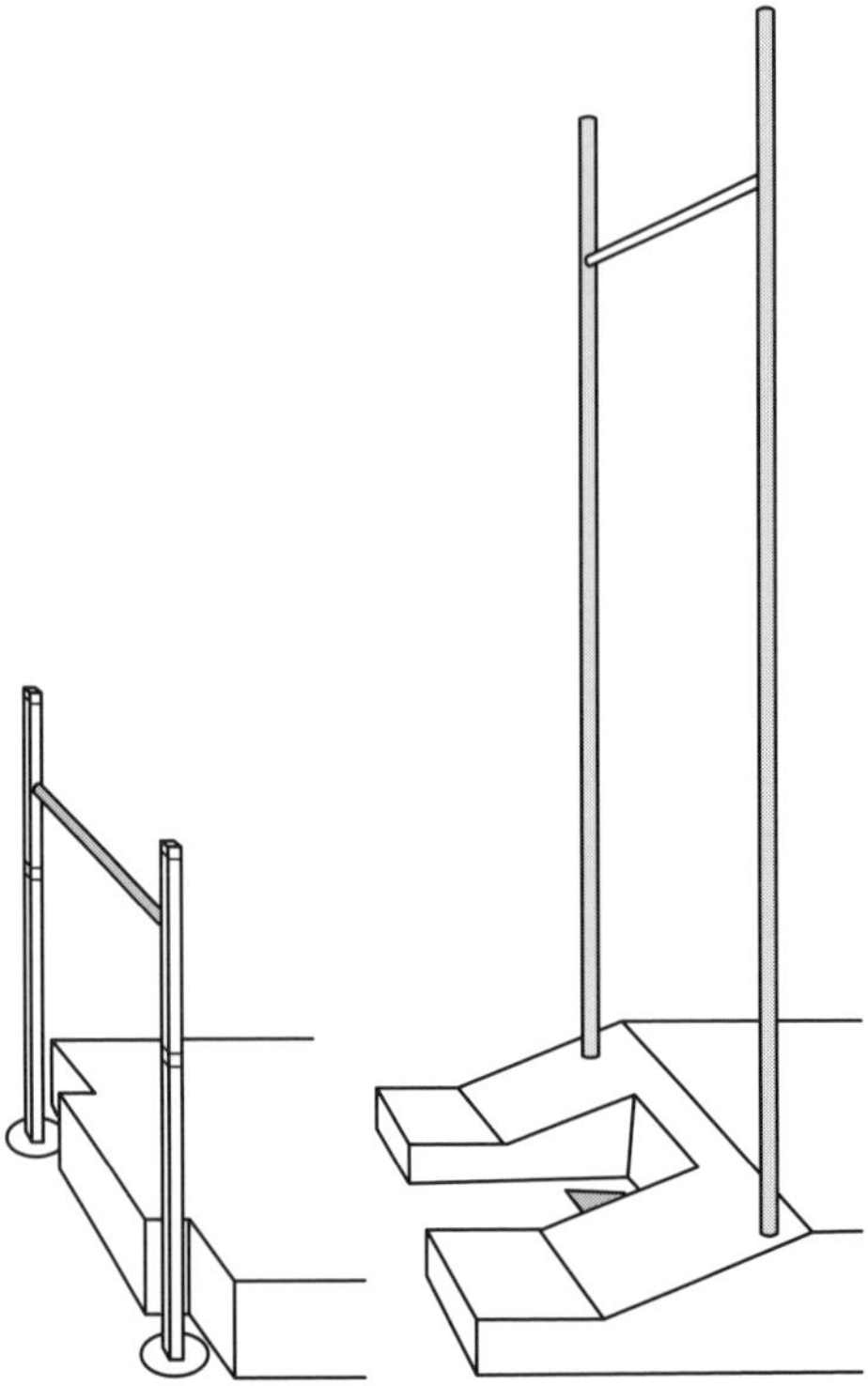

走高跳と棒高跳

走高跳は道具を使わずにバーを跳び越えます。その高さは男子は2m40cm以上、女子は2m前後にもなります。棒高跳は道具を使う競技です。男子は6m以上、女子は5m前後の高さを跳びます。

投てきについて

フィールド競技のうち、砲丸投、円盤投、ハンマー投、やり投を「投てき」といいます。それぞれの種目には左の表のような違いがあります。

	代表的な投げ方	投げる用具
砲丸投	かがみ込んだ姿勢から全身を起こしつつ体の向きを変え、砲丸を持った腕を上方に押し出して投げます。両肩を結ぶ線より後ろで砲丸を持つのは反則です	男子：直径11～13cm、重さ7.26kgの砲丸 女子：直径9.5～11cm、重さ4kgの砲丸
円盤投	片手で円盤を持ち、全身を回転させた遠心力で投げ出します	男子：直径21.9～22.1cm、重さ2kgの円盤 女子：直径18～18.2cm、重さ1kgの円盤
ハンマー投	金属製の頭部、ワイヤーの接続線、ハンドルで構成されるハンマーを両手で持ち、体を回転させた遠心力で投げ出します	男子：長さ1.215m、重さ7.26kgのハンマー 女子：長さ1.195m、重さ4kgのハンマー
やり投	やりを片手で持ち肩の上方に構え、助走して勢いをつけて投げ出します	男子：長さ2m60cm～2m70cm、重さ800gのやり 女子：長さ2m20cm～2m30cm、重さ600gのやり

ロード

【基本ルール】
定められた距離を歩き、あるいは走り、着順を競います。

マラソン
（男子／女子）

50km 競歩
（男子）

20km 競歩
（男子／女子）

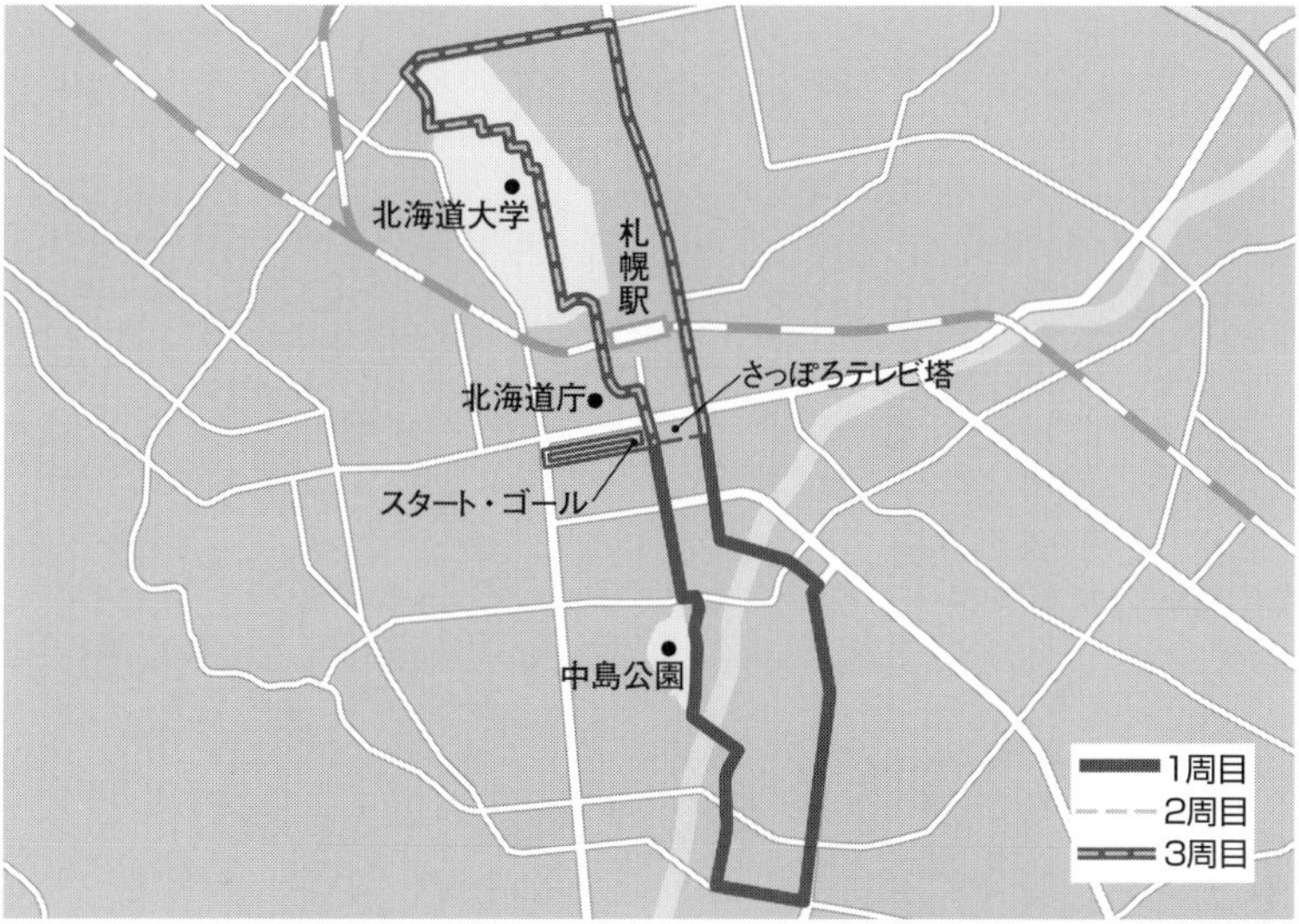

マラソン（男子／女子）のコース

スタートの札幌大通公園を 2 周した後、約 20km の大きいループを 1 周したのち、約 10km の小さいループを 2 周します。さっぽろテレビ塔、北海道大学、すすきの、中島公園、北海道庁旧本庁舎（赤れんが庁舎）などを通るコースです。

ロードの見どころ

マラソンについて

ロード（一般道路）では、マラソンと競歩が行われます。マラソンの距離は男女ともに 42.195km。オリンピック記録は男子 2 時間 6 分 32 秒、女子は 2 時間 23 分 7 秒となっています。炎天下を走りきるには体力、気力が必要。加えて、ペースを調整するスキルや勝負を仕掛けるタイミングを読む力なども求められます。なお、給水ポイント以外での給水は反則です。

競歩について

競歩は、歩き方に関して次のようなルールがあります。

●左右どちらかの足が常に地面に接していること（ロス・オブ・コンタクト）

●前足は腰の真下に来るまでひざを曲げないこと（ベント・ニー）

審判は、違反が疑われる選手には黄色のパドルを提示して注意を促します。明らかな違反と判断した場合は主審に赤カードを提出。赤カードが 3 枚になると、該当選手は失格となります。

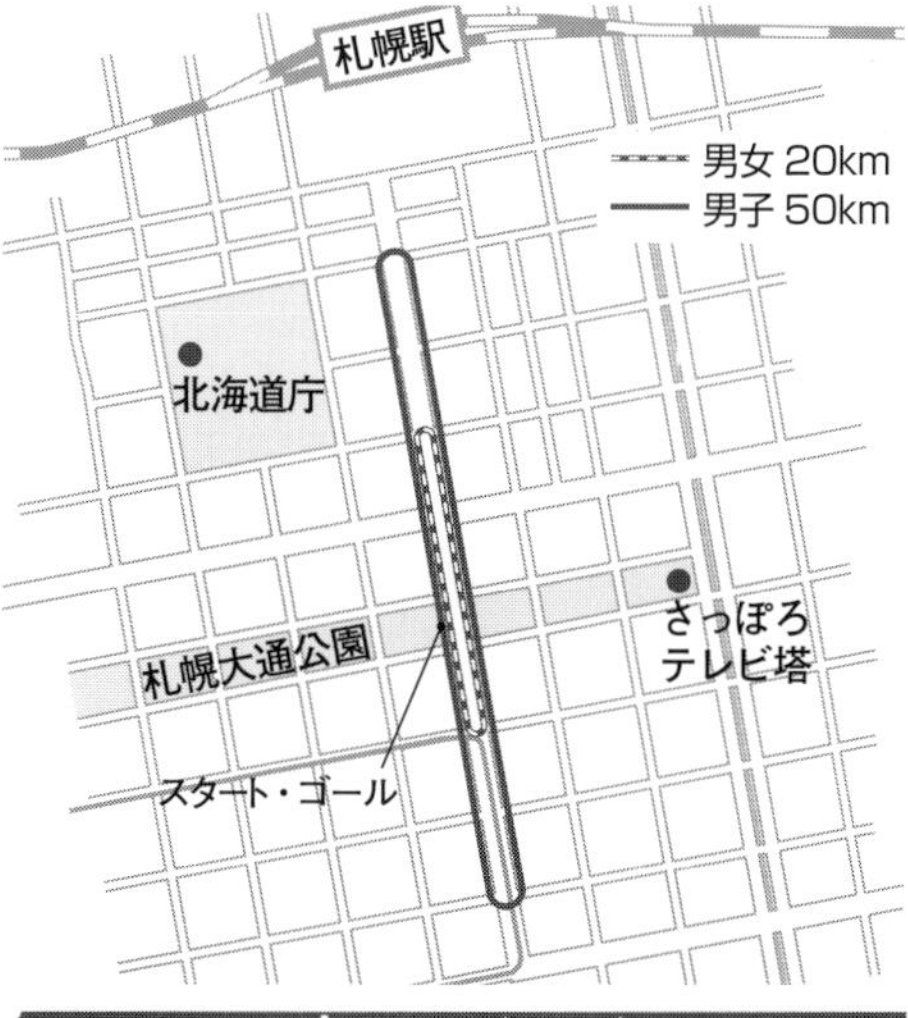

50km競歩（男子）、20km競歩（男子／女子）のコース

札幌大通公園をスタートし、20km 競歩は 1 周 1km のコースを 20 周回、50km 競歩は 1 周 2km のコースを 25 周回します。

TOKYO 2020

競技 04

バドミントン

【基本ルール】 ラケットを用いてネット越しにシャトルを打ち合い、得点を競います。

シングルス
（男子／女子）
ダブルス
（男子／女子／混合）

球技最速の初速！ メダル獲得の期待

バドミントンは卓球、テニスなどと同じネット球技ですが、ラケットを用いてシャトルを打ち合うのが特徴です。シャトルは、半球状のコルクにガチョウなどの羽根を固定したもの。打った瞬間の初速は、世界のトップレベル選手であれば時速400㎞超！ 球技最速としてギネスブックに認定されているほどです。一方で、シャトルはその形状から空気抵抗を受けやすく、相手のコートに届くころには時速100㎞以下になります。バドミン

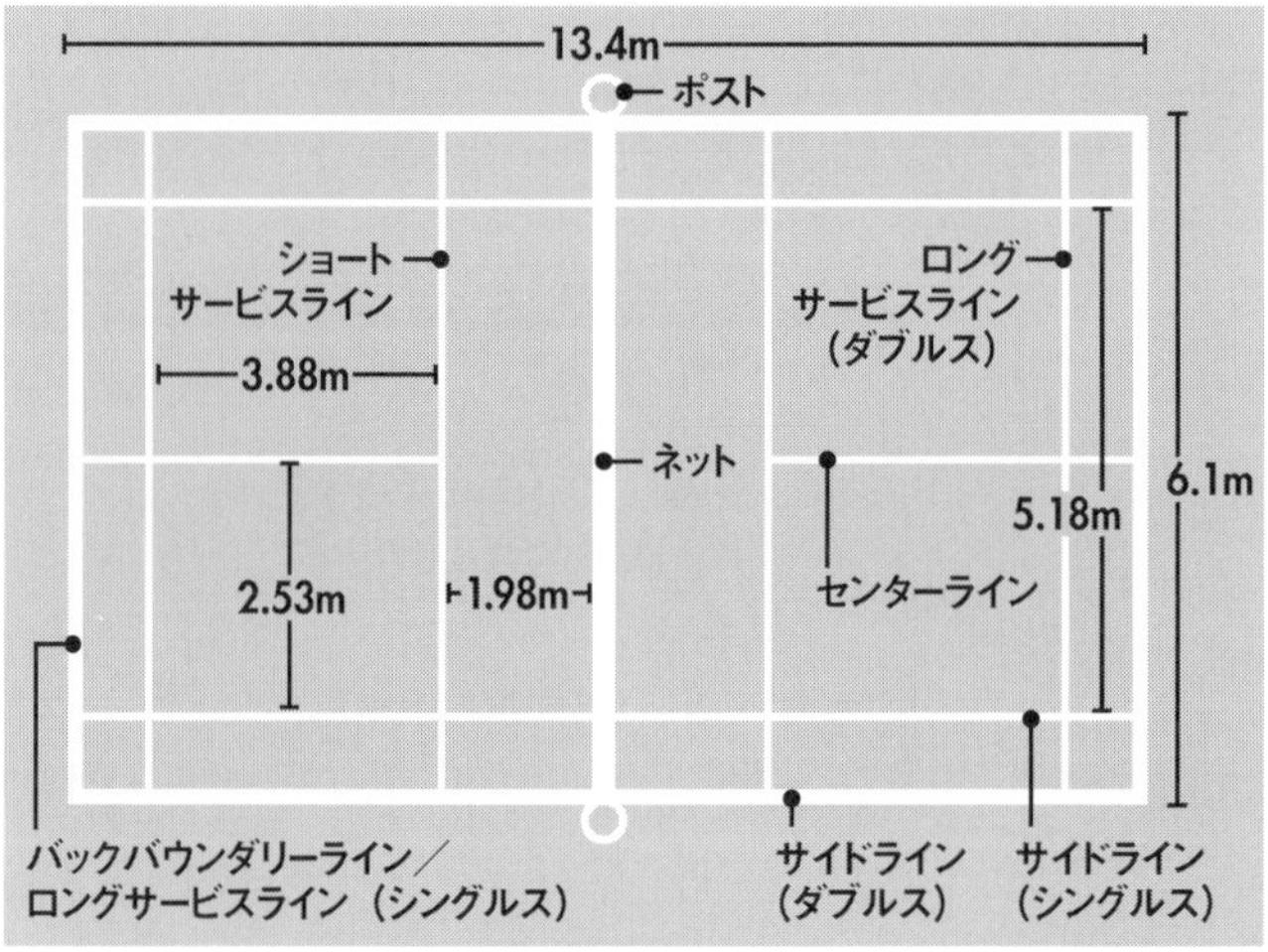

コートについて

広さはシングルスが13.4m × 5.18m、ダブルスが13. 4m × 6. 1m。ネットの高さは中央部で1.524mあります。

コートのここに注目

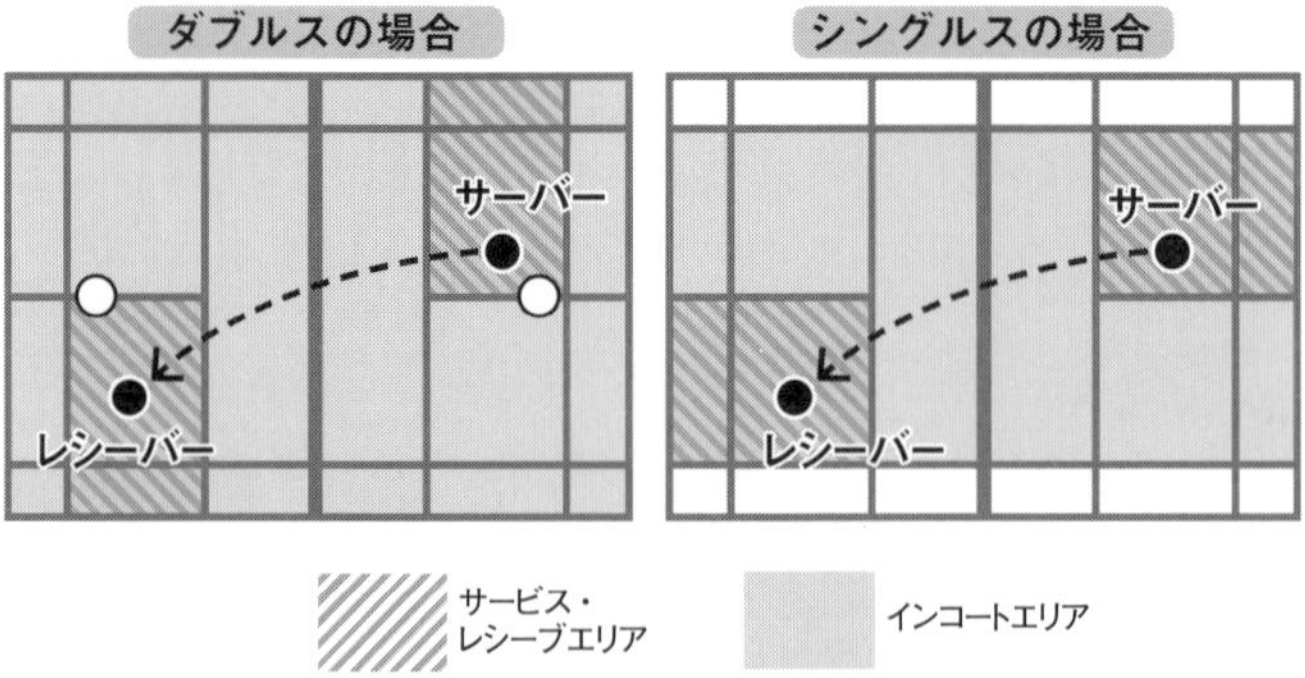

有効エリアの違い

ダブルス、シングルスともに使用するコートは同じですが、シングルスでは内側のサイドライン、ダブルスでは外側のサイドラインを使用します。また、サーブと返球時の有効エリアは、シングルスは縦に長く、ダブルスは横に長くなります。

もっと楽しめるはみ出しネタ

バドミントンは、イギリスに伝わる「バトルドー・アンド・シャトルコック」という遊びがルーツといわれています。オリンピックの正式競技として採用されたのはバルセロナ1992大会からです。

トン特有のこの緩急の差に加え、スマッシュ、ドロップ、ヘアピンといった多彩なショットが、この競技の魅力です。

　ラリー（打ち合い）中の駆け引きも見どころの1つです。特にシングルス（1対1）は、相手を前後、あるいは左右に動かしてその逆をつくプレーの応酬が見ものです。ダブルス（2対2）は、シングルスよりもスピーディな展開と、各チームのフォーメーションが見せ場といえるでしょう。混合ダブルスは、女子が狙われやすいため、女子が相手男子の強いショットをどれだけ返せるか、男子が女子をいかにカバーできるかが勝敗を左右します。このあたりに注目すると、試合観戦がより面白くなるでしょう。

　２０１９年10月時点で、世界ランキングの男子／女子シングルス、男子／女子ダブルスのいずれでも日本人選手が10位以内にランクインしています。東京２０２０大会でもメダルが期待できそうです。

主なショット

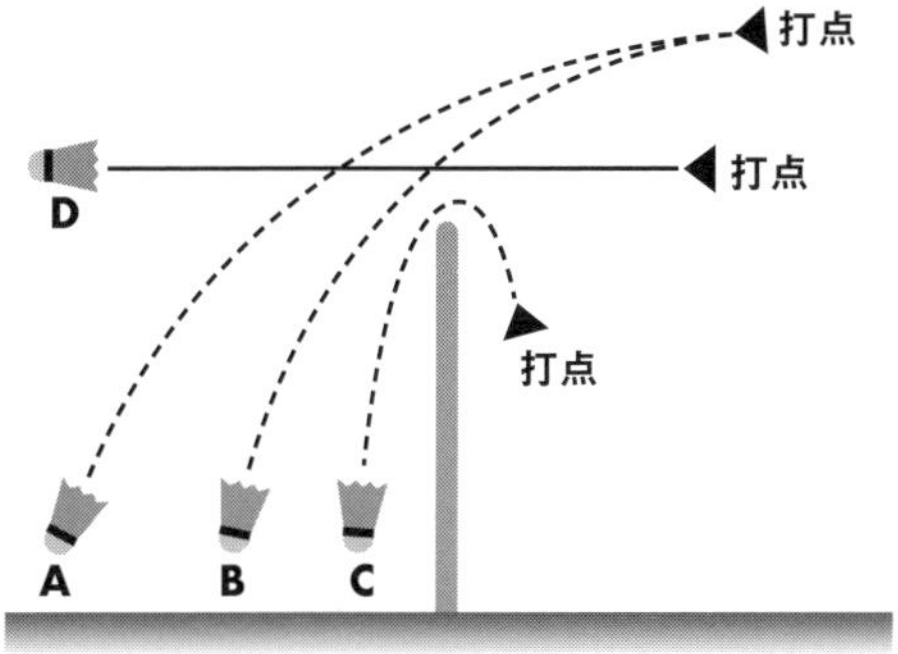

Ⓐ スマッシュ

シャトルに体重を乗せて、高い打点から打つ強いショットです。ジャンピングスマッシュなどの応用技もあります。

Ⓑ ドロップ

スマッシュと同じフォームを取りつつ、シャトルがラケットに当たる瞬間に力を抜くことで、ネット際にシャトルをふわりと落とします。

Ⓒ ヘアピン

ネット近くのシャトルを、相手のネット際に打ち返します。

Ⓓ ドライブ

ネットすれすれの高さで床と平行に打ちます。ダブルスでよく使われます。

覚えておきたいポイント

勝敗の決め方

1ゲーム21点で3ゲーム制、2ゲームを先取したほうが勝ちとなります。20対20になった場合は、2点差がつくまで試合を続行し、2点差がついた時点で終わりです。2点差がつかないまま29点になったときは、先に30点目を獲得したほうが勝者となります。1ゲームずつ取った場合は、3ゲーム目を行います。

ラリーポイント制

試合はサーブ権を獲得した選手のサービスから始まります。その後は、サーブ権に関係なく、相手コートにシャトルを落とした側に得点が入ります。これを「ラリーポイント制」といい、得点を取るとサーブ権が与えられます。

コートの移動

サービスを打つ位置は、獲得点数が奇数か偶数かで異なります。例えば、A選手がラリーに勝って1点を取り、獲得点数が11点になったとします。このとき、獲得点数は奇数ですから、A選手は、コートの左側から、ネットを挟んで対角線上にある有効エリアに向かってサービスを打ちます。反対に、獲得点数が偶数になった場合は右側からとなります。

もっと楽しめる はみ出しネタ

シャトルの落下点がラインの内側なのか外側なのかを判断するのが線審です。落下点が見えなかった場合、線審は両手で目を覆います。これは、「見えませんでした」という主審への合図です。

TOKYO 2020

競技 05

野球・ソフトボール

3大会ぶりに復活！ライバルはアメリカ

「世界での普及度が低い」「女性の同一競技がない」といった理由から、北京2008大会を最後にオリンピックの正式競技からはずれていた野球が、ソフトボールとともに東京2020大会で復活しました。

野球には多くの見どころがありますが、なかでもエキサイティングなのが投手と打者の対決です。投手はアウトを1つでも多く取るために、時速160㎞の剛速球や、スライダー、フォークボールといった変化球を駆使して長打を狙う打者

野球

【基本ルール】
2つのチームが守備と攻撃を交代で行いながら得点を競います。1チームは9人です。

野球（男子）

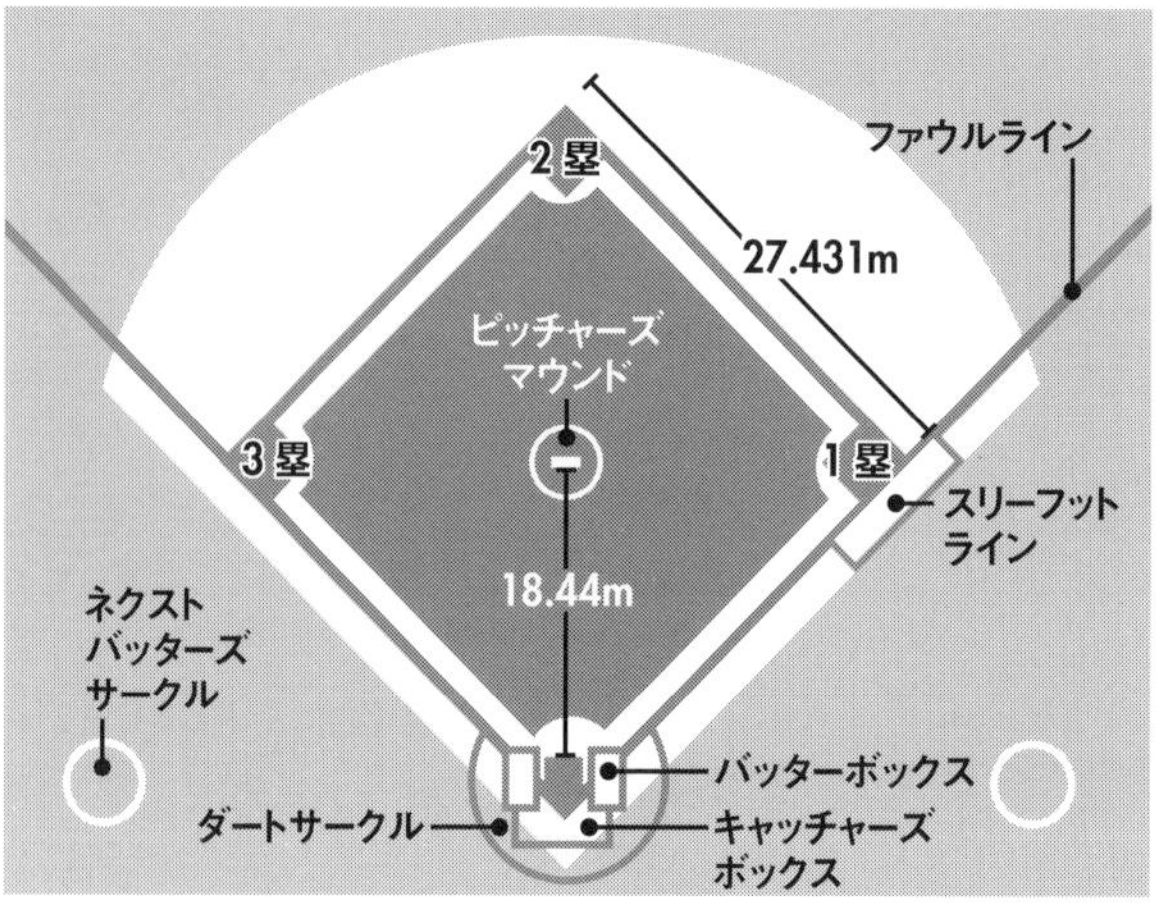

野球場

本塁から外野フェンスまでの距離は各97.5m以上が理想とされています。1～3塁と本塁に囲まれたエリアを内野、それより外側でファウルラインの内側を外野といいます。投手が投げる直径約7.3～7.5cmの硬式ボールを、打者は木製バットで打ちます。

ストライクゾーンとは？

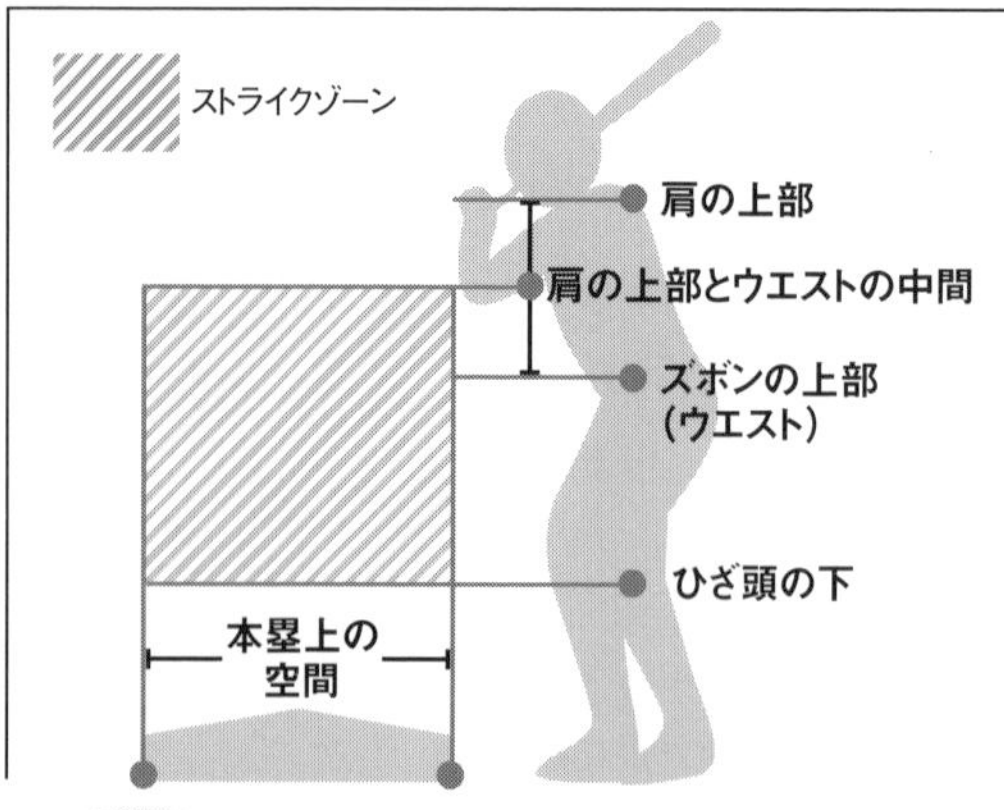

ストライク3つで1アウト

投手が投げた球は、球審により、ストライクかボールのどちらかに判定されます。ストライクと見なされるのは、①球がストライクゾーンを通過した場合、②打者が空振りした場合、③打球がファウルラインの外側に出た場合などです。なお、ストライクゾーンは、「本塁ベース上で、打者のひざ頭の下を通る地面と水平の線と、打者の肩の上部とズボンの上部の中間部分を通る地面と水平の線で挟まれた空間」と定められています（左のイラスト参照）。

もっと楽しめるはみ出しネタ

ソフトボールの投手が投げる球種の1つに「ライズボール」があります。打者の手前で急激に浮き上がる変化球で、野球では見られないソフトボール特有の球種です。

を翻弄します。
　打者も負けてはいません。地道なピッチング研究と驚異的な動体視力とで球種を見極め、投手からヒットを打ち取るべく奮闘します。投手と打者の緊迫感あふれる対決に、観客は釘づけになるのです。このほか、鋭い打球をダイビングキャッチしたり、強肩を活かしてライトから本塁へと送球したりといった、一流選手ならではのスーパープレーも必見です。

　野球に比べてフィールドのサイズがコンパクトなソフトボールは、スピーディでスリリングな試合展開が持ち味。トップレベルの女子選手の投球は時速100kmほどですが、投手と打者の距離が野球よりも近いため、打者の体感速度は野球の時速150km程度に匹敵するといわれています。

　野球・ソフトボールともに最大のライバルはアメリカです。強敵・アメリカを相手に金メダルをとるべく、選手たちは練習を重ねています。

投球の種類

ストレートと変化球

投手が投げるボールには、ボールの進み方や動き方によっていくつかの種類があります。これを球種といい、次のようなものがあります。

ストレート	直球。ボールはバッターボックスへ向かってまっすぐ進みます。時速160km以上のボールを投げる選手もいます。
カーブ	投手の利き腕とは反対の方向に弧を描きます。最も一般的な変化球です。
シュート	打者の近くで、投手の利き腕と同じ方向に曲がります。
スライダー	打者の近くで鋭角に曲がります。
フォークボール	打者の近くで急速に落下します。

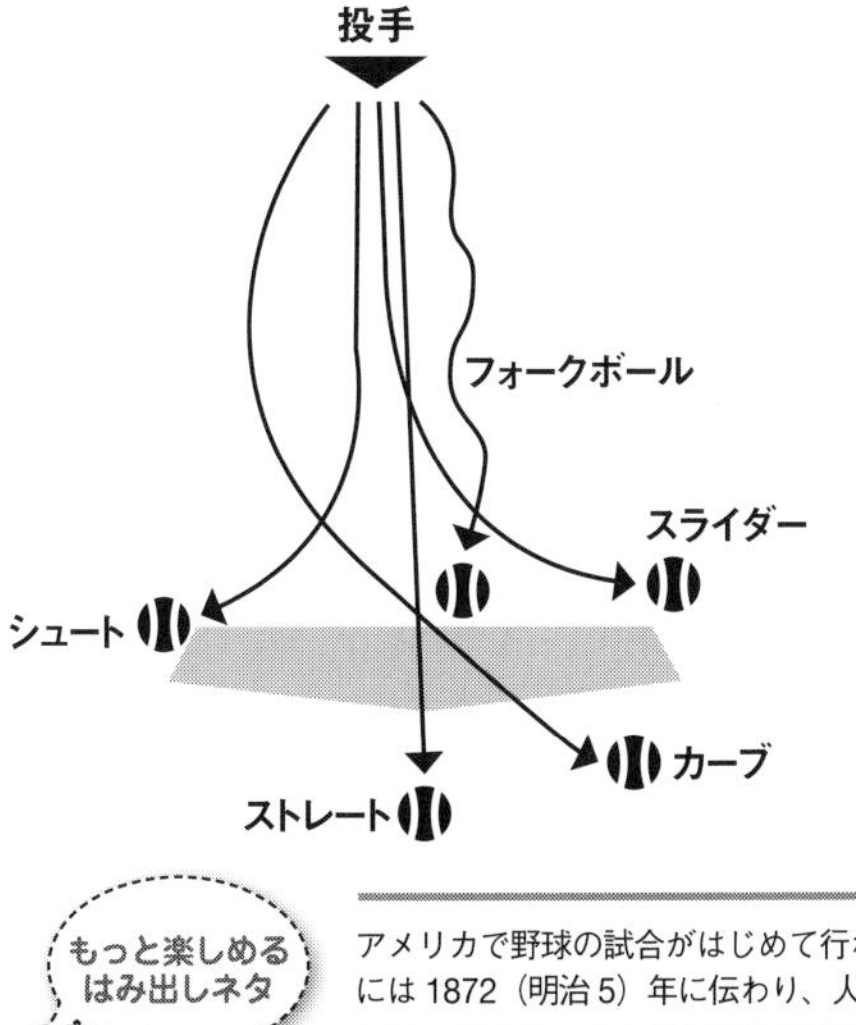

覚えておきたいポイント

攻守を交代しながら9回まで行う

守備側のチームは、9人全員がグラウンドに出て自分のポジションにつきます。攻撃側のチームは、選手が1人ずつ順番にバッターボックスに立ち、投手が投げたボールをバットで打ちます。先攻チームが攻撃している間を「表」、後攻チームが攻撃している間を「裏」といい、表と裏の1セットを1回として、これを9回まで続けます。

アウトの種類

「アウト」とは、攻撃側の打者や走者が規定上プレーから除かれること。

- 投手が打者にストライクと判定されたボールを3球投げたとき（三振）
- 打者が打ったボールがグラウンドに転がったとき、打者が1塁に着く前に守備側がボールを1塁手に渡すか、打者にボールでタッチした場合

さまざまなパターンがありますが、基本は守備側が3つアウトを取ったら攻守交代です。ちなみにボールは4つで進塁となります。

得点のパターン

投手の球を打って塁に出た打者が、途中、アウトにならずに2、3塁をまわり本塁に戻れたら1点入ります。また、打球が観客席に入ることを「ホームラン（本塁打）」といい、この場合も1点となります。

もっと楽しめるはみ出しネタ

アメリカで野球の試合がはじめて行われたのは1846年。1869年にはプロチームが誕生しました。日本には1872（明治5）年に伝わり、人気スポーツとなりました。

守備のポジションと役割

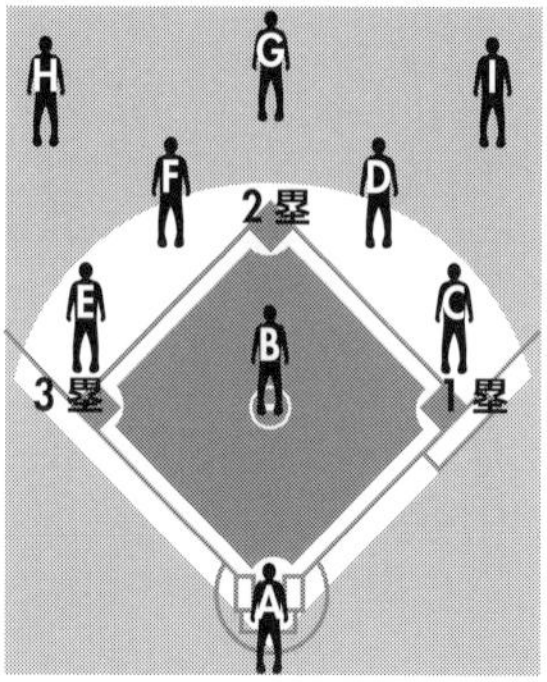

G センター

2塁後方を守ります。レフトやライトの守備を補助する役割もあります。中堅手ともいいます。

A 捕手(キャッチャー)

投手が投げたボールを専用のミットで受けます。チームの司令塔です。

C ファースト

1塁付近を守ります。一塁手ともいいます。

E サード

3塁付近を守ります。三塁手ともいいます。

H レフト

ショートの後方に位置し、外野を守ります。左翼手ともいいます。

B 投手(ピッチャー)

さまざまな球種を使い分け、打者からアウトを取る役割です。

D セカンド

1塁と2塁の間のやや後方を守備します。二塁手ともいいます。

F ショート

2塁と3塁の間のやや後方に位置して守備をします。遊撃手ともいいます。

I ライト

セカンドの後方に位置し、外野を守ります。右翼手ともいいます。

野球の主な用語

野球観戦に役立つ用語をまとめました。

用語	意味
ヒット	打者がボールを打って出塁すること
外野手	センター、レフト、ライトの総称。アウトフィールダーともいいます
サウスポー	左投げの投手のこと
三者凡退	1回の攻撃で1人も塁に出られずに3人で攻撃を終えること
内野手	ファースト、セカンド、サード、ショートの4人のこと。インフィールダーともいいます
満塁	1塁から3塁までのすべての塁上に走者がいる状態をいいます
ランナー	攻撃側のチームで塁上にいる選手のこと。走者ともいいます
ランニングホームラン	打球が外野のフェンスを越えずに、打者が全塁をまわって本塁に生還すること
バント	打者がバットを横に持ち、ボールに当てて打球を内野に転がすこと。1塁走者を2塁へ、2塁走者を3塁に進めるためのバントは犠牲バントとも呼ばれます
フォアボール	投手が打者にストライクでない球を4回投げること。この場合、打者は1塁に進めます

打順について

9人を戦略的に組む

打順とは、打つ順番のことです。監督は事前に打順を記した打順表を作成し、試合開始前に相手チームの打順表と交換します。試合がはじまったら、打順表に記載されている順番で打撃を行わなくてはいけません。打順は1番から9番まであり、一般的には、次のように分類されます。

上位打線

一般的に、1～5番の打順の選手のこと。ヒットを打ち、塁に出ることが求められます。また、本塁に生還する走力も必要です。

クリーンナップ

一般的に、3～5番の打順の選手を指します。チームで最も打率が高い選手や、ホームランなど得点につながる長打を狙える選手が担当します。

下位打線

一般的に、6～9番の打順の選手のこと。上位打線の選手に比べると打率が低い選手や、打撃よりは守備を得意とする選手、若手などが起用されるケースが多いようです。

ソフトボール

【基本ルール】9人からなる2つのチームが守備と攻撃を交代で行いながら得点を競います。

ソフトボール
（女子）

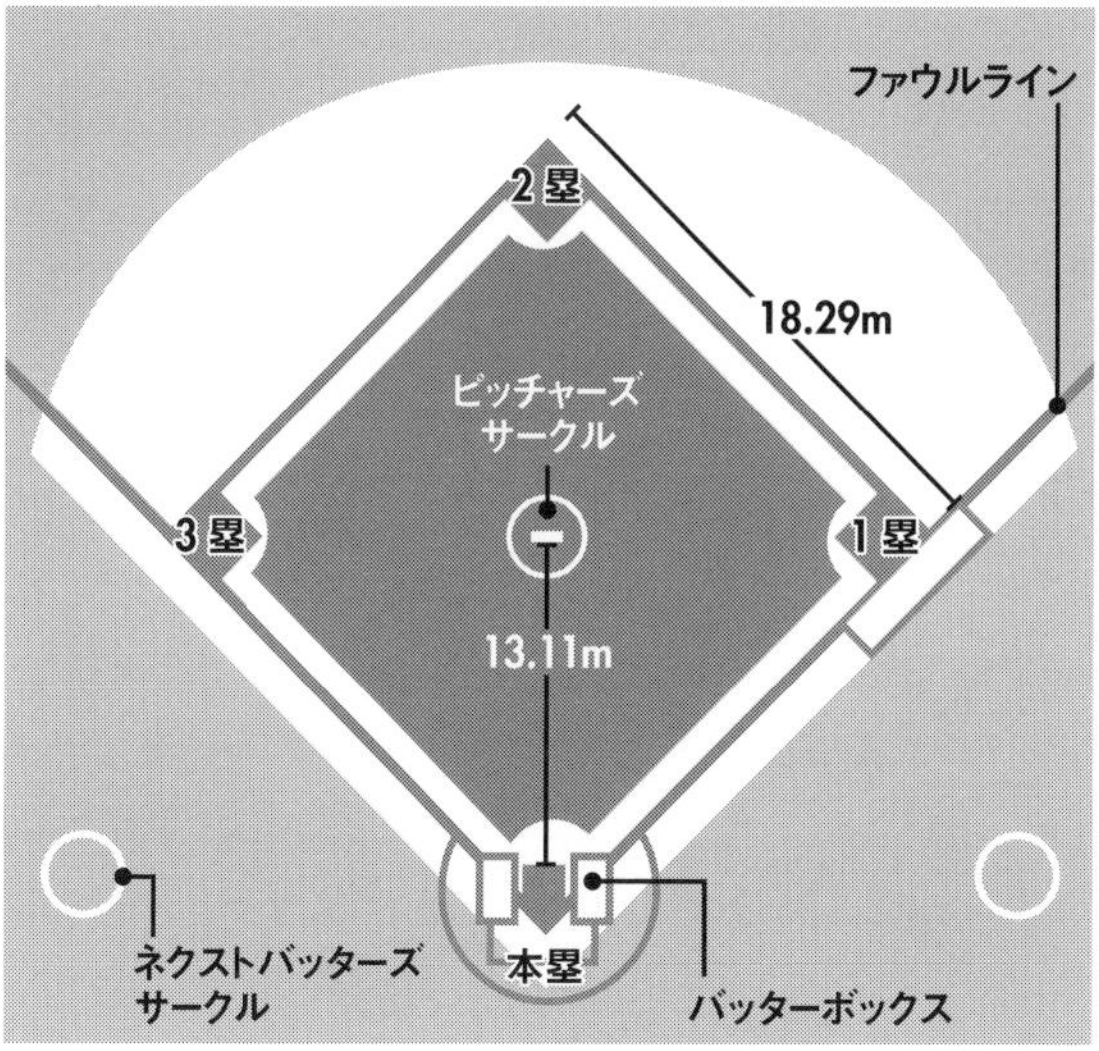

ソフトボール場

オリンピックでは、本塁から外野フェンスまでの距離が各67.06m以上必要です。塁間は18.29m、ピッチャーズサークルからバッターボックスまでは13.11m。塁間27.431m、ピッチャーズマウンドからバッターボックスまで18.44mの野球場に比べるとかなりコンパクトです。

覚えておきたいポイント

スピード感ある展開が魅力

野球に比べてグラウンドのサイズが小さく、塁間、ピッチャーズサークルとバッターボックスの距離が近くなっています。そのため、より緻密でスピード感のある試合展開を楽しめます。

ボールとバットについて

野球で使われる硬球は直径7.3～7.5cm、重量141.7～148.8gです。一方、ソフトボールで使われるボールは直径約9.5～9.7cm、重量約187.82gと、野球のボールに比べるとかなり大きく、重たくなっています。バットはカーボン製が主流です。

ソフトボール特有のルールがある

基本的なルールは野球に近いといえますが、次のようにソフトボール特有のルールもあります。

- 試合は7回まで
- 接触を防ぐために1塁には2つの塁が置かれる（ダブルベース）

投法について

特有の下投げでストライクを狙う

ソフトボールでは、投手の投法は下投げと決まっています。下投げには、腕を風車のように大きく1回転させてから投げる「ウインドミル」と、腕を振り子のように下から上へと振り上げ、その反動で前方に投げる「スリングショット」があります。かつてはスリングショットが主流でしたが、現在はウインドミルが主流です。時速100kmのボールを投げる剛速球投手もいます。

TOKYO 2020

競技06

バスケットボール

【基本ルール】
2つのチームが対戦し、相手チームのゴールにシュートを入れた数を競います。

スーパープレー続出！ 新種目3×3にも注目

5人からなる2つのチームが、ボールをドリブルやパスで運んでゴールを狙うバスケットボールは、世界中で人気のスポーツです。

人気の理由としては、チーム5人全員が守備も攻撃も行い試合展開がダイナミックかつスピーディであること、そして、ほかの競技に比べて得点が入りやすく見飽きないという点が挙げられます。合計40分の試合で、1チームが100点以上得点することも！ 身長2m以上の選手がボールを離さずにジャ

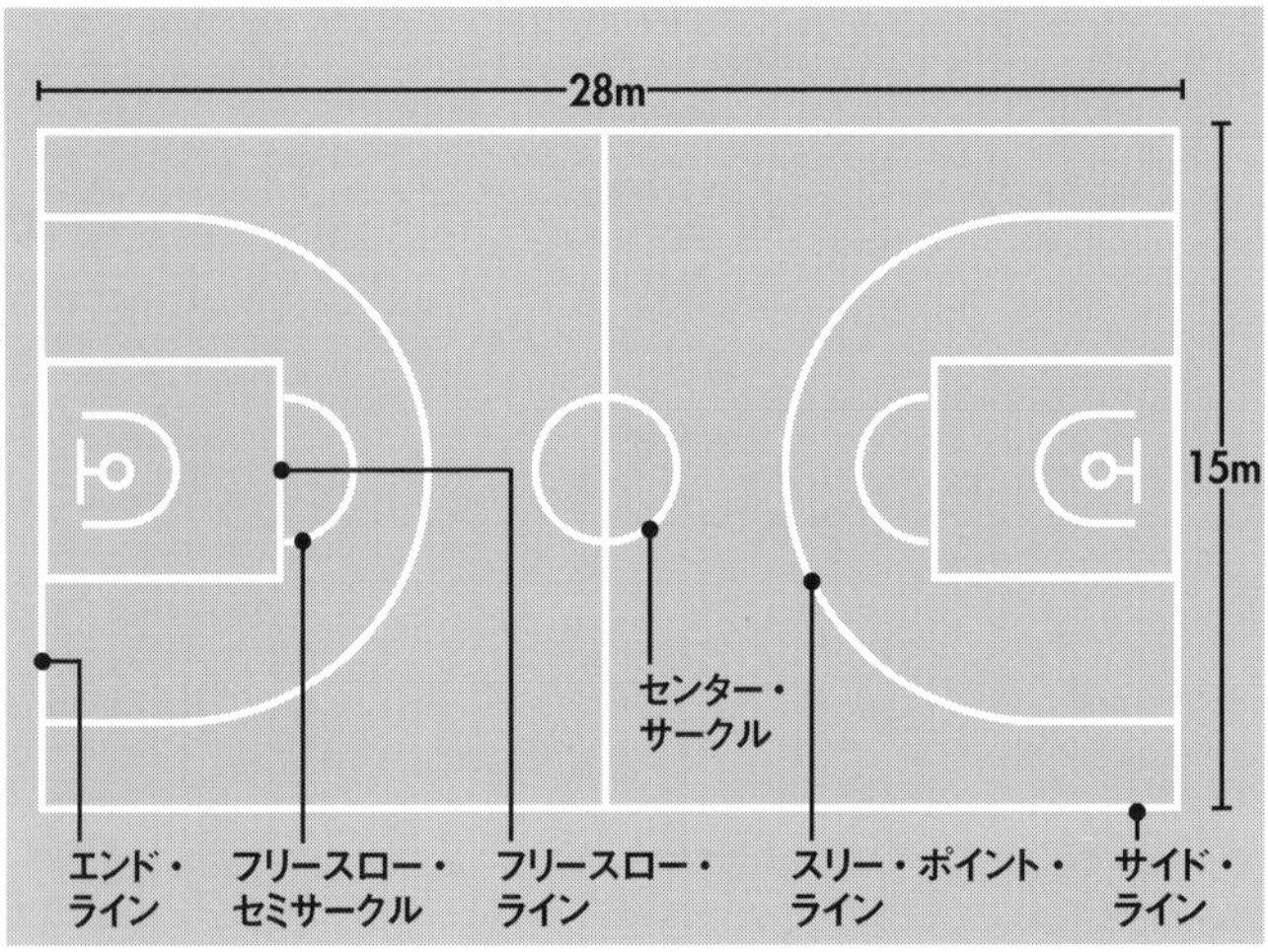

3×3
（男子／女子）

バスケットボール
（男子／女子）

5人制バスケットボールのコート

5人制バスケットボールのコートは28m × 15mです。コートの両端、3.05mの高さに設置されたバスケットがゴールです。スリー・ポイント・ラインの外から打ったシュートは3点、内側からのシュートは2点。相手のファウルなどにより与えられるフリースローは1点となります。

ポジションと主な役割

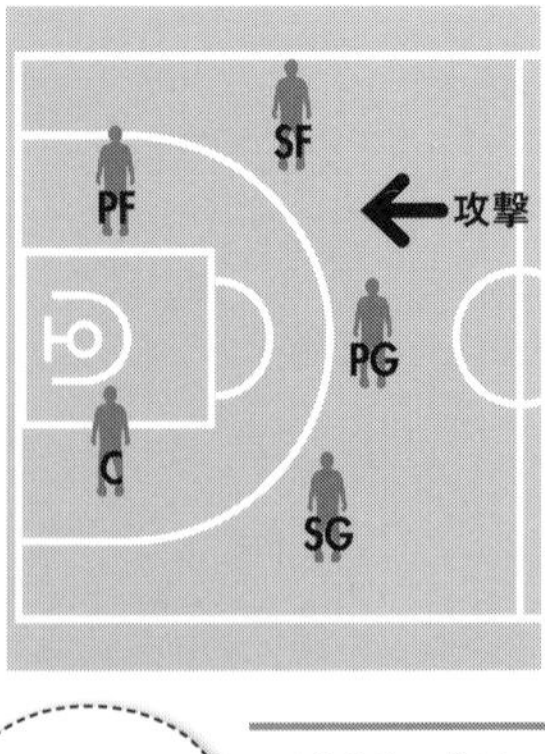

シューティングガード（SG）
攻撃の要。得点能力の高さが求められるポジションです。

パワーフォワード（PF）
ゴール下での得点、リバウンドに積極的にからみます。

センター（C）
ゴール下を守る大黒柱。背が高く、体格がいい選手が務めるケースが多いようです。

ポイントガード（PG）
チームの司令塔。試合の状況を判断しながら味方へと指示を出します。

スモールフォワード（SF）
PG、SGと同様にスリーポイントラインの外側で攻撃のチャンスをつくります。

もっと楽しめるはみ出しネタ
アメリカは、バルセロナ1992大会より、プロバスケットボールリーグNBAのスター選手を中心に代表チームを組んでいます。今大会ではどの選手が出るのか、世界中のファンが注目しています。

ンプしてそのままリングに入れるダンクシュートや、ジャンプした状態で複数のディフェンスをかわして決めるレイアップシュートなど、スーパープレーも続出します。

東京2020大会では、1チーム3人同士で得点を競う「3×3」も正式種目に加わりました。3×3はストリートシーンで発展してきたスポーツで、その攻防は5人制よりもさらに速く、スリリングな試合展開が魅力です。

5人制バスケットボールは男女ともにアメリカが強く、リオデジャネイロ2016大会では、予選から全勝して金メダル獲得という快挙を達成しています。その強さは他の追随を許しません。一方、3×3のメダル候補は、男子はセルビア、ロシア、女子は中国、ウクライナなど。日本も世界ランキングで男子9位、女子10位（2020年1月時点）と男女ともに過去最高位となっています。

5人制と3×3の違い

	5人制	3×3
コートに立てる選手の人数	5人　※控え選手は7人	3人　※控え選手は1人
試合時間	10分×4ピリオド ※各ピリオドのインターバルは2分間。第2ピリオドと第3ピリオドの間には15分間のハーフタイムがあります	10分×1ピリオド
勝敗の決め方	得点の多いほうが勝ち	得点の多いほうが勝ち。ただし、どちらかのチームが21点先取した場合は、先取したチームの勝ち
コートの大きさ	28m × 15m	15m × 11m
得点について	・スリー・ポイント・ラインの外側からのシュート＝3点 ・スリー・ポイント・ラインの内側からのシュート＝2点 ・フリースロー＝1点	・アーク（ツー・ポイント・ライン）の外側からのシュート＝2点 ・アークの内側からのシュート＝1点 ・フリースロー＝1点
ショットクロック	攻撃チームがボールを保持してからシュートを放つまでの制限時間は24秒	攻撃チームがボールを保持してからシュートを放つまでの制限時間は12秒
ファウル（反則）	個人ファウルは4回まで（5回犯すと退場です）。	個人ファウルの概念はなし。チームのファウルが7回を超えると相手にフリースローや攻撃権が与えられます
交代	交代選手自身がスコアラーに申告	申告の必要なし
そのほか	ゴールが決まったら、決められたチームがエンドラインからスローイン（ボールを投げ入れます）	攻守交代の際はボールを1度アークの外に運びます

もっと楽しめる はみ出しネタ

バスケットボールの発祥はアメリカです。1891年、カナダ出身のジェームズ・ネイスミス博士が考案し、冬季の体育の授業に取り入れたことがはじまりだといわれています。

TOKYO 2020

競技 07

ボクシング

【基本ルール】 2人の選手がグローブをはめた左右の拳で打ち合い、勝敗を争います。

フライ級（48－52kg）
（男子）

フェザー級（52－57kg）
（男子）

ライト級（57－63kg）
（男子）

ウェルター級（63－69kg）
（男子）

ミドル級（69－75kg）
（男子）

ライトヘビー級（75－81kg）
（男子）

ヘビー級（81－91kg）
（男子）

スーパーヘビー級（91kg超）
（男子）

フライ級（48－51kg）
（女子）

フェザー級（54－57kg）
（女子）

ライト級（57－60kg）
（女子）

ウェルター級（64－69kg）
（女子）

ミドル級（69－75kg）
（女子）

拳だけで戦う五輪の伝統競技

ボクシングは、古代オリンピックでも行われていた伝統的な競技です。選手の攻撃手段は、グローブをはめた自分の拳のみ。攻撃できる範囲は、選手が着用しているトランクスのゴム部分「ベルトライン」より上で、なおかつ、背中、後頭部への攻撃は禁止されています。

攻撃の手段も範囲もごく限られているなか、ディフェンスが得意な選手なら、ガードをしっかりと固めて軽快なフットワークで相手の攻撃を巧みにかわし、相手が攻め疲れ

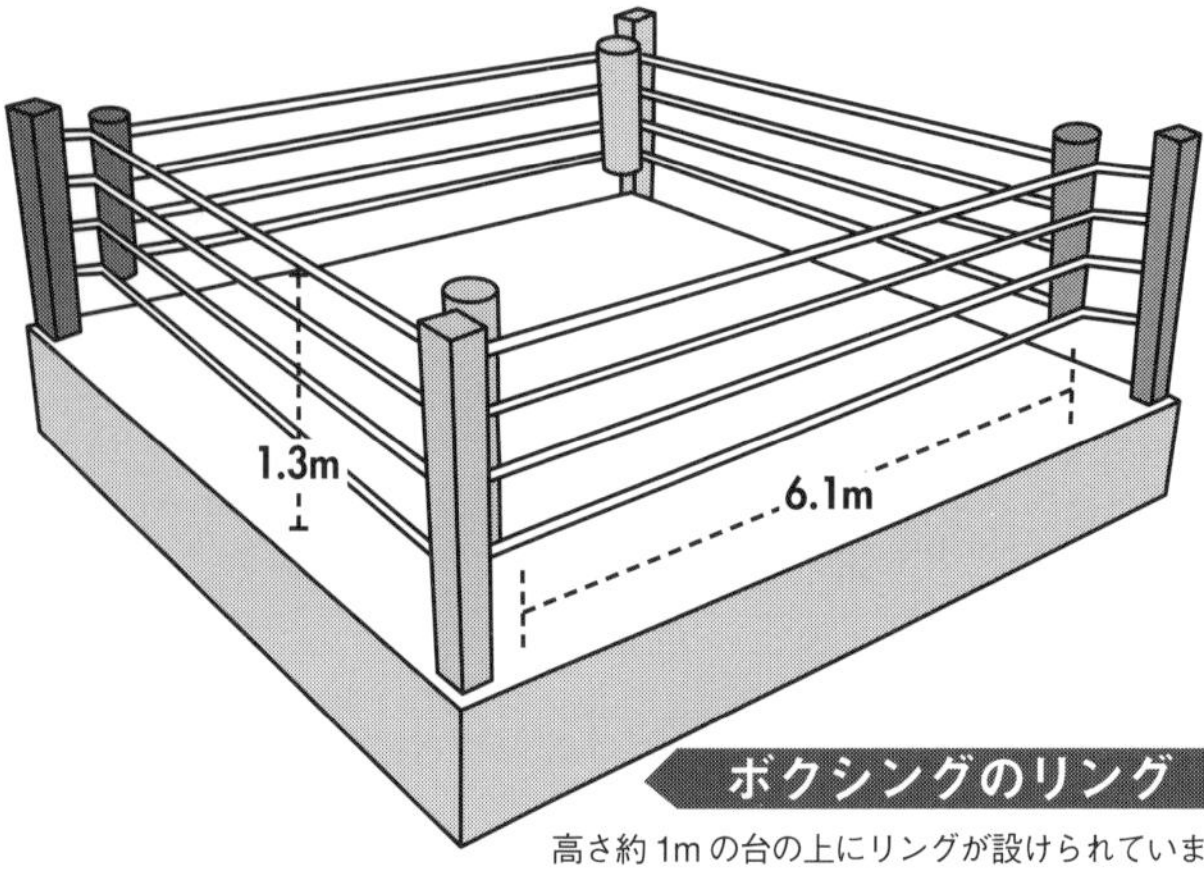

ボクシングのリング

高さ約1mの台の上にリングが設けられています。リングの広さは6.1m×6.1mです。リングポストの間には4本のリングロープが張られています。一番上のリングロープの高さは1.3mです。

ボクシングの用具

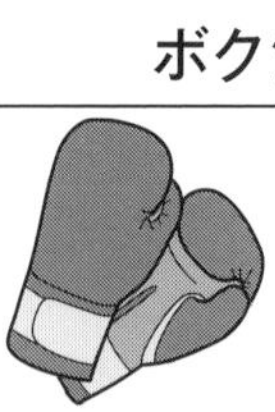

グローブ

片手10オンスの国際ボクシング協会公認のメーカーの製品を使用します（男子69kg以上は片手12オンス）。グローブの下の手には、拳を保護するためのバンテージが巻かれています。

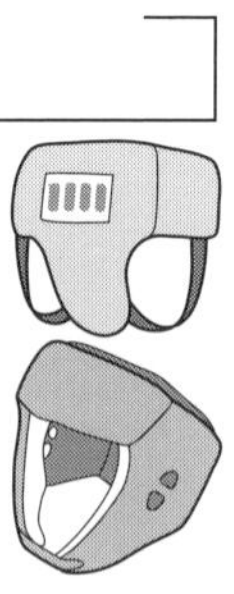

ヘッドギア

頭部を守る防具です。リオデジャネイロ2016大会より、着用は女子のみとなっています。

そのほか

ガムシールド（マウスガード、マウスピースとも）、カッププロテクター（男子のみ）の着用が義務づけられています。

もっと楽しめるはみ出しネタ

オリンピックで活躍したアマチュア選手が、プロに転向し成功を収めるケースも。村田諒太選手もその1人。ロンドン2012大会のミドル75kg級で金メダルを獲得し、現在はプロとして活躍中です。

たところで一気に攻撃に転じます。さまざまなパンチを細かくくり出して相手のガードを崩し、まれですがノックアウトを狙う選手もいます。シンプルなルールだからこそ生まれる多種多様な攻防が、ボクシングの見どころといえるでしょう。

　ボクシング競技は、プロとアマチュアとに分けられます。オリンピックのボクシング競技はアマチュアのルールに則って行われます。プロの試合は最長で12ラウンドですが、アマチュアは3分3ラウンドと短く、非常にスピーディ。選手が自分のコーナー色と同じ色のランニングシャツとトランクスを着用するのも、アマチュアならではです。

　ただ、リオデジャネイロ2016大会からはプロ選手の参加も解禁となっています。日本には、WBA世界ミドル級王者の村田諒太選手をはじめ、プロ、アマチュアともに世界レベルの選手が多く、複数の階級でのメダル獲得が期待できそうです。

主な攻撃

ジャブ

ボクシングで基本となるパンチ。腕の力で素早くパンチをくり出します。相手との距離を測ったり、牽制したりする際にも使われます。

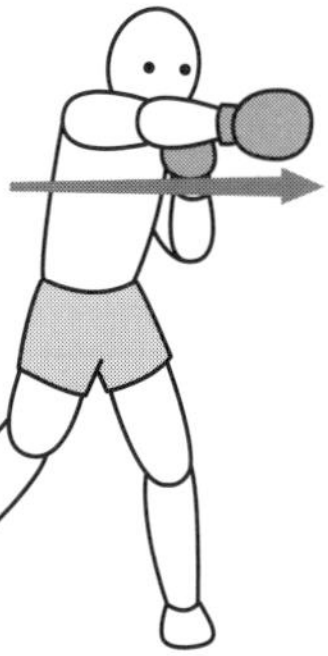

ストレート

足、腰、肩を連動させてまわし、構えている後ろの腕を相手に向かってまっすぐくり出します。

アッパー

相手に向かって下から上へと突き上げるパンチです。

フック

足、腰、肩を連動させて回転し、相手を横から打ち抜くパンチです。遠心力で強いダメージを与えられます。

主な決着方法

グローブをはめた拳のみを武器に、相手の上半身前面と側面を攻撃します。試合の勝敗は、WP、RSC、KOのいずれかで決定することが多いようです。相手選手の棄権、あるいは失格行為、不戦勝などの場合もまれにあります。

ポイント（WP）

5人のジャッジが試合を採点し、得点を多く獲得したほうが勝ちとなります。

レフェリー・ストップ・コンテスト（RSC）

競技の続行が困難なほど決定的な差がついている場合や、劣勢な選手が過度な打撃を受けていると判断した場合は、レフェリーが試合をストップし、優勢な選手が勝者となります。

アバンダン（ABD）

規定のラウンド終了前にセコンド（介添えや指示をする人）からタオルを投げ入れられたりしたときは、相手選手の勝利となります。

ノックアウト（KO）

ダウンした相手が10秒以内に競技を続けられないとき、または、レフェリーがダウンした相手に異常を感じてカウントを省略した場合は、ダウンさせた選手の勝ちとなります。

失格（DSQ）

1競技で3回の警告を受けると失格となります。ただし、警告なしで失格になることもあります。

もっと楽しめる はみ出しネタ

今から約2700年前の古代ギリシャでもボクシングは行われていました。当時は、全裸でオリーブオイルを塗り、拳には革ひもを巻いていたといわれています。腕やひじでの攻撃も認められていたようです。

TOKYO 2020

競技 08

カヌー

【基本ルール】
スプリントはゴールの着順を、スラロームはゴールまでのタイムと技術を競います。

圧倒的なスピードと豪快なさばきが魅力

カヌー競技では、直線コースを漕いで着順を競う「スプリント」と、流れのある川に設置されたゲートを通過してタイムを競う「スラローム」とがあります。さらに、いずれの種目にもカヤック部門とカナディアン部門があります。

スプリントとは、英語で短距離競走のこと。その名のとおり、カヌーのスプリントは、200〜1,000mの流れのないコースを選手が全力で漕ぎ抜けます。選手が力強く、かつリズミカルにパドルを操るさ

スプリントのコース

流れのない直線コース。オリンピックでは 200m、500m、1,000m があり、距離によってフィニッシュラインが異なります。

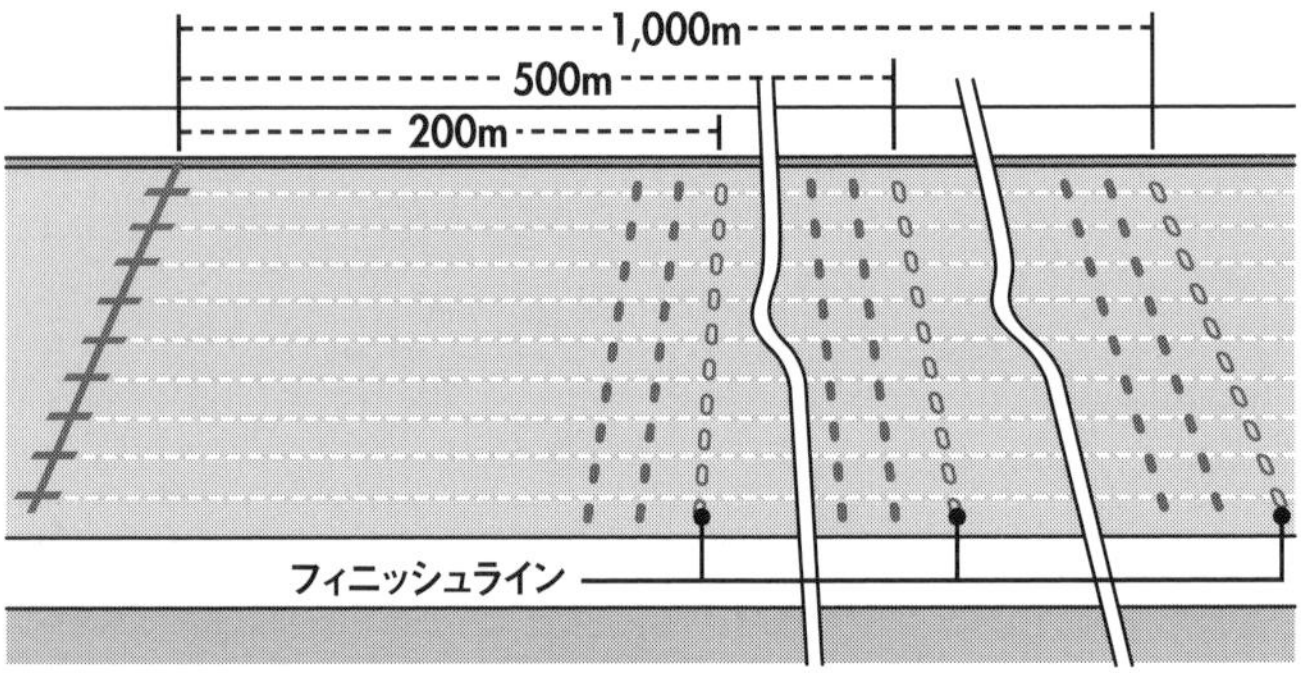

スラロームのコース

変化に富んだ流れのある川にゲートが 20 前後設置されており、選手はゲートに触れないよう通過します。東京 2020 大会では、自然の河川ではなく人工コースが使用されます。

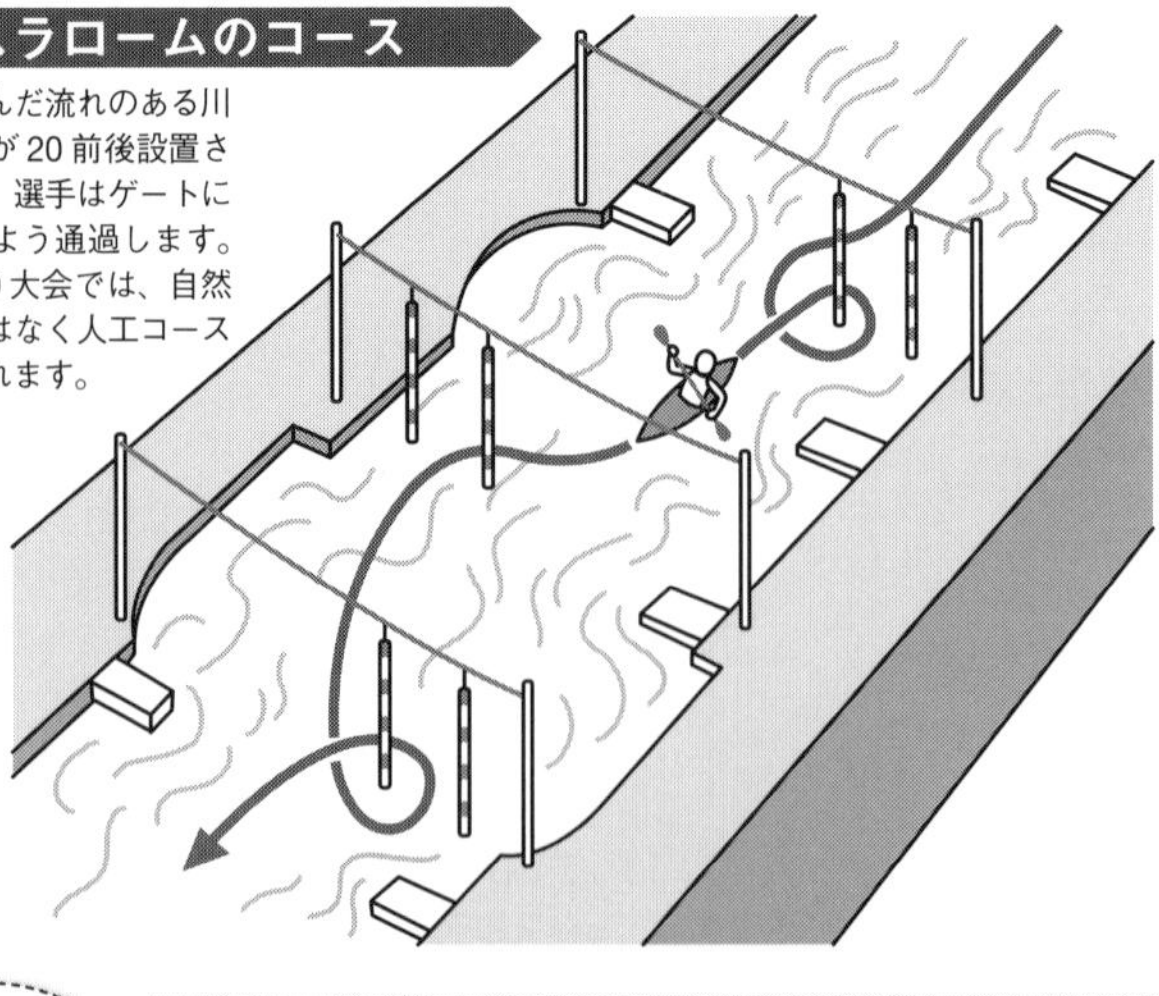

スプリント

カヤックシングル（K-1）
200m（男子／女子）
カヤックシングル（K-1）
1,000m（男子）
カヤックシングル（K-1）
500m（女子）
カヤックペア（K-2）
1,000m（男子）
カヤックペア（K-2）
500m（女子）
カヤックフォア（K-4）
500m（男子／女子）
カナディアンシングル（C-1）
1,000m（男子）
カナディアンシングル（C-1）
200m（女子）
カナディアンペア（C-2）
1,000m（男子）
カナディアンペア（C-2）
500m（女子）

スラローム

カヤック（K-1）
（男子／女子）
カナディアンシングル（C-1）
（男子／女子）

もっと楽しめるはみ出しネタ

カヌーは古代から移動や輸送の道具として使われてきました。最も古いカヌーは、6,000 年ほど前のユーフラテス川畔にあるシュメール人の王墓に遺されているものだという説があります。

ま、そして、水上を船体が滑るように進むさまが観客を魅了します。

一方、スラロームは変化に富んだ流れのある川が舞台。設置されたゲートに触れたり、ゲートを通過しなかったりすると、ペナルティとしてタイムが加算されます。激流に挑む選手の巧みなパドルさばきがスラロームの見どころです。

カヌーはもともとヨーロッパで盛んな競技です。なかでもドイツは、これまで金メダル21個を含め59個のメダルを獲得している強豪です（１９９０年の東西ドイツ再統一以降）。日本は、リオデジャネイロ２０１６大会で、羽根田卓也選手がスラローム男子カナディアンシングルで日本人初となる銅メダルを獲得しました。東京２０２０大会では33歳になりますが、2度目のメダル獲得に期待がかかります。また、若手選手も育ちつつあります。ドイツをはじめとするヨーロッパ勢を相手に、日本勢がどこまで活躍できるのか。目が離せません。

カヌーの主な用語

カヌーの観戦時に役に立つ用語をまとめました。

用語	意味
バウ	艇首（ていしゅ）
スターン	艇尾（ていび）
パドル	櫂（かい）
ブレード	パドルの水をかく部分
シャフト	パドルの柄の部分
ダブルブレードパドル	両側にブレードがついたパドルのこと
シングルブレードパドル	片側のみにブレードがついたパドルのこと
パドラー	漕ぎ手
エディ	障害物によって流れがさえぎられ、流れが比較的穏やかなところ
コックピット	漕ぎ手が座るスペース
ストローク	パドルでひと漕ぎする動作
ドロップ	水流が落下し、速い流れと強い渦ができるところ
アップゲート	水の流れに逆らって通過するゲート（障害物）
ピールイン	エディなどから本流へ入っていくこと
ヒーロールート	難度の高いルートのこと。反意語はチキンルートといって、難度の低いルートを指します

カヤックとカナディアン

姿勢、パドルの違い

カヌーにはカヤックとカナディアンの２種類があります。カヤックでは、漕ぎ手は艇の進行方向に向かって長座の姿勢で座ります。そして、ブレード（水をかく部分）が両側についているパドル（櫂）で左右交互に水をかきながら、艇を前に進めます。カナディアンも漕ぎ手は進行方向に向かって座りますが、立て膝もしくは正座の姿勢となります。また、ブレードはパドルの片側のみ。このため、漕ぎ手は左右どちらかの側を漕ぎながら、艇を前に進めることになります。

カヤック

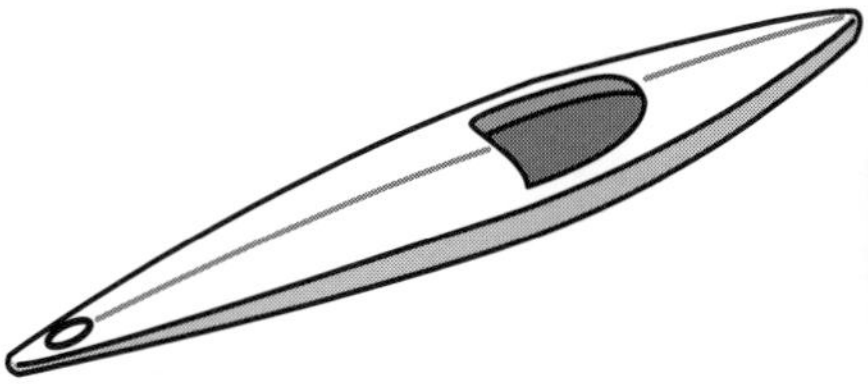

カナディアン

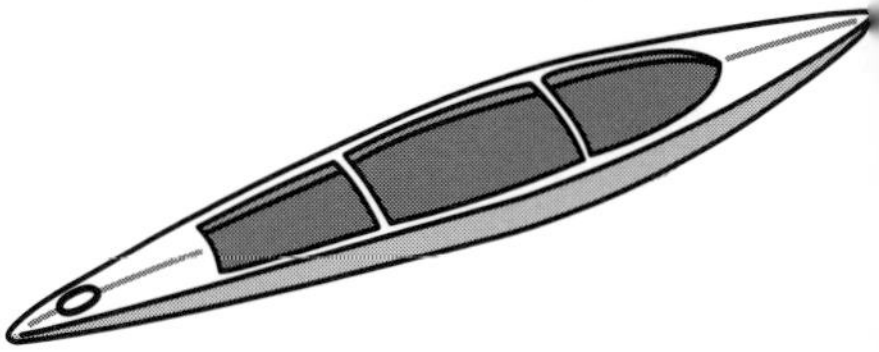

もっと楽しめるはみ出しネタ

スラロームの女子カナディアンシングル、スプリントのカナディアンシングル 200m、カナディアンペア 500m は東京 2020 大会で新たに採用となりました。

TOKYO 2020

競技 09

自転車競技

トラック

100年以上続く五輪の伝統競技

自転車競技は、さまざまな種類の自転車に乗ってスピードや走力、テクニックを競う競技です。「トラック」「ロード」「BMX」「マウンテンバイク」の4種目があります。

トラックだけでもさらに6つの種目に分かれますが、いずれも一番の見どころはそのスピードです。例えば「ケイリン」なら、ゴール時には時速70㎞にも達します。一方で、スタート時はあえてゆっくり走り、ゴール前で爆発的に加速する種目もあり、選手同士の駆け引きも見逃

【基本ルール】
すり鉢状の傾斜がついたトラックを自転車に乗って走り、着順やタイムを競います。

チームスプリント（男子／女子）
スプリント（男子／女子）
ケイリン（男子／女子）
チームパシュート（男子／女子）
オムニウム（男子／女子）
マディソン（男子／女子）

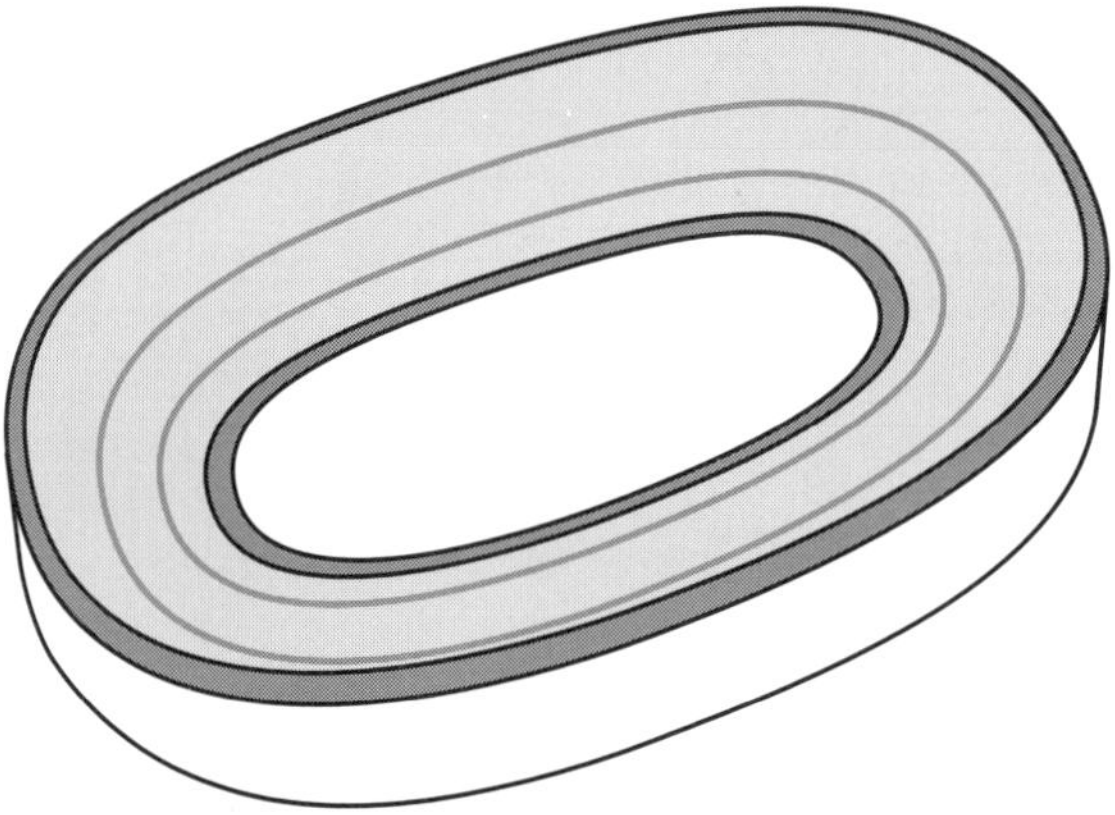

トラック競技場

競技場は外側から内側へ向かって低くなっており、コースは斜面の部分に設けられています。1周は250m、コーナー部分の傾斜角は42度です。スタート位置、周回数、1つのレースに出場する選手の人数、決着方法などは種目によって異なります。

トラック種目で用いられる自転車について

公道を走れないトラック競技用自転車

トラック種目に用いられる自転車は「トラックレーサー」とも呼ばれ、傾斜のついた楕円形のトラックを走るための専用の仕様となっています。ブレーキや変速機はついていません。ペダルと車輪はチェーンで直結しています。ハンドルの形は競技種目によって異なり、手で握る部分が手前に曲がっているものもあれば、進行方向側に伸びているものもあります。大きさは、全長185cm以下、全幅50cm以下、重量6.8kg以上と定められています。

もっと楽しめるはみ出しネタ

自転車競技は、アテネ1896大会から途切れることなく実施されている伝統競技。トラック種目のマディソン、BMX種目のフリースタイル・パークは、東京2020大会ではじめて正式種目に採用されました。

せません。

　ロードでは、着順を競う「ロード・レース」と、タイムを競う「個人タイムトライアル」があります。注目はロード・レース。特に、富士山麓をめぐる男子ロード・レースは五輪屈指の難関コースといわれ、過酷なレースが予想されます。

　BMXでは、速さを競う「レーシング・レース」と、ジャンプなどの技（トリック）を競う「フリースタイル・パーク」があります。前者は豪快なジャンプや疾走感、後者は華麗でアクロバティックな空中技が観客を魅了します。起伏に富んだ山岳コースを走るマウンテンバイクは、選手の巧みなバイクコントロールが最大の見せ場です。

　自転車競技の強豪は、フランス、イタリア、イギリス、アメリカ、オーストラリアなど。日本も、「チームスプリント」、ケイリンなどメダルが期待できる種目があります。自転車競技で表彰台に上がる日本人選手の姿を見られるかもしれません。

トラック競技の各種目のポイント

チームスプリント

男子は１チーム３人で３周、女子は２人で２周します。１周走り終えるごとに先頭の選手がコースから離脱し、最終走者がフィニッシュした時点のタイムを競います。

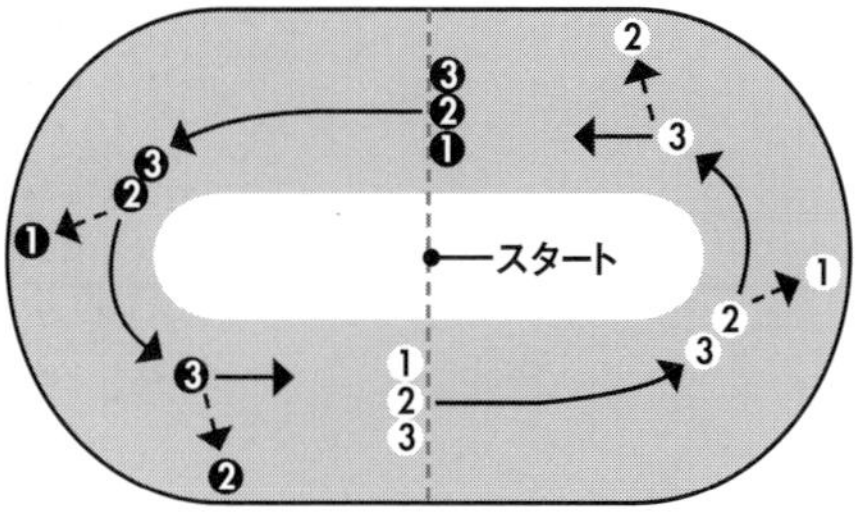

チームパシュート

４人１組の２チームが対戦します。両チームはトラックの両側からスタートし、相手チームに追いついた、あるいはよりよいタイムを記録したチームが勝ちとなります。

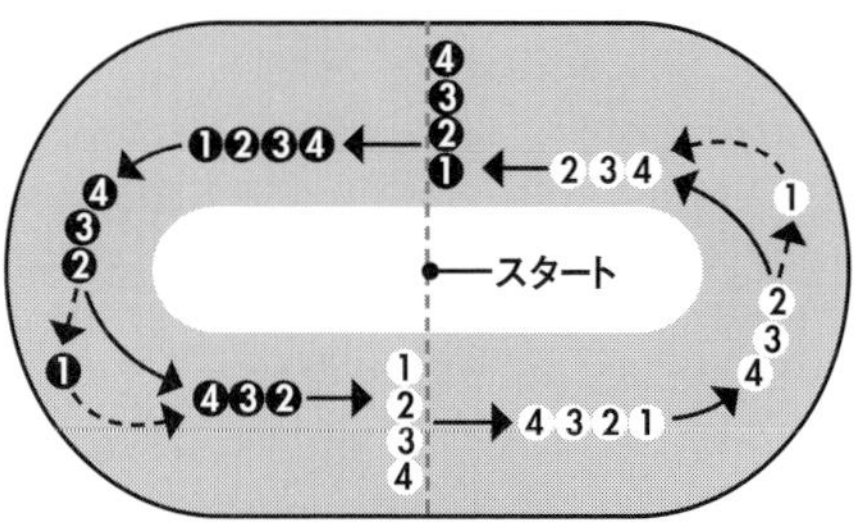

スプリント

トラック競技の花形種目です。本戦からは１対１で決められた周回数を走り、着順を競います。先行すると空気抵抗が大きいため、ある程度までは相手を先行させようと選手間で駆け引きが行われます。ゴール前200m前後からのラストスパートは圧巻です。

ケイリン

日本の競輪をもとに生まれた種目です。1,500mの距離を７人以下の選手で走り、着順を競います。選手とは別に誘導員（ペーサー）がおり、途中までレースを先導します。誘導員が外れてからのフルパワーの走りに注目です。

オムニウム

「スクラッチ」「テンポレース」「エリミネーション」「ポイントレース」の４種目を１日で行う混成競技です。最多合計ポイントにより順位が決まります。テンポレースがオリンピックで実施されるのは、東京2020大会がはじめてです。

マディソン

東京2020大会ではじめて採用された新種目。２人１組のペアが交代しながら走り、ポイントを獲得していくポイントレースです。距離は男子は50km、女子は30kmです。高速で走りながら、交代選手の手を引き前へと放って加速させる「ハンドスリング」は必見です。

もっと楽しめる はみ出しネタ

ロード・レースはチームで参加し、エース選手をほかのチームメイトがサポートするのが一般的です。しかし、オリンピックは国によって出場人数が異なるため、味方なしで１人で出場する選手もいます。

ロード競技の様子

舗装された一般道路を利用し、アップダウンを取り入れたコース設定。武蔵野の森公園（東京都）をスタートし、道志みちを通り、ゴールは富士スピードウェイ。男子は全長約244km・獲得標高約5,000m、女子は全長約147km・獲得標高約2,700m。選手が一斉にスタートして着順を競うロード・レースと、時間差で一人ひとりスタートする個人タイムトライアルがあります。

ロード

【基本ルール】
一般道路を自転車で走り、ロード・レースは着順を、個人タイムトライアルはタイムを競います。

ロード・レース
（男子／女子）

個人タイムトライアル
（男子／女子）

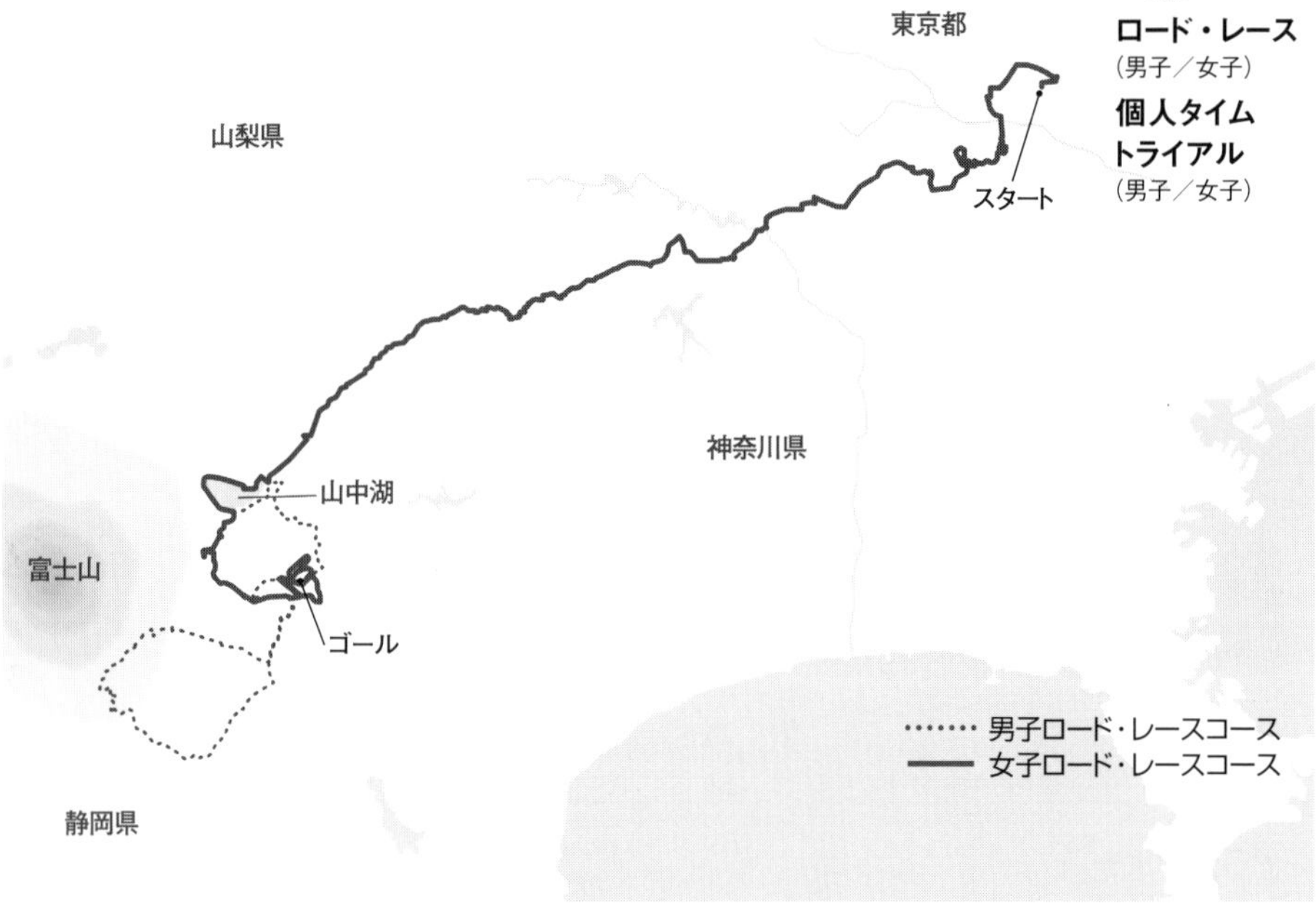

覚えておきたいポイント

ロードバイクについて

ロード・レースで使用される自転車は「ロードバイク」とも呼ばれ、自転車のなかでも最も軽量化が進んでいます。軽いものでは総重量が10kgを切ります。20～22段の変速機がついており、下り坂は時速70～80kmになります。

ロード・レースと個人タイムトライアル

ロード・レースは、男女ともに東京都内にある武蔵野の森公園をスタートして一般道路を走り、静岡県内にある富士スピードウェイがゴールとなります。走行距離はなんと男子は約244km、女子は約147km！　個人競技ではありますが、エース選手の空気抵抗を減らすためにアシスト選手が編成を組むなどの駆け引きも行われます。個人タイムトライアルも一般道路を走りますが、距離は男子約44.2km、女子約22.1kmと短くなっています。

BMX

【基本ルール】

フリースタイル・パークは技の難度や完成度を、レーシング・レースは着順を競います。

BMX フリースタイル・パーク
（男子／女子）

BMX レーシング・レース
（男子／女子）

BMXとは

BMXとは、バイシクル・モトクロスのこと。泥よけ、スタンド、変速機など、一般的な自転車についている装備がついていません。レーシング・レースでは、ヘルメットはフルフェイスが必須。ウェアは上は長袖、下は長ズボンで、どちらも耐摩擦素材のものを着用します。フリースタイル・パークでは、ヘルメットとひざのプロテクターの着用が義務づけられています。

BMX 競技の種類

多彩な楽しみ方があるスポーツ自転車

競技用自転車のなかでも、シンプルな構造と頑丈さが目立つBMX。オリンピック種目以外にも「フラットランド」「ストリート」「ダートジャンプ」などがある。舗装された平地で行うフラットランドに対し、手すりや段差を使うストリートや土の台で跳ぶダートジャンプなどの競技も人気。

レーシング・レースとは

格闘技のような派手さが魅力

300～400mトラックを8人がいっせいに走行して順位を競います。トラックにはコーナーやジャンプ（高低差のあるポイント）が設置されていて、派手なアクションが見どころの1つとなっています。

フリースタイル・パークとは

難度、完成度、高さを競う

さまざまなサイズのジャンプ台や斜面、壁を使ってジャンプをします。ジャンプをしながらの「縦回転バックフリップ」「横回転360度」、自転車だけを回転させる「テールウィップ」などの技があります。

マウンテンバイク

【基本ルール】

1周2・5㎞の未舗装の山道をマウンテンバイクに乗って周回し、順位を競います。

クロス カントリー
（男子／女子）

クロスカントリーの様子

東京2020大会で利用されるコースは、全長2.5km、高低差85mのオフロードコースです。周回数は予想競技時間（男子2時間）に合わせて設定されます。コースには急坂や、1人しか通れないような「シングルトラック」と呼ばれる狭い箇所があります。

覚えておきたいポイント

飲食物の提供や自転車の修理が受けられる！

マウンテンバイク・クロスカントリーの競技時間は2時間ほど。コース上には「フィード／テクニカルアシスタンス・ゾーン」が設置されています。競技開始後はこのゾーンに限り、飲食物の提供や自転車の修理を受けることができます。

マウンテンバイクについて

マウンテンバイク・クロスカントリーでは、山岳地帯や荒野のように路面状態が悪い道を高速で走行したり、急な坂道を上り下りしたり、段差を越えたりします。使用されるマウンテンバイクは、こうした走行に耐えられる構造になっています。

レースの見どころ

レースの多彩さ、高度なテクニック

未舗装の山道などにコースが設定されるため、ダイナミックなレース展開に注目が集まります。選手たちの走力、体力、脚力はもちろん、多彩なコースに臨機応変に対応できるライディングテクニックも、見どころです。

TOKYO 2020

競技 10

馬術

【基本ルール】

人馬が一体となって演技を披露し、審判がこれを採点。総得点で順位が決まります。

人馬一体による華麗なる戦い

馬術は、オリンピックで唯一、動物と一緒に行う、また、男性と女性が同じステージで戦う競技です。

「馬場馬術」には、馬の演技の正確さや美しさを競う規定演技と、音楽をつけて行う自由演技があります。選手は観客にわからないよう、馬になるべく小さく合図を送り、馬はそれに応えて正確かつ華麗に動きます。まるで馬が自ら楽しくステップを踏んでいるようにも感じられる可愛らしさも、この種目最大の見どころです。

馬場馬術
団体
個人

障害馬術
団体
個人

総合馬術
団体
個人

馬場馬術の馬場

20m × 60m の馬場を、人馬が一体となりステップを踏んだり、図形を描いたりして、馬の演技の正確さや美しさを競います。選手はシルクハット、燕尾服に白タイ、グローブ、白の乗馬ズボン、ブーツを着用します。

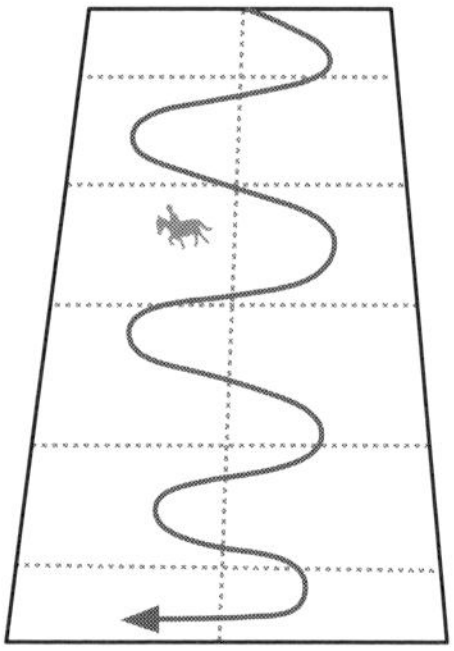

馬場馬術の基本の歩き方と演技

常歩（なみあし）	4拍子のリズムでゆっくり歩く	**速歩（はやあし）**	2拍子のリズムで軽やかに走る
駈歩（かけあし）	3拍子のリズムでダイナミックに駆ける	**ハーフパス**	左右の肢（あし）を交差させる
パッサージュ	1歩ごとに肢を高く上げて前進する	**ピアッフェ**	その場で足踏みをしているかのような動き
ピルーエット	後ろの肢を中心としてその場で回転する	**フライングチェンジ**	1歩ごとに左右の肢を入れ替えながら駈歩をする

もっと楽しめるはみ出しネタ

種目に「団体」「個人」とありますが、実施されるのは個人戦のみです。個人戦の点数の合計が、そのまま団体戦の点数となります。

「障害馬術」は、コースに設置された障害物を、決められた順番どおりに飛び越し、走行します。障害物の大きさは最大で高さ１６０㎝、奥行きが２００㎝あり、タイミングが少しでも乱れたら飛び越えることはできません。選手の技術と馬の能力、そして息の合ったコンビネーションに注目です。

馬場馬術、障害馬術にクロスカントリーを加えたのが「総合馬術」です。自然に近い状態を再現したクロスカントリーのコースを、人馬が駆け抜けるさまは迫力満点！　３つの種目を３日間かけて行うため、競技期間をとおして馬のコンディションを良好に保てるかどうかも、勝負のカギとなります。

強豪国はドイツ、イギリス、オランダ、オーストラリアなど。日本がこれまで獲得したメダルは、ロサンゼルス１９３２大会の大賞典障害飛越個人での西竹一選手による金メダルのみです。

障害馬術のコース

場内に設置されたさまざまな形の障害物を、決められた順番どおりに飛び越したり、後進したりします。障害物は最大で高さ 160cm、奥行き 200cm にも及びます。障害物を落下させたり、馬が指示に従わなかったり、規定タイムを超過したりすると減点です。選手はヘルメット、白タイ、ジャケット、グローブ、白い乗馬ズボン、ブーツを着用します。

総合馬術のコース

馬場馬術、障害馬術にクロスカントリーを加えた複合競技です。馬場馬術、クロスカントリー、障害馬術の順に、3 日間かけて行われます。2 日目に行われるクロスカントリーのコースは全長約 6km。丸太や池、竹柵など 40 を超える障害物が設置された自然に近いコースを、時速約 30km ものスピードで駆け抜けます。落馬時の危険防止のため、選手がバックガード（ボディプロテクター）を着用するのもクロスカントリーの特徴です。

観戦のマナー

繊細な馬には配慮が必要

馬はとても敏感な動物です。不必要に音を立てたり、馬の視界の中で急に動いたりしないよう気をつけましょう。ほかにも競技アリーナの柵に手をかける、ビニール袋などでガサガサという音を立てる、フラッシュを使った写真撮影をするといった行為は禁止されています。馬が競技に集中できなくなるからです。

もっと楽しめる はみ出しネタ

オリンピックで馬術競技がはじめて実施されたのはパリ 1900 大会です。長らく軍人の男子のみが参加していましたが、ヘルシンキ 1952 大会にて、軍人以外の男子および女子の参加が認められました。

TOKYO
2020

競技 11

フェンシング

【基本ルール】
片手に持った剣でお互いの有効面を攻撃し、獲得した本数（点数）を競います。

一瞬の攻防から目が離せない！

フェンシングは「フルーレ」「エペ」「サーブル」の3種類に分けられます。フルーレで得点となるのは、自分に「優先権」がある状態で相手の胴体（背中を含む）に「突き」が入ったとき。優先権は、先に腕を伸ばして剣先を相手に向けた選手に生じます。その剣を払われたり叩かれたりして剣先を逸らされたり、もしくは、間合いを切って逃げられたりすると、相手に優先権が移ります。優先権をめぐる激しい攻防がフルーレの魅力です。

フルーレ個人
（男子／女子）
エペ個人
（男子／女子）
サーブル個人
（男子／女子）
フルーレ団体
（男子／女子）
エペ団体
（男子／女子）
サーブル団体
（男子／女子）

フェンシングのコート

幅1.8m、長さ14mの細長い試合場は「ピスト」と呼ばれ、選手はセンターラインを挟んで立ち、お互いの有効面を攻撃し合います。ピストの両端のエリア「ランバック」に選手の両足が入ると、相手選手の得点となります。床の部分は伝導性パネルです。

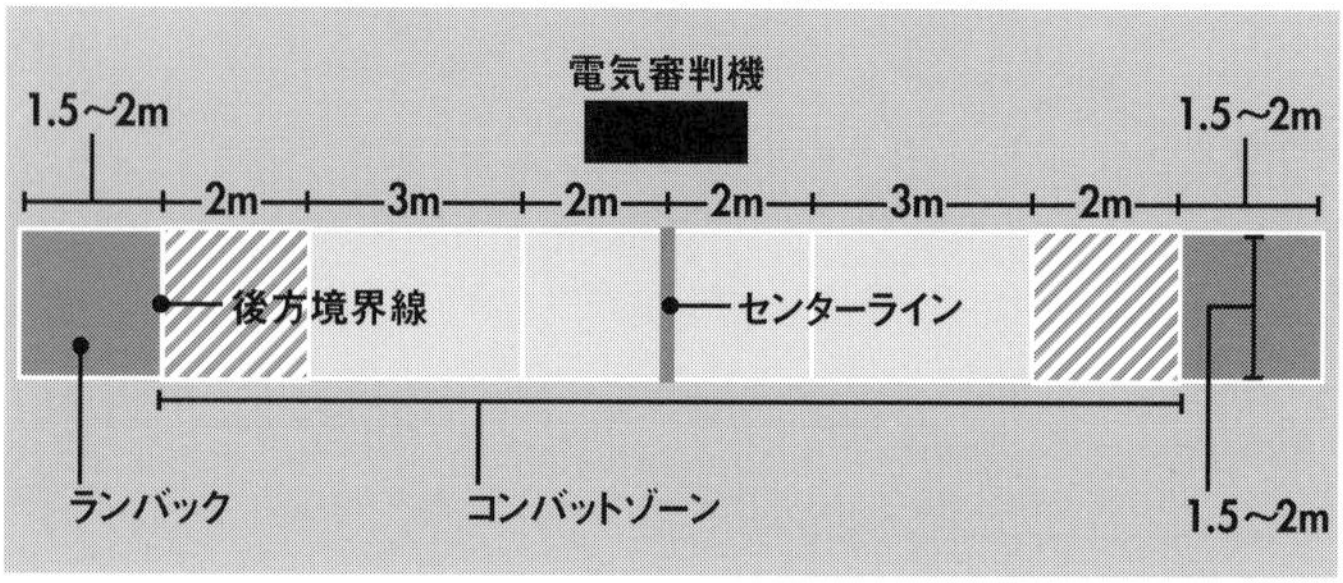

防具と判定法

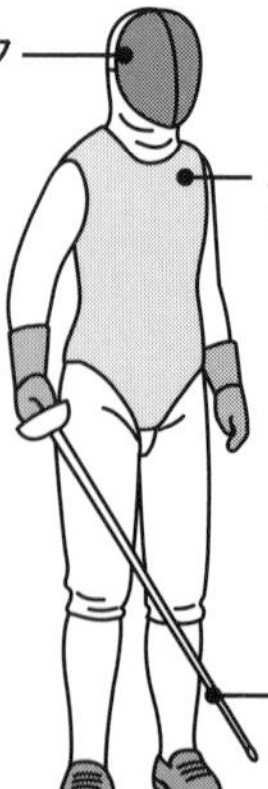

種目によって防具は異なる

フルーレとサーブルでは、腰までの長さのメタルジャケットを着用しますが、エペではメタルジャケットは着用しません。また、顔を覆うマスクは、フルーレとエペは電流を通さない絶縁マスク、サーブルは電流を通す通電マスクとなっています。

得点は電気審判機で判定

電気審判機と選手の剣およびメタルジャケットは、ボディコードでつながっています。有効面を剣で突いた場合は、剣や防具に電流が流れ、審判機のランプが点灯するしくみです。なお、ボディコードにはリールがついています。
選手が審判の判定に不満がある場合は、両手で長方形をつくるジェスチャーでビデオ判定を要求する権利があります。

もっと楽しめる
はみ出しネタ

フェンシングは、中世ヨーロッパの騎士たちによって磨かれ、発達した剣術です。オリンピックでは、第1回近代オリンピック（アテネ1896大会）以来、毎回正式種目となっています。

エペも得点となるのは突きのみですが、全身への攻撃が認められています。優先権もないので、先に突いたほうが勝ち。前腕を狙ったかと思いきやつま先を攻めたり、接近戦に持ち込んだり、手に汗握る試合が展開されます。サーブルでは、腰から上への攻撃のみ有効で、フルーレと同様に優先権があります。ほかの2種目との違いは、突きに加えて「斬り」があること。豪快かつ巧みな剣さばきが見どころです。

個人戦の決勝トーナメントは3分間×3セット。15点先取したほうが勝ちとなります。団体戦は1チーム3人で、1人あたり3人の相手と対戦します。

フェンシングが強いのはイタリア、フランスをはじめとするヨーロッパの国ですが、北京2008大会では男子フルーレ個人で太田雄貴選手が銀メダルを、ロンドン2012大会では男子フルーレ団体が銀メダルを獲得するなど、日本人選手の躍進も目立ちます。

フェンシングの主な用語

フェンシングの観戦に役立つ用語をまとめました。なお、フェンシングで使われる用語はフランス語です。

用語	意味
サリュー	試合前後に行うあいさつ
プレ	用意、用意はいいか
アレ	はじめ
アルガルド	構えよ
マルシェ	1歩前へ進む
ロンペ	1歩後ろに進む
パラード	防御
トゥシュ	突きが有効であると判定されたときの合図
アルト	やめ
ボンアリエル	後ろへジャンプする
ボンナバン	前へジャンプする
ノンバラブル	有効面以外への突き
リポスト	防御の後に行われる攻撃のこと

フルーレ、エペ、サーブルの違い

有効面や剣の違いを知る

フルーレ、エペ、サーブルは、使用する剣、得点となる攻撃と攻撃が有効となる面（エリア）とがそれぞれ異なります。

フルーレ

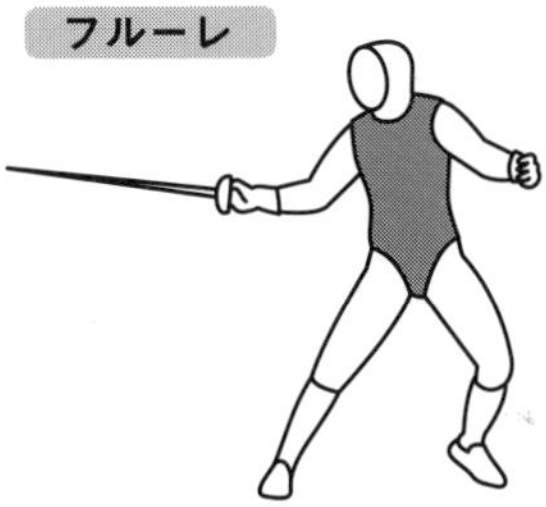

剣

長さ110cm以下、重さ500g以下。やわらかく、よくしなる

有効となる攻撃

突きのみ

有効面

メタルジャケットを着用した胴体部分のすべて（頭、両足、両腕は除く）

エペ

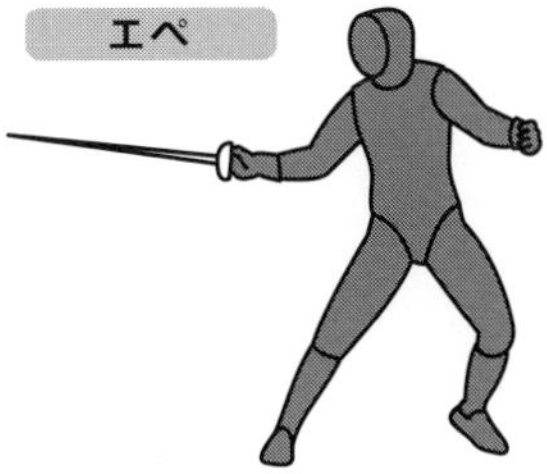

剣

長さ110cm以下、重さ770g以下。フルーレよりやや硬い

有効となる攻撃

突きのみ

有効面

全身

サーブル

剣

長さ105cm以下、重さ500g以下。つばの部分が手の甲を覆うように大きいガードがある

有効となる攻撃

突きおよび斬り

有効面

腰から上の部分（頭、両腕も含む）

もっと楽しめる はみ出しネタ

日本にフェンシングが伝わったのは1868（明治元）年のこと。都内にあった陸軍戸山学校で、フランス人教官により「片手軍刀術」として紹介されました。

TOKYO 2020

競技 12

サッカー

【基本ルール】11人からなる2つのチームが、足でボールを蹴って相手のゴールに入れ、得点を競います。

サッカー
（男子／女子）

人気スポーツの頂点を目指す戦い

競技人口は世界最大級、普及していない大陸はないといわれるほど人気のスポーツです。人々がそれほどまでにサッカーに夢中になる理由は、まず、「ボールを主に足で扱い、ゴールに多く入れたチームが勝ち」というルールのシンプルさにあるとされています。

華麗な個人技も必見です。足にボールが吸いついているかのような高速ドリブルに、敵を翻弄するフェイント、針の穴を通すようなスルーパス、ディフェンスの一瞬の隙を

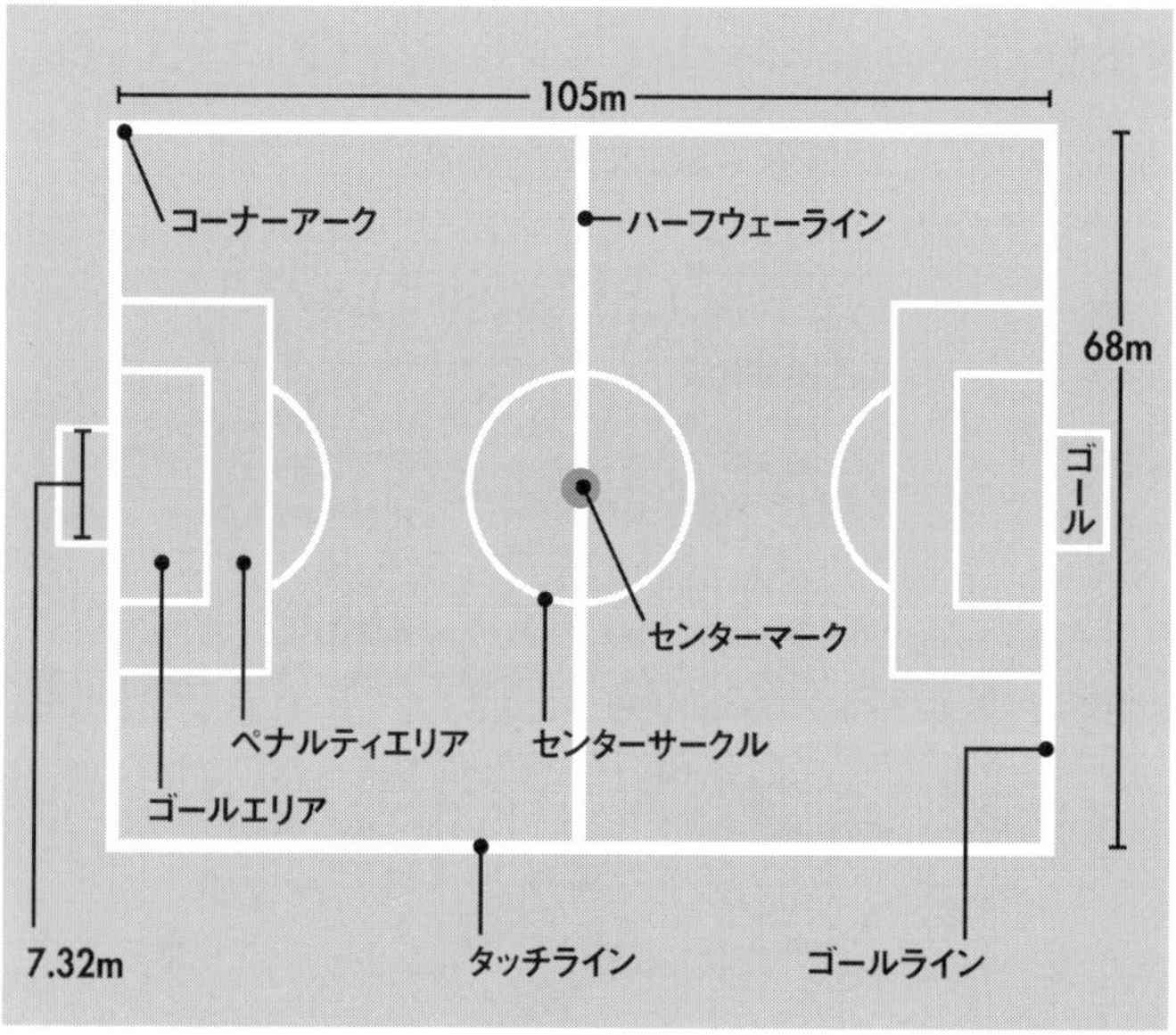

サッカー場

サッカー場は、「フィールド」または「ピッチ」とも呼ばれます。長さ100～110m、幅64～75mと定められています。オリンピックで使用されるサッカー場は長さ105m、幅68mです。ゴールライン上にはゴールが設置されています。ゴールは幅7.32m、高さ2.44mです。

オンリーワンのポジション

ゴールキーパーはチームただ1人

ゴールキーパーは、相手のシュートを直接阻む重要なポジション。判断力とボールに対するセンス、瞬発力などを総合的に兼ね備えていなければ務まらないため、チームのなかでも唯一無二の存在であるといえます。非常に責任も重いだけに、花形といえるでしょう。

ボールの扱いについて

手でボールに触れると反則に

サッカーは、主に足でボールを扱います。頭や胸などを使う場合もあります。手（脇のつけ根から指の先まで）で触れると「ハンド」という反則になります。ただし、フィールドの外にボールが出たときや、フィールドの外からボールを投げ入れるとき（スローイン）は手で扱うことができます。ゴールキーパーは、ペナルティエリア内でのみボールに手で触ることが許されます。

もっと楽しめるはみ出しネタ

男子16チーム、女子12チームで、1組4チームの総当たり戦が行われます。男子は各組上位2チーム、女子は各組上位2チームと、各組3位チームのうち成績のよい2チームが準々決勝に進出します。

突く芸術的なシュート、ゴールキーパーのファインセーブなど、見事なプレーが次々にくり出され、観客を熱狂の渦へと誘います。

　サッカーの強豪国は、男子はブラジル、アルゼンチン、イングランド、ドイツなどが知られていますが、オリンピックでも金メダルをとれるとは限りません。男子には年齢制限があり、出場できるのは基本的に23歳以下となっているからです（24歳以上の選手も3人まで出場可能）。東京2020大会への出場資格をもつのは、1997年1月1日以降生まれの選手。この世代の日本人選手には世界で活躍する選手も多く、メキシコ1968大会以来のメダル獲得への期待が高まります。

　一方、女子には年齢制限はありません。ワールドカップでの優勝経験があり、ロンドン2012大会でも銀メダルを獲得した日本女子は、メダル候補国の1つに数えられています。男女そろってのメダルも、あり得るかもしれません。

よく聞く「オフサイド」ってなに？

オフサイド3つの条件

「オフサイド」は、攻撃側の選手が、守備側のフィールド内で待ち伏せすることを防ぐルールです。下図A、Bともに守備側の選手です。ボールはP地点にあります。攻撃側の選手が、次の3つの条件を満たした位置にいることを、「オフサイドポジションにいる」といいます。

＜オフサイドポジションの条件＞

①守備側のフィールドにいる

②ボール（下図の場合はP地点）より前にいる

③ゴールラインに2番目に近い守備側の選手（下図の場合はB）よりも、ゴールラインの近くにいる

オフサイドポジションにいること自体は反則ではありませんが、オフサイドポジションにいる選手が、プレーをしたり守備側の選手に干渉したりすると反則を取られます。

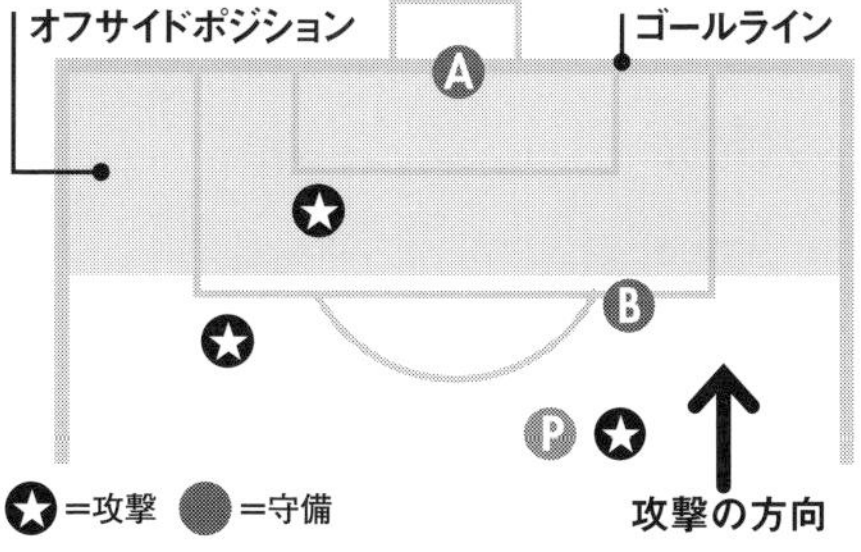

覚えておきたいポイント

試合時間は前後半各45分

男女ともに試合時間は前後半各45分です。間に15分のハーフタイムを挟みます。同点のまま試合が終了した場合は、延長戦が行われます（ノックアウト方式などで勝敗を決めないといけない場合）。延長戦は前後半各15分、ハーフタイムは5分です。

同点の場合はPK戦に突入！

延長戦で決着がつかなかった場合はPK戦を行います。PK戦では、選手が相手チームのゴールキーパーと1対1で向かい合い、ボールを蹴ってゴールを狙います。先攻、後攻を決めて両チームが交互に行い、各チーム5人が蹴り終わった時点でゴール数が多いほうが勝ちです。5人が蹴り終わった時点でも同点のときはPK戦を続行。ただし、ここからはサドンデス方式です。先攻、後攻で1回ずつ蹴り終わって得点差がついたら、そこで勝敗が決します。例えば、先攻の選手が1回蹴って成功、後攻の選手が1回蹴って失敗したら、先攻チームの勝利となります。

アディショナルタイムとは？

試合中、選手の交代や負傷者の手当などでプレーが中断した際は、中断した間の時間が後半45分終了後に追加されます。これをアディショナルタイムといいます。

もっと楽しめるはみ出しネタ

オリンピックでは、サッカーは開会式前から試合がはじまります。試合数が多く、各試合の間を2日以上空ける必要があるため、開会式前に試合をはじめないと閉会式までに全試合が終わらないのです。

ポジションと役割

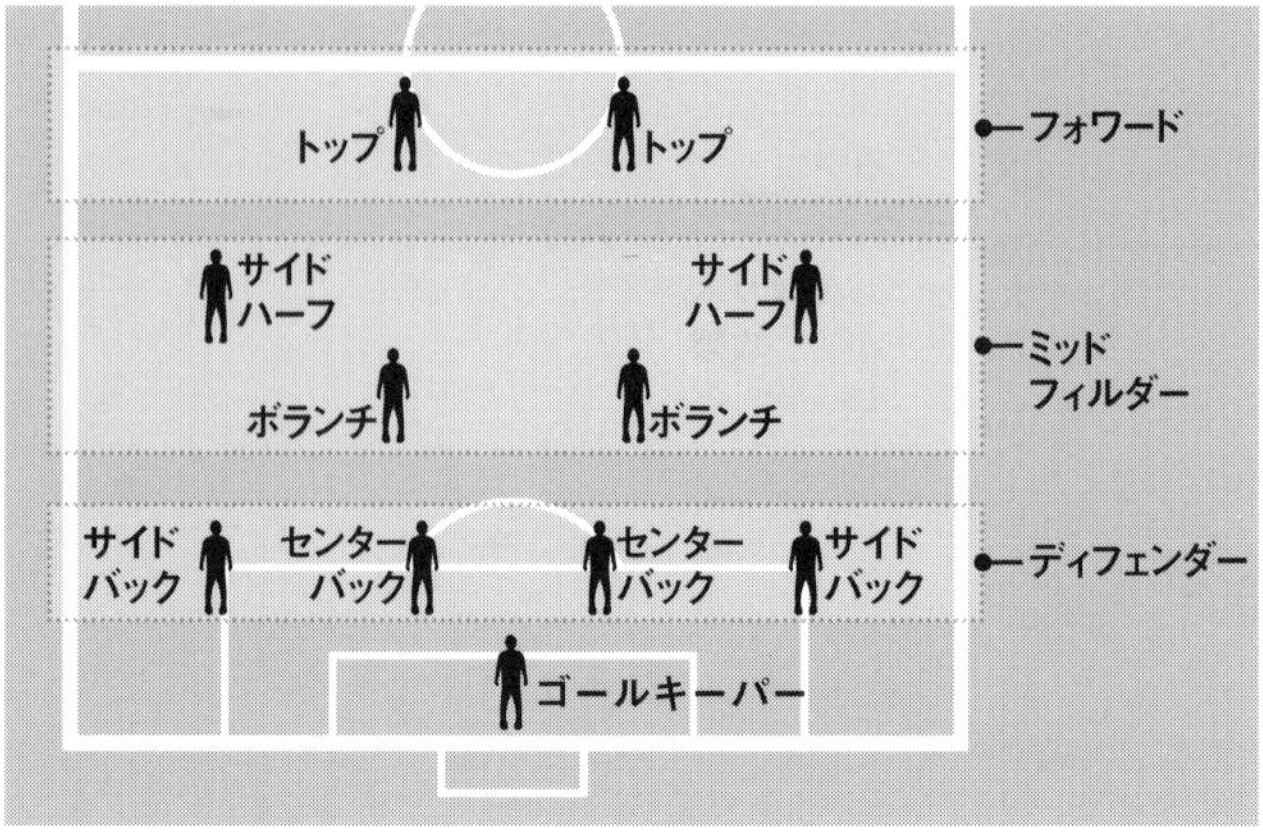

サッカーのポジションとその名称は、チームの戦略によって異なります。また、攻撃時と守備時で配置が変わるポジションもあります。ここでは、ディフェンダー4人、ミッドフィルダー4人、フォワード2人の「4-4-2」と呼ばれるフォーメーションを例にそれぞれの役割も含めて説明します。

ディフェンダー（DF）

ゴールキーパーの前で、相手チームからゴールを守ります。「4-4-2」では、ゴール前方を守るディフェンダーの「センターバック」、センターバックの両脇に位置してサイドからの攻撃を防ぐ「サイドバック」に分かれます。判断ミスが即相手チームの得点につながるシビアなポジションです。

ゴールキーパー（GK）

主にボールを足で扱うサッカーにおいて、ペナルティエリア内のみという制限はあるものの、唯一手を使うことが許されているのがゴールキーパーというポジションです。相手チームのシュートを防ぐのはもちろんのこと、フィールド全体を見渡せる位置にいることから、試合状況を見て味方に指示を出す役割もあります。また、相手チームの選手と1対1で攻防をくり広げるPK戦は、キーパーが圧倒的に不利な状況であり、だからこそ、最高の見せ場ともいえます。

フォワード（FW）

相手ゴールに最も近い場所で得点を狙います。自身でシュートしてゴールする技術はもちろん、味方がゴールできるようアシストする動きも求められます。「4-4-2」のフォーメーションでは、「トップ」と呼ばれます。なお、フォワードのなかでも特に多くの得点を狙う選手は、「ストライカー」と呼ばれます。

ミッドフィルダー（MF）

フィールドの中央周辺に位置します。攻撃にも守備にも積極的に関わる、運動量の多いポジションです。チームによって異なりますが3～5人で構成されることが一般的。そのなかでも主に攻撃を担う「攻撃的ミッドフィルダー」と、守備をメインとする「守備的ミッドフィルダー」とに分かれます。「4-4-2」の場合は、守備的ミッドフィルダーを「ボランチ」、攻撃的ミッドフィルダーを「サイドハーフ」と呼びます。

シュートの種類

オーバーヘッドシュート

フィールドに背中から倒れながら、空中にあるボールを足で蹴るシュート。ボールを頭よりも高い位置で蹴ることから「オーバーヘッド」と呼ばれます。

ヘディングシュート

足ではなく、頭（額）にボールを当てて放つシュート。

ボレーシュート

空中にあるボールを直接足で蹴るシュート。最も迫力あるゴールの1つです。

得点の3割を占める!?　セットプレー

コーナーキック

守備側の選手が、ボールを自陣のゴールラインの外に出してしまった場合に攻撃側に与えられるセットプレーです。コーナーキックの権利を与えられたチームは、コーナーアーク（コーナーから半径 1m の四分円）にボールをセットして蹴り入れます。ゴール前に無条件でボールを上げられるため、攻撃側にとっては得点する絶好のチャンスです。

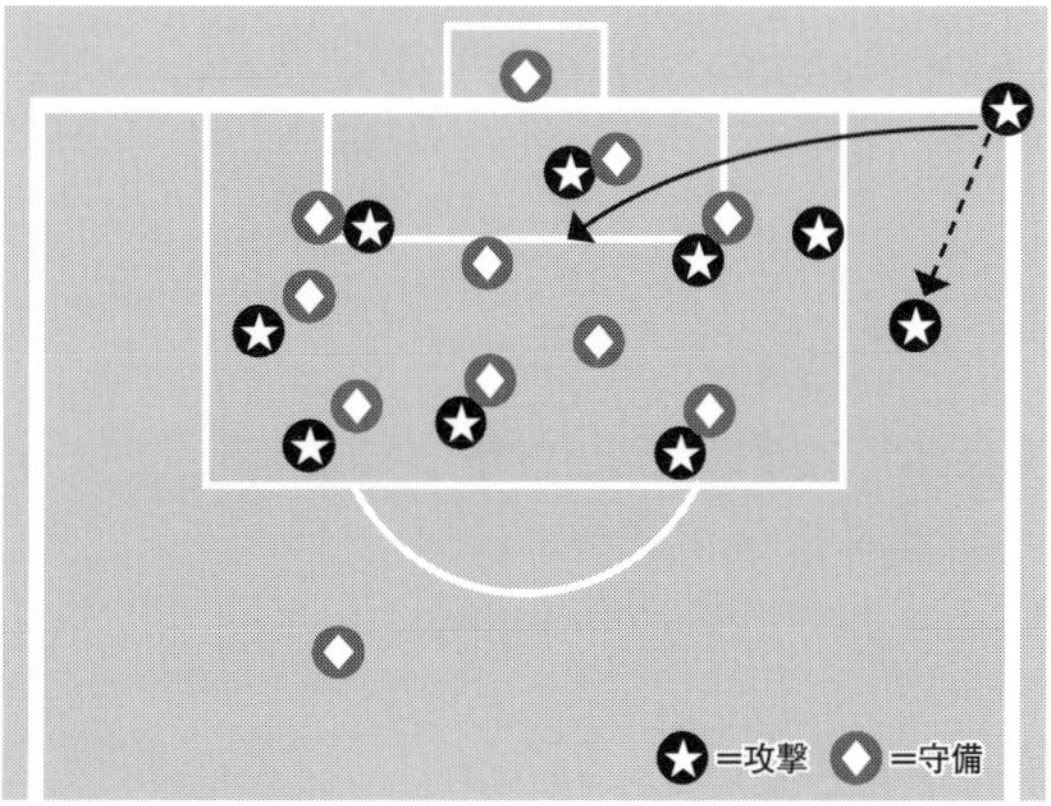

ペナルティキック

守備側の選手が、自陣のペナルティエリア内で攻撃側の選手に対して反則を犯してしまった場合に、攻撃側に与えられるセットプレーです。攻撃側は、ゴールに極めて近い位置でゴールキーパーと 1 対 1 の勝負をすることができるため、得点の絶好のチャンスです。下図のペナルティマークにボールを置き、ここからペナルティキックを蹴ります。

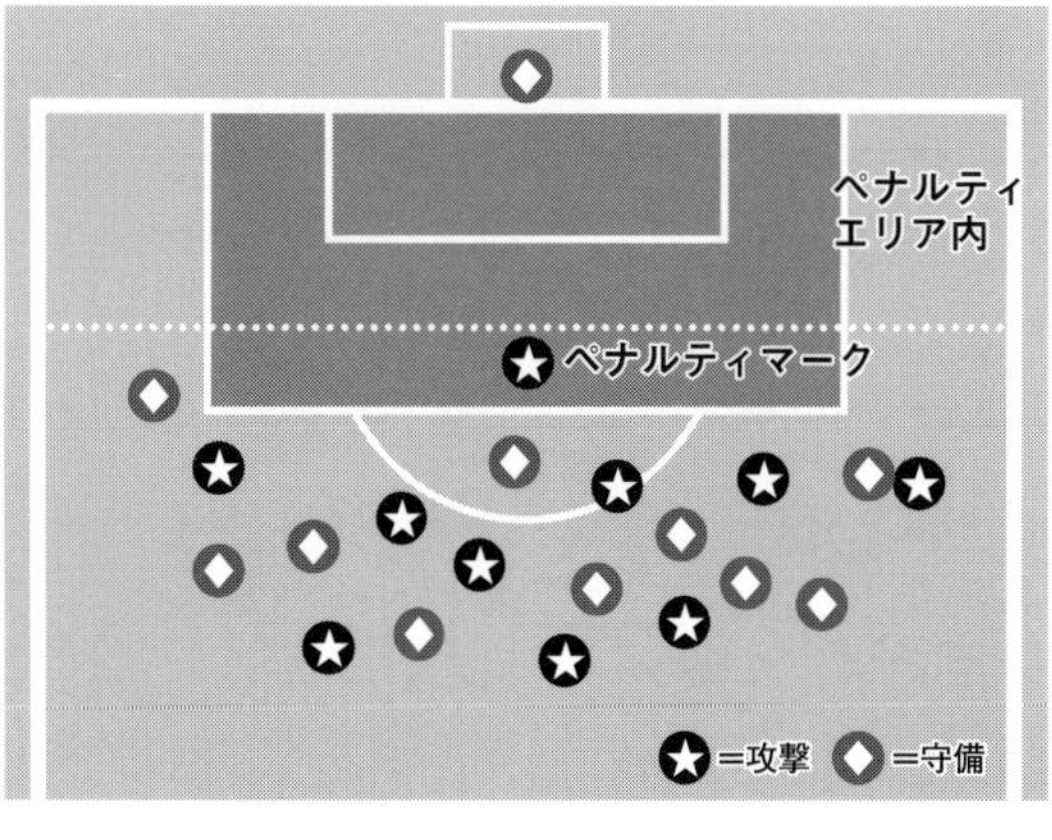

ボールがラインから出たり、ファウルなどで試合が中断されたりしたときに、規定の位置にボールをセットしてプレーを再開させることを「セットプレー」といいます。セットプレーは主に次の 5 種類があります。現代サッカーの得点の 3 割は、セットプレーが占めるともいわれるほど、サッカーにおいては重要なプレーです。

フリーキック

反則があった場合に、反則されたチームに与えられるセットプレーです。基本的に、反則があった地点にボールがセットされ、反則されたチームがボールを蹴ることで試合が再開されます。なお、フリーキックは反則の内容により、「直接フリーキック」と「間接フリーキック」のどちらかになります。直接フリーキックは、その名のとおり、ボールを蹴る選手は直接ゴールを狙えます。一方、間接フリーキックは、キックした選手とは別の選手がボールに触れてからでないと、ゴールを狙うことができません。直接ゴールしてしまった場合は無効です。

スローイン

ボールがタッチラインの外に出た場合に、ボールを出された側に与えられるセットプレーです。サッカーは主に足でボールを扱いますが、スローインはキックではなく、手でボールをフィールドに投げ入れます。「ボールは頭の上を通す」「両足は地面に着けたままで行う」などの決まりがあります。

ゴールキック

攻撃側がボールを守備側のゴールラインの外に出してしまった場合に、守備側に与えられるセットプレーです。たいていは守備側のゴールキーパーが、ゴールエリア内からボールをキックして試合が再開されます。

TOKYO 2020

競技 13

ゴルフ

【基本ルール】全72ホールを4日間かけてまわります。どれだけ少ない打数でまわれるかを競います。

個人（男子／女子）

グリーン上で行われる静かなる熱戦

ゴルフは、ホールの出発点であるティーイングエリアからクラブを使ってボールを打ち、パッティンググリーン上にあるカップに入れるスポーツです。1日で18ホール、4日間で合計72ホールをプレーし、打数の少なさを競います。

ティーイングエリアからカップまでの距離や地形はホールによってさまざま。エリアによって芝目（芝の生えている向き）が違ったり、池やバンカーなどの障害物があったりします。

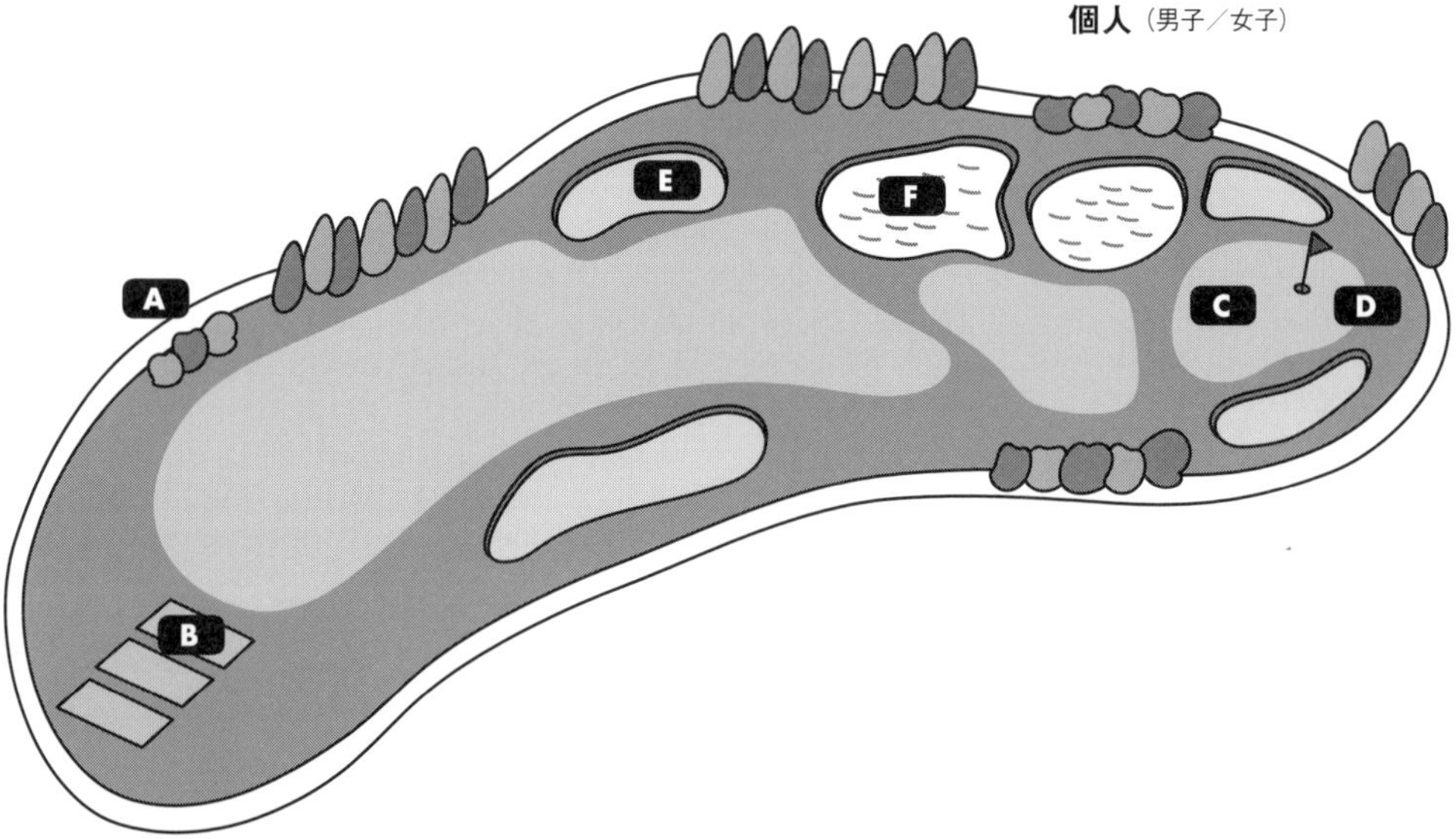

コースの名称と特徴

Ⓐ ジェネラルエリア

ティーイングエリア、パッティンググリーン、ハザード（ペナルティエリアとバンカー）を除いたホール内のすべてのエリアの総称。

Ⓑ ティーイングエリア

1打目を打つ、ホールのスタート地点。一段高くなった場所にあることが多く、芝は短く刈られています。

Ⓒ パッティンググリーン

ホールがある場所。芝はきめ細かで、通常、パッティンググリーン上ではパターを用いてパッティングを行います。単にグリーンとも呼びます。

Ⓓ ホール

直径 10.8cm の穴。カップとも呼びます。ここにボールが入るまでが 1 ホールです。

Ⓔ バンカー

砂地のくぼみ。ここに落ちたボールは打ちにくく、プロでも苦戦します。

Ⓕ ペナルティエリア

海、川、池、溝、排水路などの水域。水がないブッシュ（やぶ）なども含まれます。ペナルティエリアにボールが落ちた場合、選手にはペナルティが与えられます。

※このコースは例です。東京 2020 大会の実際のコースとは異なります。

もっと楽しめるはみ出しネタ

オリンピックにおけるゴルフは、パリ 1900 大会、セントルイス 1904 大会で行われて以来、長らく競技から外れていましたが、112 年ぶりに、リオデジャネイロ 2016 大会で復活しました。

屋外で行われるため、天候の影響を大きく受けてしまうのもゴルフの特徴です。雨が降れば芝の状態が変わり、風の強さや向きはショットに影響します。加えて、ゴルフは競技日数が4日間と長く、キャディがコーチ代わりとなることもあります。一流選手たちの華麗なテクニックはもちろんのこと、難易度の異なるコースをどう攻略するのか？ 天候の変化にいかに対応するのか？ 自身の心身のコンディションをどのように保つのか？ といった点にも注目すると、ゴルフ観戦がより面白くなるはずです。

　ゴルフの世界ランキングを見てみると、男子はアメリカ人選手、女子は韓国人選手が上位の常連となっています。一方、日本人選手は、男子は松山英樹選手が23位、女子は畑岡奈紗選手が6位、渋野日向子選手が11位につけています（2020年1月23日時点）。日本人選手がアメリカ、韓国を相手にどこまで戦えるのかが注目されます。

クラブの主な種類

コースや局面でクラブを使い分ける

ボールを打つために使われるクラブは目的別に種類があり、選手はこれを使い分けます。コースには14本まで持ち込みが可能です。

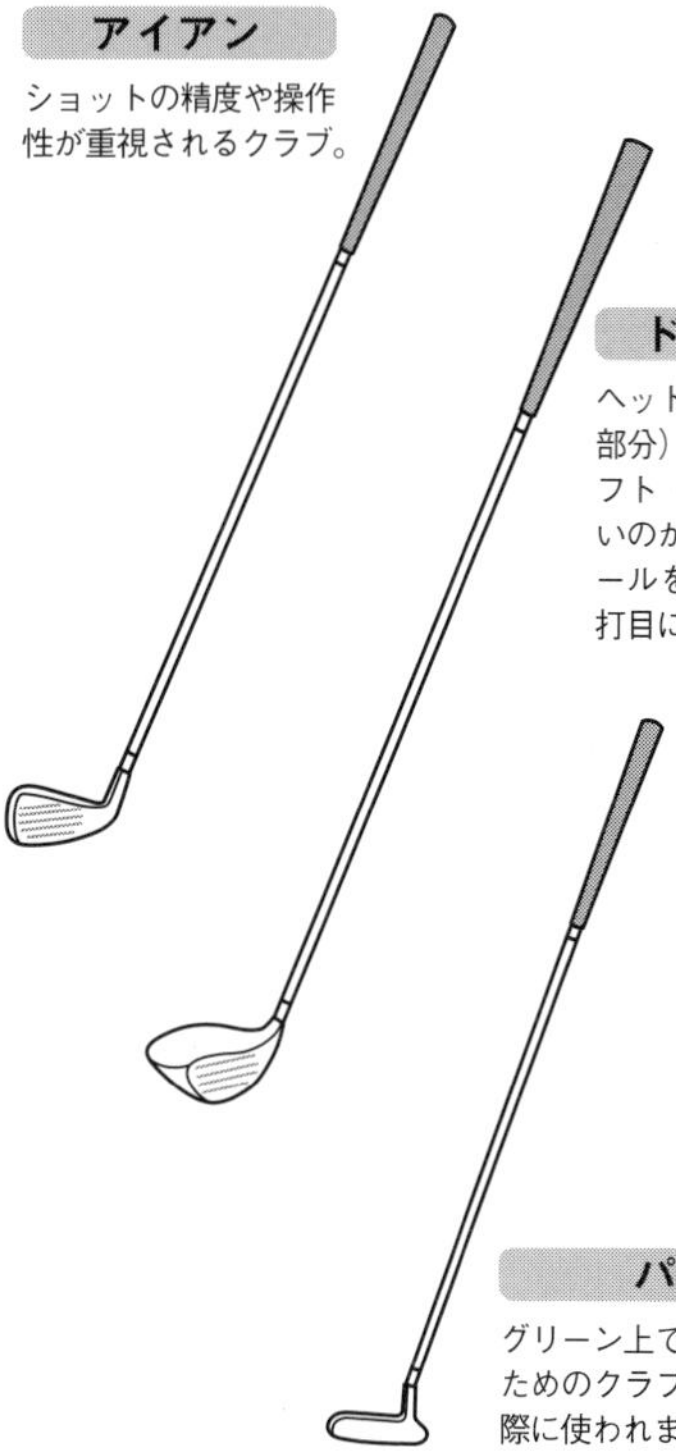

アイアン

ショットの精度や操作性が重視されるクラブ。

ドライバー

ヘッド（ボールを打つ部分）が大きく、シャフト（持つ部分）が長いのが特徴。遠くへボールを飛ばせるので1打目に使用されます。

パター

グリーン上でボールを転がすためのクラブ。ホールを狙う際に使われます。

覚えておきたいポイント

ホールごとに規定の打数がある

1ラウンドは18ホールで構成されており、各ホールは、距離や難易度によってあらかじめ打数が決められています。カップに入れるまでの打数が少なければ少ないほど、勝つ確率は高くなるといえます。なお、選手が規定の打数と同じ打数でカップに入れることを「パー」、1打少ない打数でカップに入れることを「バーディー」、2打少ない打数でカップに入れることを「イーグル」といいます。反対に、カップに入れた打数が規定より1打多いことを「ボギー」、2打多いことを「ダブルボギー」といいます。

ペナルティについて

規定のエリアより外にボールが出てしまったとき（Out of Boundsを略してOBといいます）やボールが池に入ってしまったときは、ペナルティとして1打が加算されます。これを「打罰」といいます。

キャディの役割

選手と一緒にコースに出てバッグやクラブを運んでいるのがキャディです。選手にプレーのアドバイスをしたり、励ましたりするのもキャディの役割となっています。選手1人が帯同できるキャディは1人です。

もっと楽しめる
はみ出しネタ

パリ1900大会、セントルイス1904大会では、個人戦は1対1のトーナメント戦でした。リオデジャネイロ2016大会より、全選手が18ホールを4日かけてまわり、合計打数の少なさを競う形になりました。

TOKYO 2020

競技 14

体操

ダイナミックかつ繊細 ハイレベルな技に感動!

体操は、「体操競技」「新体操」「トランポリン」の3種別に競技が行われます。体操競技は男子は6種目、女子は4種目で競い、いずれも器具を使ったアクロバティックな技が見どころ。1つ1つの動きが採点の対象となるため、選手も、そして観客も一瞬たりとも気を抜けません。

手具を使い、音楽に合わせて演技を行う新体操は、選手たちの柔軟性の高さや表現力、優美な動きが観客を魅了します。ちなみに、手具の1つ「リボン」の長さは6m以上

体操競技

【基本ルール】
鉄棒や平均台などの器具を使って演技を行い、技の難度や完成度、美しさなどを競います。

団体
(男子/女子)

個人総合
(男子/女子)

種目別ゆか
(男子/女子)

種目別あん馬
(男子)

種目別段違い平行棒
(女子)

種目別つり輪
(男子)

種目別平均台
(女子)

種目別跳馬
(男子/女子)

種目別平行棒
(男子)

種目別鉄棒
(男子)

つり輪(男子のみ)

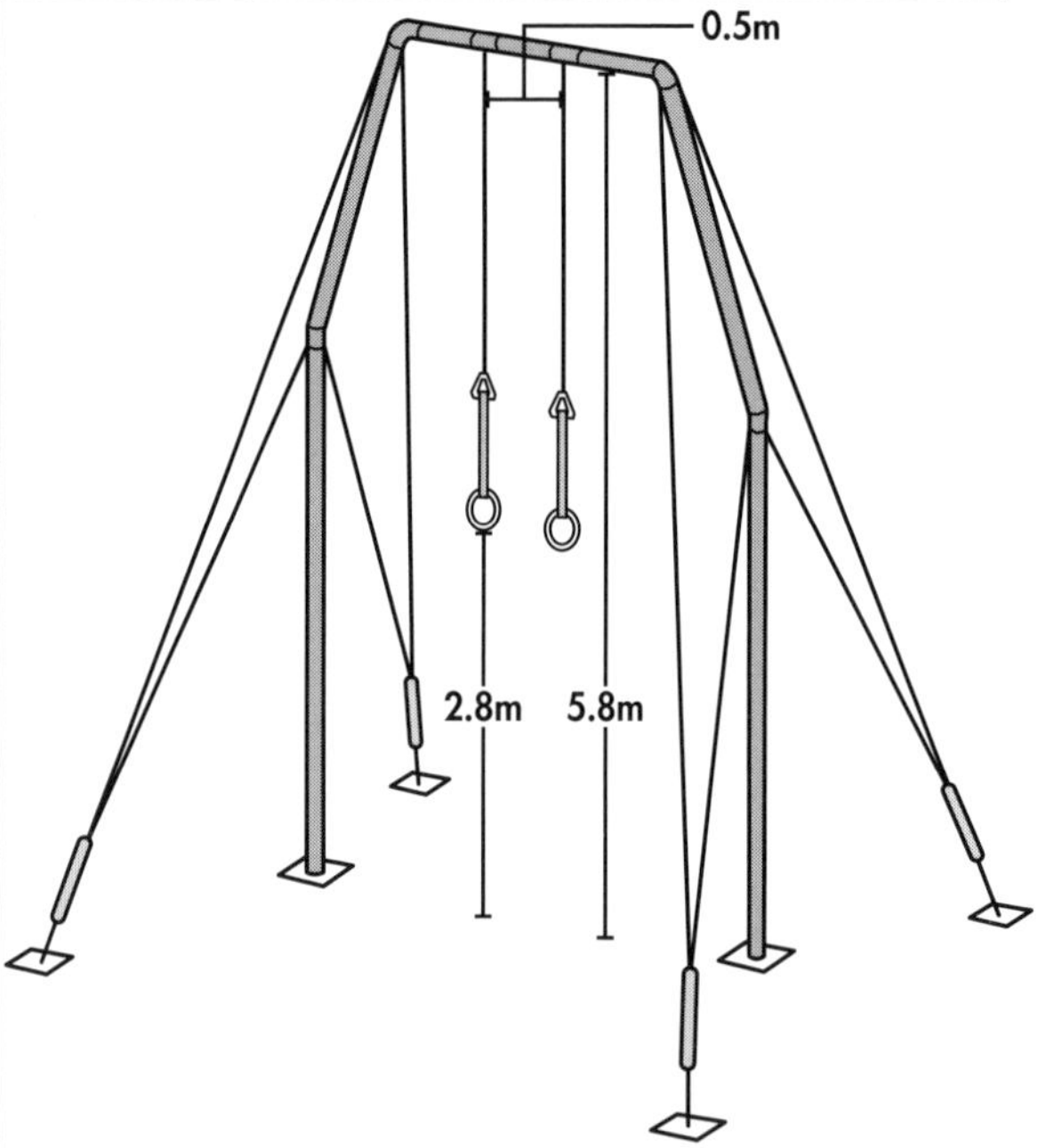

マット上から2.8mの高さにあるつり輪をつかみ、懸垂、倒立、回転技などを行います。ほかの体操種目は演技の流れが重視されており、例えばあん馬は静止してしまうと減点の対象となりますが、つり輪は例外。懸垂や倒立した状態で静止する「力静止技」は、2秒以上止まっていないと減点となります。審査の対象となるのはつり輪につかまってから着地するまで。つり輪を放して着地するまでのわずかな間に披露される「終末技」は必見です。

もっと楽しめるはみ出しネタ

体操競技には、「シライ」「モリスエ」など、人の名前がついた技が多くあります。これは、「その技を最初に成功させた選手の名前を技の名前にする」という決まりが体操競技にあるためです。

あります。床に着くと減点となるため、選手は常に高速で手首を動かしリボンを操っているのです。一糸乱れぬ連携や同調性を楽しめる団体も見逃せません。

　トランポリンでは、選手は回転やひねりなどの技を10種連続で披露します。跳躍の高さは地上から7〜8ｍ！　高さが出るぶん、体操競技とは違った技を見られるのが魅力です。なお、体操競技、新体操ともに技の難しさを得点化した「Dスコア」と、演技の完成度を得点化した「Eスコア」の合計得点を争いますが、トランポリンはこれに、着床位置の正確さを評価する「Hスコア」が加わります。

　体操は、東京２０２０大会でメダルが見込まれる競技の1つ。特に、体操競技では男子団体がリオデジャネイロ２０１６大会で金メダルに輝いており、今大会でも金メダルが期待されています。女子体操競技、新体操、男女トランポリンも上位入賞の可能性は大いにあります。

平行棒（男子のみ）

平行に設置された２本の棒を使って演技します。棒の高さはマット上から180cm、２本の棒の間は42〜52cmです。男子の体操種目のなかで最も技の数が多く、あん馬のように棒上で体を旋回させたり、棒から手を放しての宙返りをしたりと、さまざまな技を見ることができます。最高難度であるＧ難度の技が多いのも特徴。両棒を握って体を前後に振り、その反動を使って後方かかえ込み２回宙返りをし、さらに１回ひねりを入れて着地する「ヒロユキ・カトウ」もその１つです。

ゆか（男子／女子）

男女とも12m四方のゆかの上で演技を行います。演技時間は男子は70秒以内、女子は90秒以内で、時間の超過は減点されます。男子は跳躍技や宙返り技といったアクロバティックな動きが見どころです。女子は、宙返りなどのアクロバット系の技やジャンプのスキルはもちろん、音楽に合わせた表現力も求められます（男子は音楽はなし）。

あん馬（男子のみ）

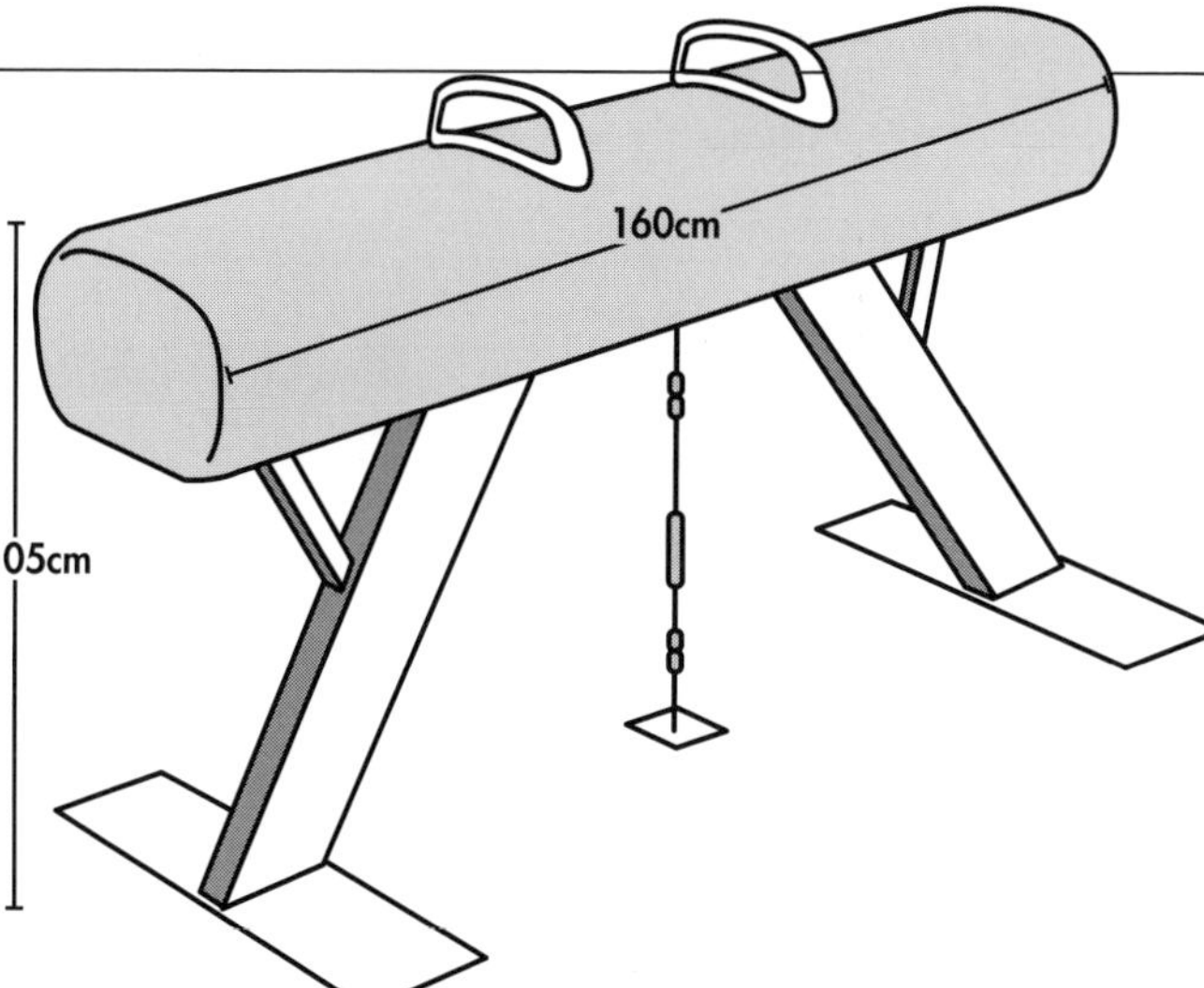

マットの上から105cmの高さにある台を使います。選手は台上の取っ手（ポメル）をつかむ、あるいは、台の上に手を置いた状態で、体を左右に振る振動技や、体をまわす旋回技を披露します。ほかの体操種目と違ってあん馬には静止技がありません。選手は腕で全身を支え、さらに体を動かし続けなくてはいけないため、体操種目のなかで最も難しいといわれています。

もっと楽しめるはみ出しネタ

トランポリンの決勝は、演技は１回のみ。さらに、予選の得点はクリアされます。このため、ギリギリで決勝に進出した選手が金メダルを獲得する可能性も！　手に汗握る勝負も見どころの１つです。

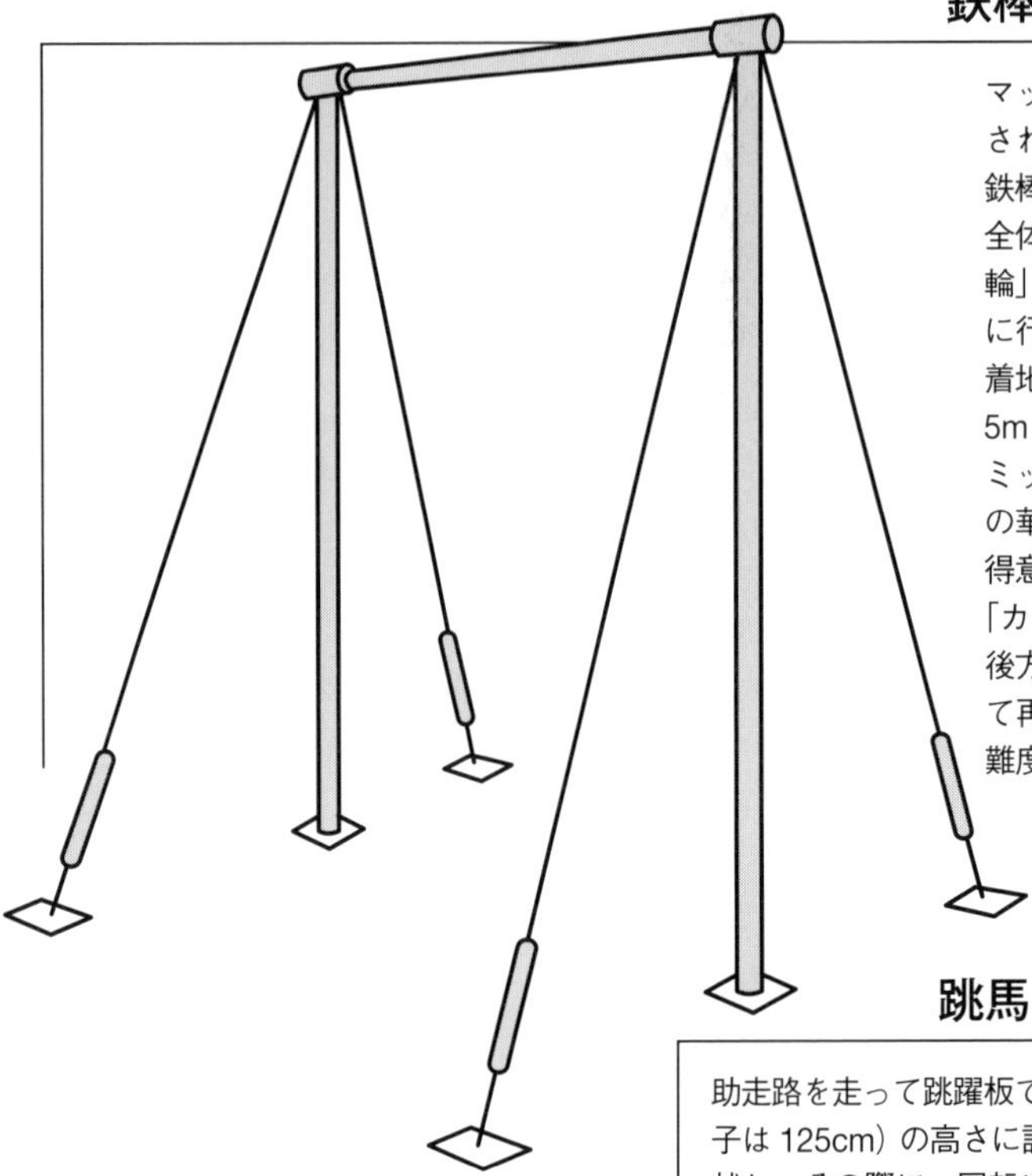

鉄棒（男子のみ）

マット上から約2.6mの高さに設置された鉄棒を使って演技をします。鉄棒を軸に、全身を伸ばしたまま体全体で円を描くように回転する「車輪」や、鉄棒から手を放している間に行う「手放し技」などが有名です。着地前に行われる「終末技」は高さ5mに達することも！　そのダイナミックさから、鉄棒は男子体操種目の華と呼ばれます。内村航平選手が得意とする「伸身コールマン」、別名「カッシーナ」は、鉄棒を越えながら、後方伸身2回宙返り1回ひねりをして再び鉄棒をつかむというもの。G難度の技です。

跳馬（男子／女子）

助走路を走って跳躍板で踏み切り、床面から135cm（女子は125cm）の高さに設定された跳馬に手をついて跳び越し、その際に、回転やひねり技などを行います。1回の演技で行われる技は1つのみ。一瞬の間に、「伸身ユルチェンコ3回半ひねり」（別名シライ2。側転してから跳馬に背を向けた状態で跳躍板を踏み切り、手をついた後に3回転半体をひねって着地する）のような大技が披露されるので、くれぐれも見逃さないようにしましょう。

平均台（女子のみ）

高さ125cm、長さ5m、幅10cmの台の上で演技をします。演技時間は90秒以内で、ジャンプやターンなどのダンス系の技を最低3つ、宙返りなどのアクロバット系の技を最低3つ入れることが決められています。技のスキルに加えて、バランス感覚、柔軟性、芸術性も求められる種目です。高得点を狙うには宙返り技は必須ですが、そのぶん、落下のリスクも高まります。落下すると減点です。平均台から降りて着地する際の「終末技」だけでなく、平均台に乗る際の「入り」にもさまざまな種類があるので必見です。

段違い平行棒（女子のみ）

平行に置かれた高さの違う2本のバーを使って演技します。高いほうのバーの高さは2.5m、低いほうは1.7m、2本の間隔は1.3～1.8mです。体全体で円を描くように回転する「車輪」や、宙返り技、バーの跳び越えなど、見せ場が次々と展開され、まばたきするひまもありません。女子の4種目のなかでも特にダイナミックで、見応えがある種目です。代表的な技の1つ「コマネチ」は、高いほうのバーで体を後方に振り、バーの上で前方に開脚して宙返りをし、再び高いほうのバーに戻るという、E難度の技です。

新体操

【基本ルール】手具を使い、音楽に合わせて演技を行います。演技の難度や完成度、芸術性を競います。

個人総合
(女子)

団体
(女子)

手具の種類

アーティスティックな評価も大切

個人総合では、フープ、クラブ、リボン、ボールの4種類を1人の選手が行います。1分15秒から1分30秒の間で1種目を行います。手具を使いながら音楽に合わせて行うため、その芸術性も評価対象となる華やかな競技です。

ボール

直径18～20cm、重量400g以上。ボールはあまり強くつかむと減点の対象となります。いかに自由自在に操れるかがテクニックの焦点です。

フープ

木かプラスチックでできた内径80～90cm、重量300g以上の輪を、まわしたりひねったり、くぐり抜けたりします。高く投げることもあり、落とした場合は減点対象となります。

クラブ

2本のクラブをまわしたり投げたりします。左右の手で違う演技を同時に行うこともあります。1本の重量は150g以上。

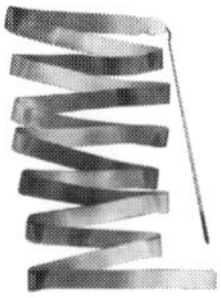

リボン

リボンの流れるような動きが優美な種目。いかに美しくしなやかにリボンを操るかがポイントとなるため、結び目ができてしまったり、床に着いたりすると、減点に。

トランポリン

【基本ルール】トランポリンを使って空中で宙返りなどの技を行い、難度や完成度を競います。

個人
(男子／女子)

鉄製のフレームに繊維シートを張ったトランポリンを使用します。繊維シート部分は「ベッド」と呼ばれ、広さは4.28m×2.14mとなっています。トランポリン競技で目をひくのが、まず、跳躍の高さです。男子の場合、跳躍の高さは8mに達することも！　空中で次々とくり出されるアクロバティックな技の数々は迫力満点です。また、トランポリンでは、着床位置の正確さも評価の対象となります。

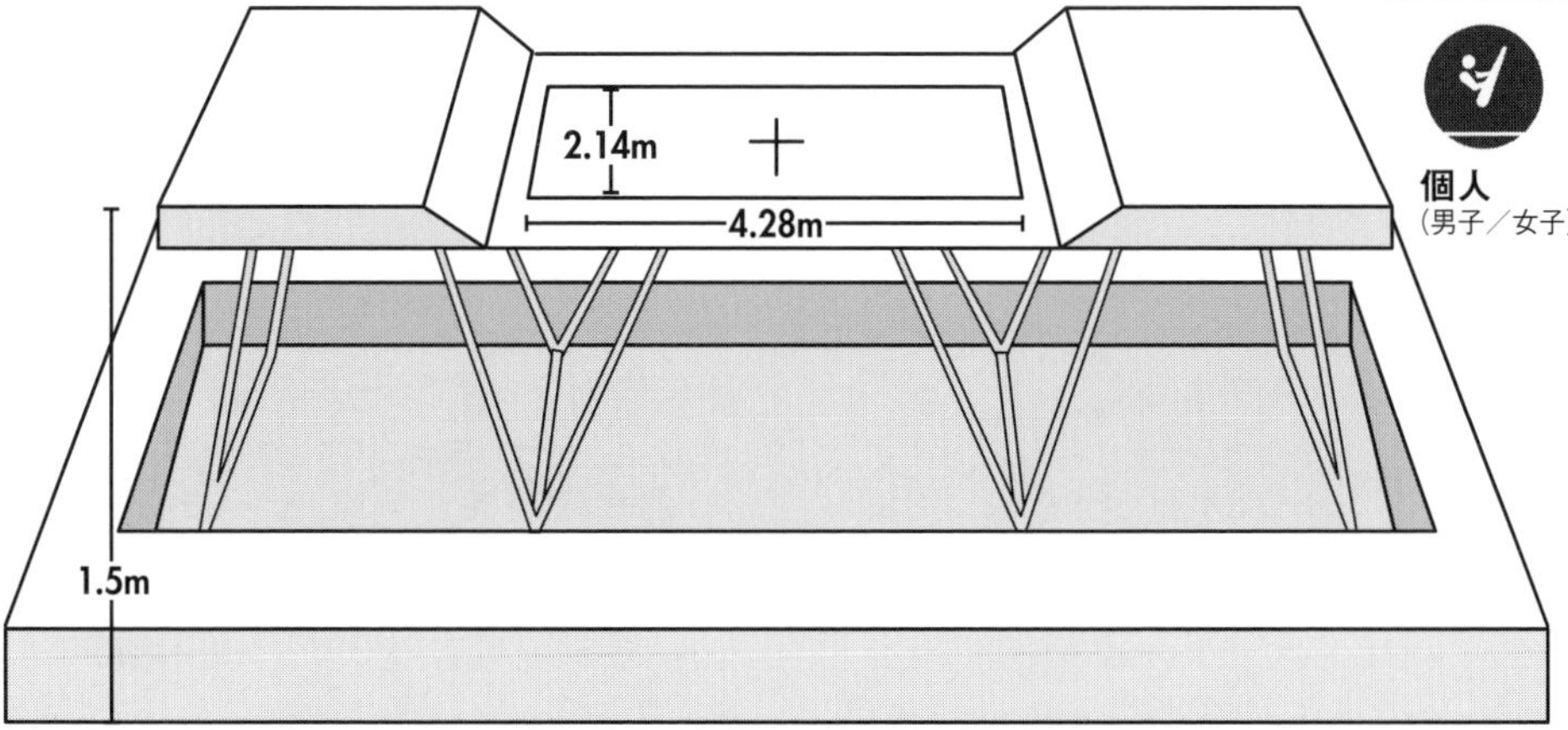

TOKYO 2020

競技 15

ハンドボール

【基本ルール】
ボールを手で扱い、相手のゴールにシュートして得点を競います。1チームは7人です。

ハンドボール
（男子／女子）

ダイナミックなシュートは圧巻！

ハンドボールは、その名のとおり、手を使ってボールを投げたり、相手のゴールにシュートをしたりして、得点を競う競技です。1チームは7人で、そのうち1人はゴールキーパーとして自陣のゴールを守ります。試合は前後半30分ずつの計60分。間に15分のハーフタイムがあります。勝敗が決まらない場合は、10分間の延長戦が行われます。

そのルールからサッカーやバスケットボールに似ているといわれるハンドボールですが、「6mライ

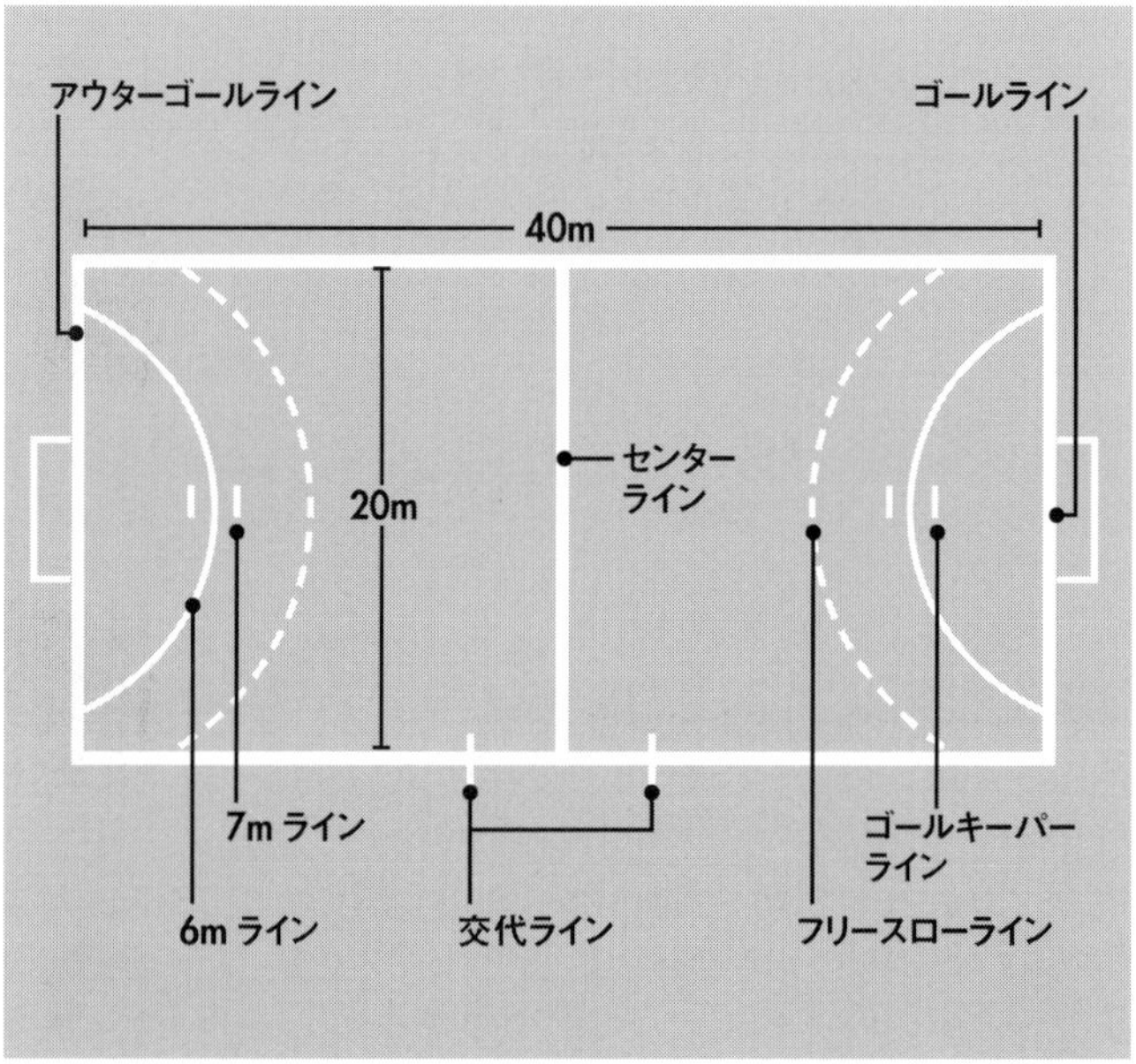

ハンドボールのコート

コートは、バスケットボールのコートより一まわり大きい40m × 20m。ゴールは高さ2m、幅は3mです。ゴールから6mの距離に引かれた半円のラインを「6mライン」といい、このラインの中に入れるのはゴールキーパーのみ。

選手の交代について

選手交代は何度でもOK

試合中、選手はいつでも何度でも交代できます。審判に申告する必要もなく、選手交代により試合が中断されることもありません。ただし、交代する際は、センターラインから4.45 mの位置に設けられている交代ラインの内側を通ってコートに出入りしなければいけません。

ボールについて

手に松《まつ》脂《やに》をつけてボールを扱う

ボールの大きさ、重さは男子と女子で異なります。男子は外周58～60cm、重さ425～475g、女子は外周54～56cm、重さ325～375gのボールを使用します。選手がこの大きさのボールを片手で持つことができるのは、手に松脂をつけて滑り止めにしているからです。

もっと楽しめるはみ出しネタ

ハンドボールの歴史は古く、紀元前600年ごろのものと思われるアテネの遺跡に、ハンドボールによく似た競技が確認できます。現代のハンドボールは、19～20世紀のヨーロッパが発祥です。

ンの内側に入れるのはゴールキーパーのみ。シュートは6mラインの外側から、あるいは、外側から踏み切ってジャンプしている状態で打たなければならない」という特有のルールがあります。選手が全身のバネを使って6m以上離れたところから放つシュートは実に豪快！ハンドボールの見どころの1つとなっています。

またハンドボールでは、体の正面からの接触プレーは反則とはなりません。そのため、攻撃側の選手と防御側の選手が激しくぶつかり合う場面も多く見られます。格闘技さながらのパワーあふれるプレーも、ハンドボールの魅力です。

ハンドボールの強国として知られるのは、男女ともに、ドイツ、デンマーク、スウェーデン、ロシア、フランスなど。アジア圏では韓国が強豪株です。ヨーロッパ勢、そして韓国を相手に日本がどこまで渡り合えるのか？ 関心が大いに高まっています。

ハンドボールの主な用語

ハンドボールの観戦に役立つ用語をまとめました。

用語	意味
ジャンプシュート	スピードに乗って前方に高くジャンプしながら放つシュート
ステップシュート	ジャンプをせずに助走をつけてから放つシュート
スカイプレー	攻撃側が6mライン内の空中にボールを放ち、味方がそれをキャッチしてそのまま空中でシュートするプレー
カットイン	攻撃側の選手が守備と守備の間を切り込むように抜け、ゴール前に向かうプレー
スクリーンプレー	攻撃側の選手が交差するように動き、相手の守備をかわすプレー
ラテラルパス	ハンドボール独特のパス。手首のスナップを使って投げます
オーバーハンドパス	基本となるパス。手を肩より高く上げてボールを放ちます

ポジションとその役割

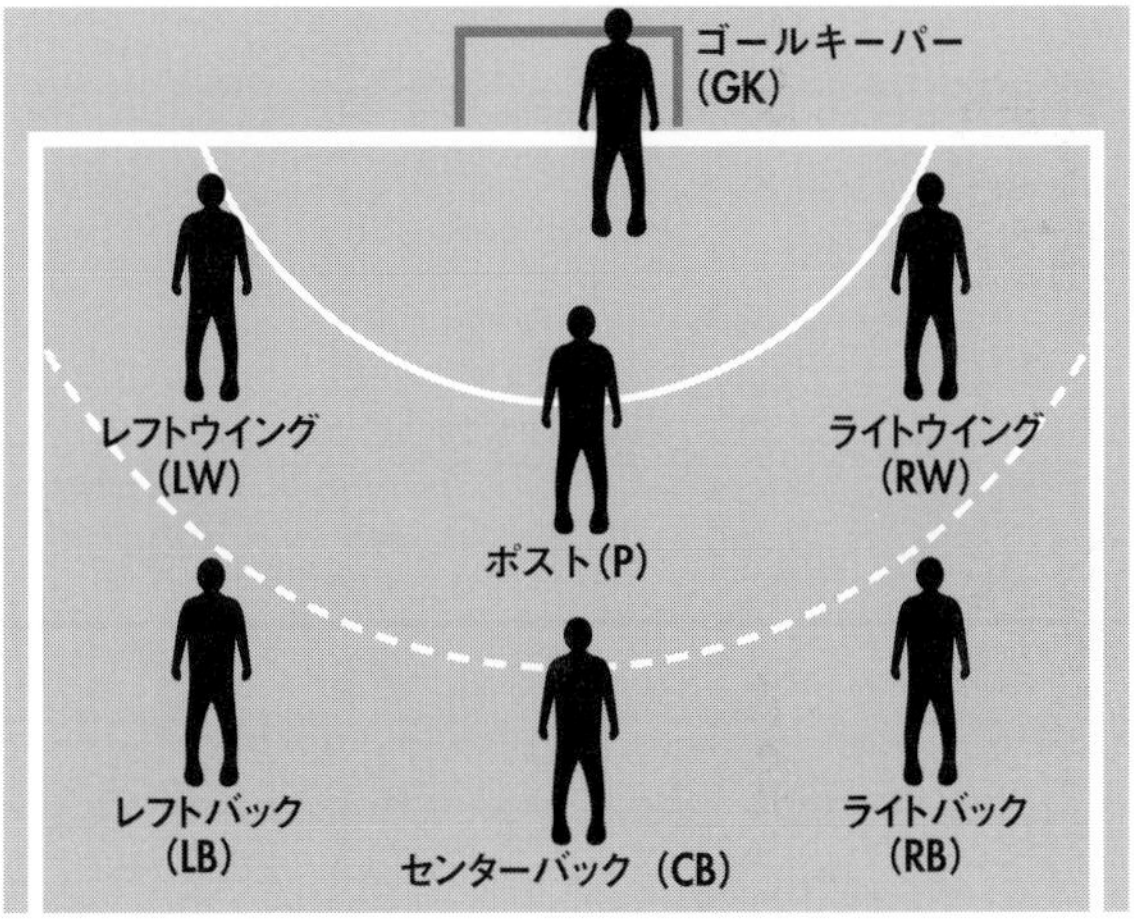

ゴールキーパー（GK）

相手チームのシュートからゴールを守ります。

ライトウイング（RW）／レフトウイング（LW）

ＲＢ、ＬＢをサポートしつつ、攻守の切り替え時には速攻を狙い、得点を奪います。

ライトバック（RB）／レフトバック（LB）

攻撃の要。積極的にシュートを狙います。特にレフトバックはチームのエースといわれます。

センターバック（CB）

チームの司令塔。攻撃の起点になります。自ら得点を奪いにいくこともあります。

ポスト（P）

攻撃時に相手の守備をブロックし、味方の攻撃をサポートします。縁の下の力持ち的存在。

もっと楽しめる はみ出しネタ

ハンドボールがオリンピックにはじめて採用されたのはベルリン1936大会です。その後しばらくオリンピック競技からはずされますが、ミュンヘン1972大会で復活しました。

ホッケー

【基本ルール】
1チームは11人。スティックでボールを打ち、相手ゴールに入れて得点を競います。

ゴール前の攻防は絶対に見逃せない！

ホッケーは、2つのチームが対戦し、先の曲がったスティックを使ってボール（硬球）を奪い合うスポーツです。試合時間は、1クオーター15分×4セットで計60分。同点の場合は、ゴールキーパーと相手の選手が1対1で8秒間攻防を行う「シュートアウト戦」によって勝敗を決めます。

ホッケーの一番の特徴は、「シューティングサークル」と呼ばれる半円の中からシュートを打たないと得点と見なされないこと。シュート

ホッケー
（男子／女子）

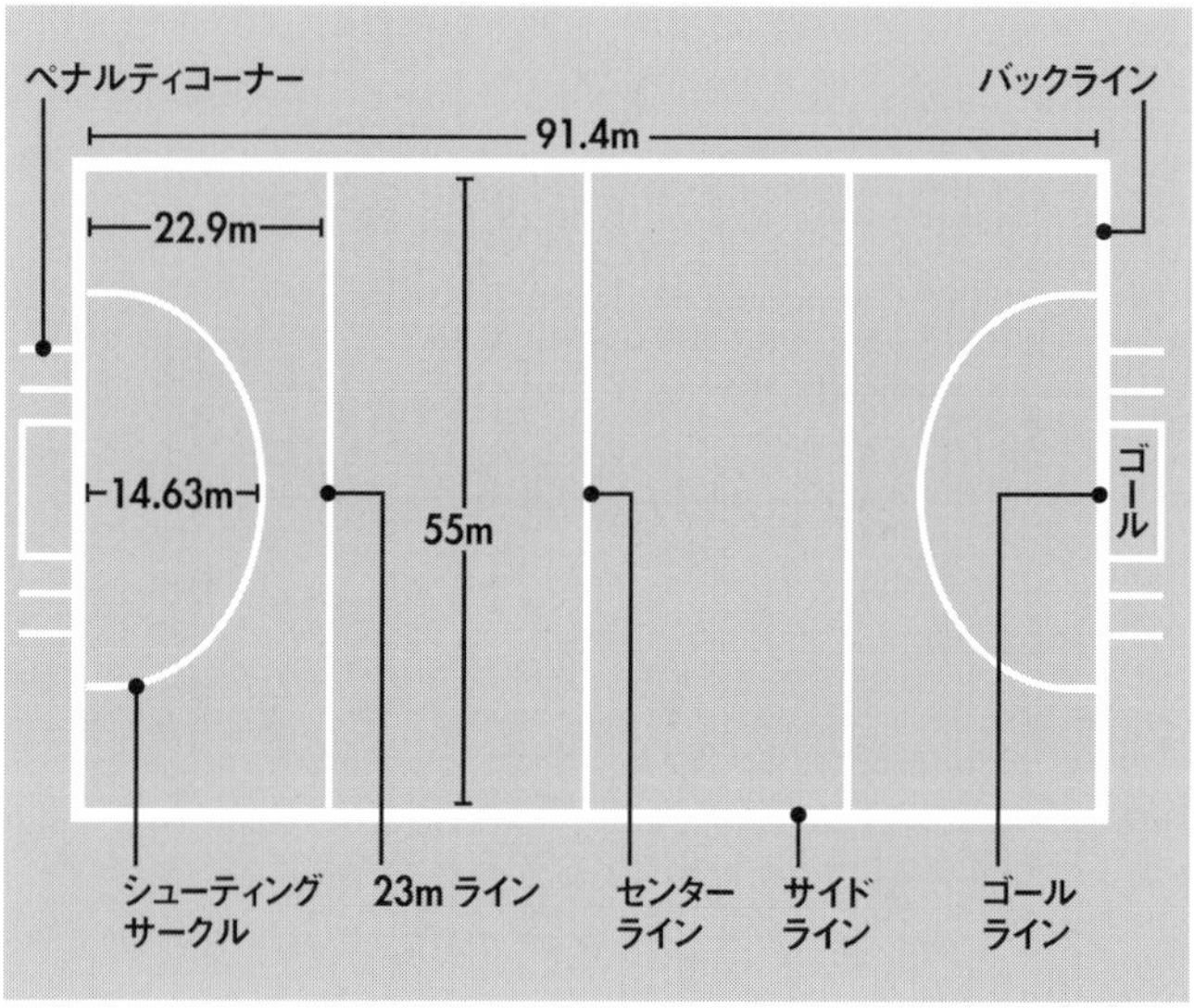

ホッケーのコート

コートはサッカー場より一回り小さい 91. 4 m × 55m。ゴールは高さ 2.14m、幅は 3.66m あります。得点となるのは、シューティングサークル内で打たれたシュートのみです。

用具について

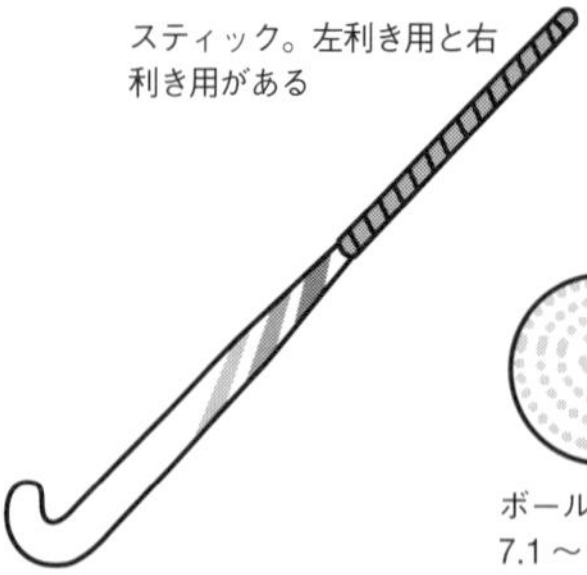

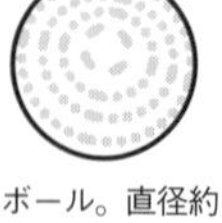

ボールを扱えるのは平らな面だけ

スティックの長さは約 90cm。先端は平らな面と丸い面があり、平らな面以外でボールを扱うと反則になります。ボールの直径は約 7.1 ～ 7.5cm。野球のボールと重さも大きさもほぼ同じです。高速で放たれるボールを止めるため、ゴールキーパーのみ、プロテクター、レガース（すねあて）、キッカーズ（足の甲あて）、グローブ、ヘルメット等の防具を着用できます。

もっと楽しめる はみ出しネタ

ホッケーのフィールドは人工芝です。ボールの滑りをよくするために、試合前にはフィールドに水をまいて人工芝を濡らしています。

時を除き、ボールを空中に上げることも禁止されています。ドリブルとパスを使って守備をかいくぐろうとする攻撃側と、攻撃をなんとか阻止しようとする守備側のゴール前の駆け引きが、ホッケーの最大の見せ場といえるでしょう。ちなみに、シュート時のボールは時速200kmに達することも。新幹線並みのスピードなので絶対に見逃さないようにしたいところです。

選手交代も試合を左右する重要な要素。ペナルティコーナー（コート図参照）を除き、いつでも何度でもできるからです。どの選手がどのタイミングで交代となるのかに着目すると、試合をより楽しめます。

ホッケーの世界ランキングのトップ3は、男子はオーストラリア、ベルギー、オランダ、女子はオランダ、オーストラリア、アルゼンチンとなっています（2019年9月時点）。日本は、ロサンゼルス1932大会で男子が銀メダルを獲得したことがあります。

ペナルティコーナーとは?

得点の絶好のチャンス

ホッケー特有のセットプレーです。守備側の選手がシューティングサークル内で反則を犯すなどした場合に、相手にペナルティコーナーが与えられます。攻撃側はゴールポストから10m以上離れた地点からプレーを開始し、ゴールを狙います。ペナルティコーナーには、攻撃側は何人でも参加できますが、守備側はゴールキーパーを含めて5人のみ。攻撃側が数的優位に立つため得点につながりやすく、ホッケーの見どころの1つです。

主な用語

ホッケーの観戦に役立つ用語をまとめました。

用語	意味
ドリブル	ボールをスティックで運ぶこと
ストローク	スティックによってボールが動かされること
オブストラクション	相手とボールの間に体やスティックを入れるなどしてプレーのジャマをすること。反則技。

ポジションとその役割

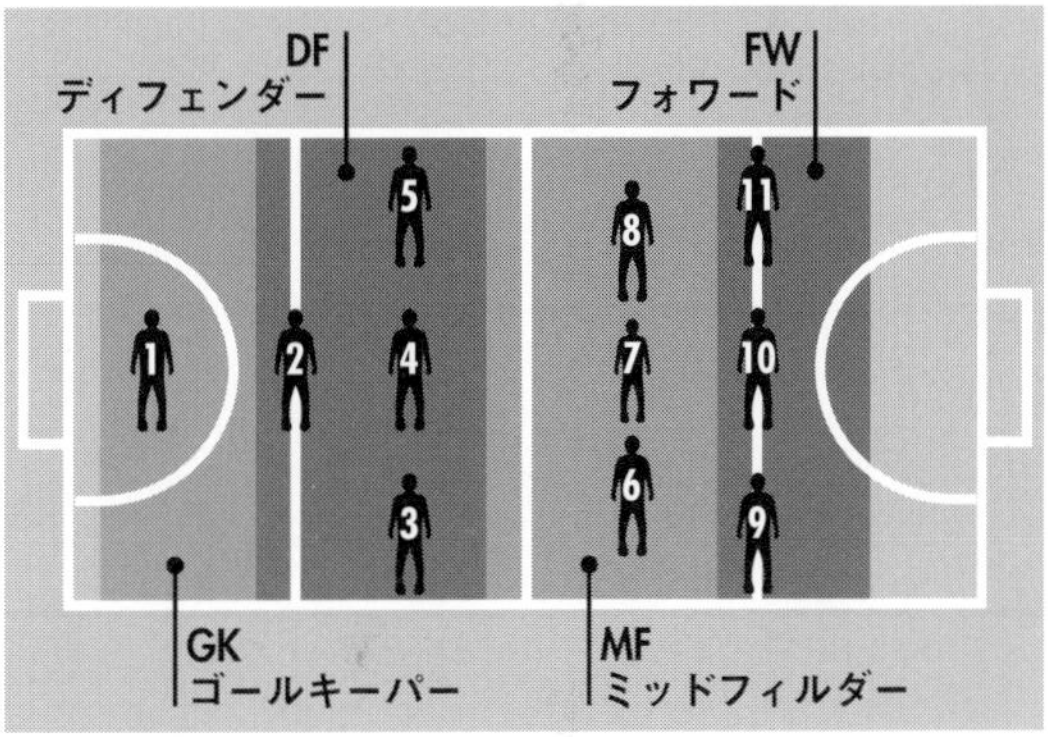

フォワード（FW）

チームの得点源。主に3人配置されます。運動量が多いため、試合中に何度も交代します。

ミッドフィルダー（MF）

FWとDFの中間に位置し、攻撃時は中盤でパスをつないでFWにボールをまわし、得点のチャンスをつくります。

ディフェンダー（DF）

ゴール前で相手チームのFWをマークし、攻撃を防ぎます。相手チームのボールを奪い、自チームの攻撃につなげるのもDFの役目です。

ゴールキーパー（GK）

チームの守護神。自陣ゴール前に立ち、相手チームのシュートを防ぎます。全身でボールに触れることができる唯一のプレーヤーです（サークル内に限る）。

もっと楽しめる はみ出しネタ

ホッケーはフェア精神を重んじるスポーツです。そのためか、1924（大正13）年には、皇太子殿下（のちの昭和天皇）のご意向で、皇室と陸軍戸山学校とでホッケーの対抗試合が行われています。

TOKYO 2020

競技 17

柔道

【基本ルール】
２人の選手が素手で対決し、投技、寝技を使って戦います。技の判定で勝敗が決まります。

メダル量産に期待！日本の「お家芸」

柔道は、オリンピック競技のなかでは数少ない日本発祥のスポーツです。２人の選手が、10ｍ四方の畳の上で素手で対決します。

柔道の見どころは、「柔よく剛を制す」の基本理念を体現したかのような見事な「一本」です。選手が相手の隙を突いてくり出す豪快な「投技」や、相手の動きをぴたりと封じる「寝技」が決まって主審が「一本」を宣告した瞬間、会場は大いに沸きます。それまで劣勢だった選手が、土壇場の背負投で逆転勝ちす

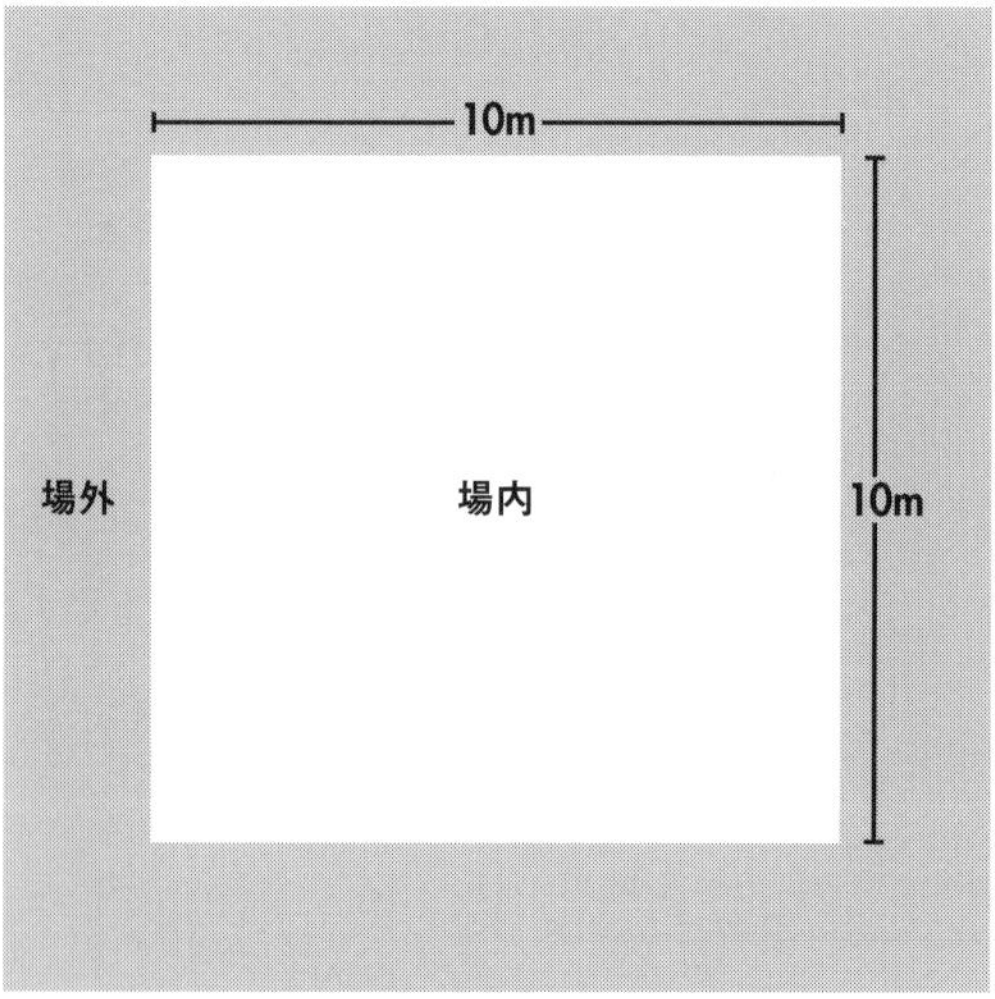

柔道の試合場

試合は、「場内」と呼ばれる10m四方の畳の上で行われます。場内のまわりには安全地帯が設けられており、これを「場外」と呼びます。選手が２人とも場外にいる状況でかけられた技は無効となります。試合時間は、男女ともに４分間です。各階級ともに、勝ち抜きのトーナメント方式で行われます。

60kg 級（男子）
66kg 級（男子）
73kg 級（男子）
81kg 級（男子）
90kg 級（男子）
100kg 級（男子）
100kg 超級（男子）
48kg 級（女子）
52kg 級（女子）
57kg 級（女子）
63kg 級（女子）
70kg 級（女子）
78kg 級（女子）
78kg 超級（女子）
団体（混合）

道着について

道着の乱れは罰則対象にもなる

選手は、上衣、下ばき、帯からなる柔道衣（道着）を着用します。柔道衣はもともと白が基本ですが、観戦者にわかりやすいよう、シドニー2000大会からカラー柔道衣が採用されました。現在は、一方の選手が白、もう一方の選手が青の柔道衣を着用します。より効率的に、よりよい組み手（→65ページ参照）で組むことができるように、上衣はきつく締めた帯のなかにしっかりと入れるのが決まりです。また、主審が「待て」を宣告したら、素早く上衣と帯を正さなくてはいけません。

もっと楽しめるはみ出しネタ

護身術や捕縛術だった「柔術」を、「柔道」としてまとめ上げ世界に広げたのが嘉納治五郎氏です。嘉納氏は講道館柔道の創設者。日本人初の国際オリンピック委員会委員にもなっています。

ることもあり、試合終了まで一瞬たりとも目が離せません。

階級別の特色も覚えておくと試合観戦がより面白くなります。男子73kg級以下、女子57kg級以下の軽量級は、フットワークの軽い選手が多くスピーディな試合展開が見どころ。男子81kg級～90kg級、女子63kg級～70kg級の中量級は、スピードとパワーを兼ね備えた技の攻防が見られます。男子100kg級以上、女子78kg級以上の重量級は、パワーあふれる技の数々に圧倒されることうけあいです。

柔道は日本の「お家芸」。その強さは頭1つ抜きん出ています。リオデジャネイロ2016大会では、男子は7階級すべてでメダルを獲得、女子は5階級でメダルを獲得しました。一方、フランス、ロシアなどのヨーロッパ勢、韓国、中国といったアジア勢など、ほかの国の選手も力をつけてきています。そうしたなか、日本がどこまでメダルを量産できるのか。関心が高まっています。

勝敗のつけ方

「一本」と判定されたら勝ち

試合時間内に技が決まり、主審が「一本」と判断すれば、試合時間の終了を待たずにその時点で一本を取ったほうの勝ちとなります。一本と判定されるのは、主に次の場合です。

①投技では、かけた技が「スピード」「力強さ」「背中が着く」「着地の終わりまでしっかりとコントロールしていること」の基準を満たしているとき

②寝技では、技をかけられた側が発声あるいは合図で「参った」と表明したとき

③抑込技で20秒間抑え込んだとき

「技あり」は2本で勝ち

次のような場合は「技あり」となります。

①投技（立技）で、一本の「スピード」「力強さ」「背中が着く」「着地の終わりまでしっかりとコントロールしていること」の4つの評価基準の1つでも満たしていない場合、「技あり」が与えられる

②抑え込んだ時間が10秒以上、20秒未満

「技あり」2つで「一本」（技あり、合わせて一本）となり、試合終了

指導3回で反則負け

消極的な戦い方をする、積極的に攻撃しているふりをするなどの軽い違反に対しては「指導」を取られます。指導を3回取られると反則負けとなります。

ゴールデンスコアとは？

決着がつかない場合は延長戦を実施

試合時間が終了した時点で決着がつかなかった場合は、ただちに時間無制限の延長戦（ゴールデンスコア）が行われます。ゴールデンスコアにおいては、「技あり」または「一本」を先取するか、「指導」が相手選手よりも多くなった時点で試合終了です。

主な反則

次のような場合は「重大な違反」となり、即座に「反則負け」となります。

ヘッドディフェンス

技をかけられた側が、背中からの着地や、「技あり」「一本」を取られることを防ぐために、わざと頭部を使用するのは禁止されています。頭や首、脊椎などに被害が及ぶ可能性があるからです。

河津掛（かわづがけ）を行う

「河津掛」は、相手の足に自分の足をからませた状態で、自分の体重をかけて相手を後方へと倒す技です。後頭部を強打したり、足の関節を痛めたりする可能性が高いため、禁止技とされています。

ひじ関節以外の関節をとる

靭帯断裂のような後遺症の恐れがあるため、ひじ関節以外の関節をとることは禁止です。

もっと楽しめるはみ出しネタ

東京2020大会では、新種目として男女3人ずつによる混合団体戦が行われます。メンバーは、男子が73kg級、90kg級、90kg超級、女子は57kg級、70kg級、70kg超級の計6人で構成されます。

柔道の主な技

柔道の技は大きく、「投技」「寝技」「当て技（当て身技）」に分かれます。ここでは、代表的な技を紹介します。

投 技

投技とは、相手の姿勢を崩して投げ、倒す技のことです。

大外刈（おおそとがり）

相手の体重が乗っている側の足を、外側から刈ってあお向けに倒します。

払腰（はらいごし）

相手の腰を自分の腰に乗せるようにして、相手の足を払って前方に投げます。

背負投（せおいなげ）

相手を背負うようにして肩から投げます。

巴投（ともえなげ）

相手の股深くに足を入れ、背中から倒れながら相手の体に足を当てて投げます。

内股（うちまた）

相手の股深くに足を入れ、自分の太ももで相手の太ももを大きく払い上げて投げます。

大内刈（おおうちがり）

相手の股に足を入れ、相手の足を内側から刈り上げて倒します。

ほかにも次のような投技があります

・背負落（せおいおとし）	・腰車（こしぐるま）	・小外刈（こそとがり）
・体落（たいおとし）	・釣込腰（つりこみごし）	・小内刈（こうちがり）
・肩車（かたぐるま）	・袖釣込腰（そでつりこみごし）	・隅返（すみがえし）
・掬投（すくいなげ）	・出足払（であしはらい）	・引込返（ひきこみがえし）
・浮腰（うきごし）	・膝車（ひざぐるま）	・横落（よこおとし）
・大腰（おおごし）	・支釣込足（ささえつりこみあし）	・谷落（たにおとし）

寝　技

相手をおさえこんだり、絞めたり、関節をねじったりして相手の体を制する技です。「固技《かためわざ》」ともいわれます。

上四方固
（かみしほうがため）

あお向けの相手の頭のほうから覆いかぶさり、相手の帯をつかんでおさえこみます。

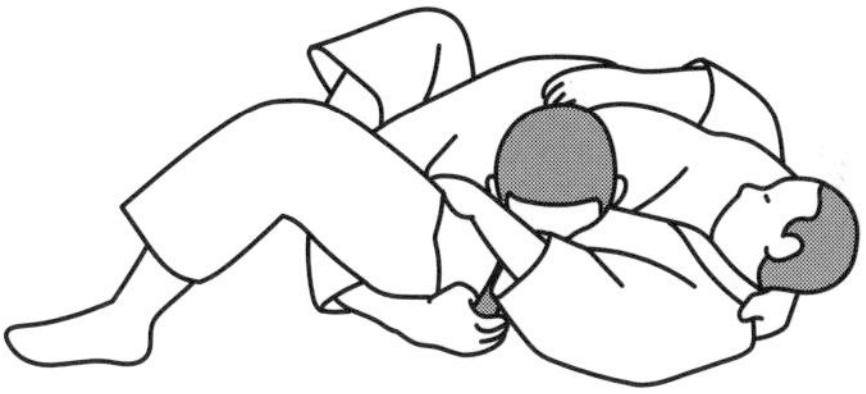

横四方固
（よこしほうがため）

あお向けの相手に対して直角になるように覆いかぶさり、相手の後ろ襟、後ろ帯をつかんでおさえこみます。

袈裟固（けさがため）

相手をあお向けにし、相手の腕と首を手で抱え込んでおさえこみます。

勝負を決める!?
組み手争い

「組み手」は、柔道の基本となる姿勢です。2人の選手が立った状態で相手と適当な間合いを取り、片手で相手の前襟を、もう一方の手で相手のひじの外側を持つのが基本。自分にとって有利な組み手ができれば、そのぶん、技をかけやすくなり、一本が取れる可能性も高くなります。そのため、選手は自分にとって有利な組み手をしようとし、相手は、それを阻止して自分に有利な組み手をしようとします。これが組み手争いです。組み手争いをどちらが制するのか。ここに着目すると、柔道観戦がより楽しくなります。ただ、相手の組み手を嫌がって防いでばかりいると、試合に対して消極的だと思われ、指導を取られてしまいます。

ほかにも次のような寝技があります

・崩袈裟固（くずれけさがため）	・裸絞（はだかじめ）
・後袈裟固（うしろけさがため）	・送襟絞（おくりえりじめ）
・肩固（かたがため）	・腕緘（うでがらみ）
・崩上四方固（くずれかみしほうがため）	・腕挫十字固（うでひしぎじゅうじがため）
・並十字絞（なみじゅうじじめ）	・腕挫腕固（うでひしぎうでがため）
・逆十字絞（ぎゃくじゅうじじめ）	・腕挫膝固（うでひしぎひざがため）
・片十字絞（かたじゅうじじめ）	・腕挫腋固（うでひしぎわきがため）

TOKYO
2020

競技 18

空手

【基本ルール】
「形」は技の美しさや正確さを競います。「組手」は獲得ポイントの多いほうが勝ちです。

オリンピック新競技 メダル獲得の期待大！

空手は、琉球王朝時代の沖縄で生まれ、素手素足で敵を倒す護身術として発展した武術です。東京2020大会ではじめてオリンピックの正式競技となりました。

種目は、「形」と「組手」の2つに分けられます。形とは、仮想の敵を相手に、攻撃と防御の技術を一連の流れとして組み立てた演武のこと。約3分の演武を選手1人で行い、技の正確さ、力強さやスピード、リズム、バランスなどを競います。優れた演武は力強く美しく、見ていて

形
（男子／女子）

組手
67kg 級（男子）
75kg 級（男子）
75kg 超級（男子）
55kg 級（女子）
61kg 級（女子）
61kg 超級（女子）

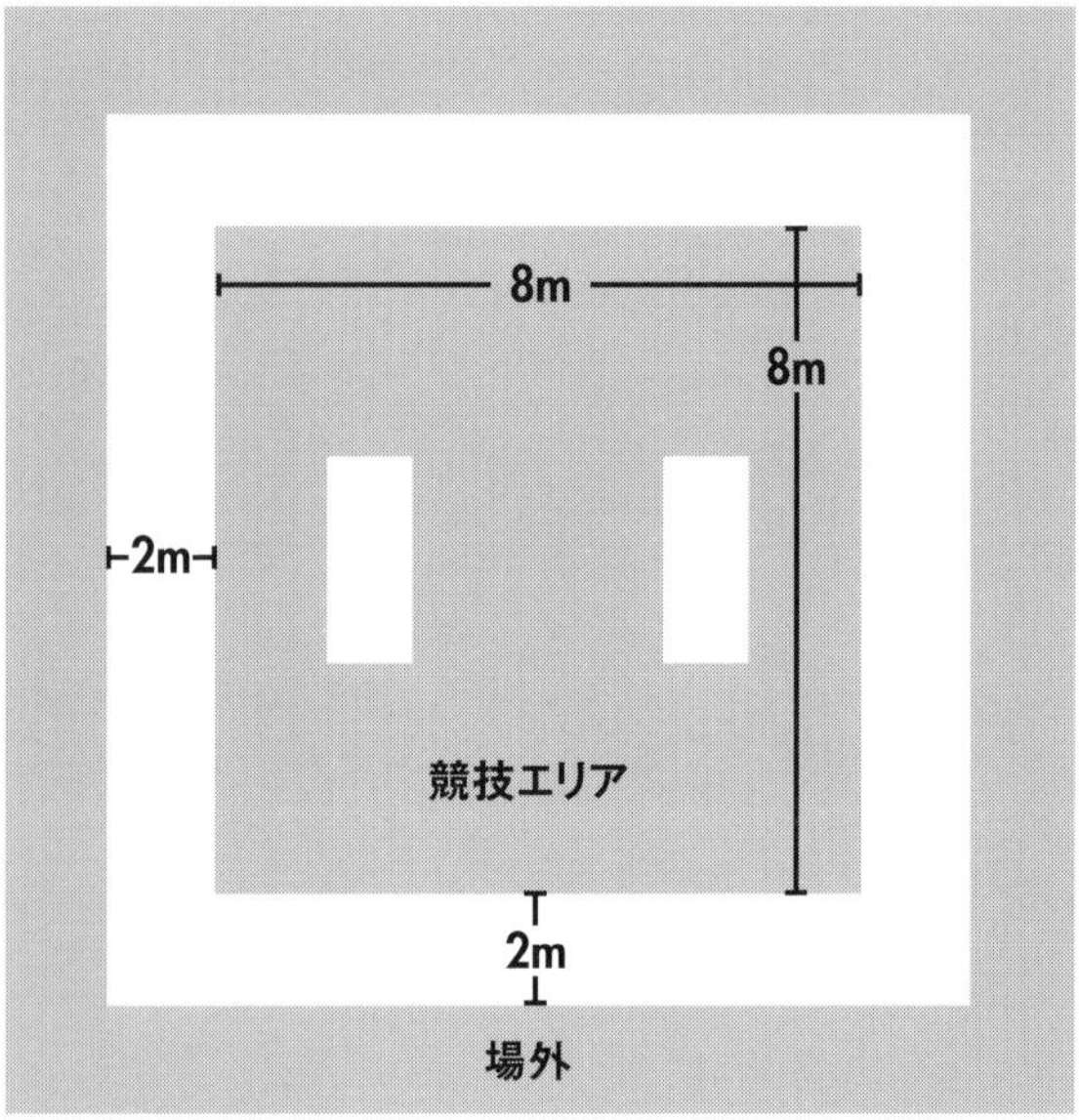

空手の競技会場

競技エリアは「マット」と呼ばれ、8m × 8m あります。マットより外に出ると反則（場外）です。海外では「タタミ」とも呼ばれます。

覚えておきたい「形」のポイント

102 種類の形から選ぶ

選手は、世界空手連盟（WKF）が定めた102 種類の演武の形のなかから、自分が演じる形を選び、演武の構成を組み立てます。予選から決勝まで、一度演じた形をくり返し行うことはできません。

相手を想定して動く

演武は１人ずつ行いますが、すべての形は相手を想定してつくられています。そのため、演武には、相手（敵）を倒す意気込みの強さを表現することも求められます。また、演武の前後には必ず「礼」をします。

理解度も問われる

空手の１つ１つの技には意味があります。そのため、形の美しさやスピード、力強さ、正確性はもちろんのこと、技の意味を正しく理解できているかどうかも、採点の重要なポイントとなります。

もっと楽しめるはみ出しネタ

形では、演武に入る直前に選手がこれから行う形の名称を宣言します。名称は「チャタンヤラクーサンクー」のように沖縄の方言・地名がもとになっているもののほか、中国語由来のものもあります。

感動を覚えるほどです。
　組手では、2人の選手が相対し、突き、蹴り、打ちをくり出します。試合時間は男女ともに3分間で、8ポイント差、または試合終了時にポイントの多いほうが勝ちとなります。目にも留まらぬほどのハイスピードな技の応酬は迫力満点です。なお、オリンピックで行われる組手は、攻撃を相手の体に当てずに、寸前で止める「ノンコンタクト」（寸止め）となっています。

　世界に1億3，000万人以上空手の愛好者がいるといわれています。特に盛んなのは、フランス、スペイン、イタリア、ドイツなどのヨーロッパや、イラン、エジプト、トルコといった中東です。近年は、ベトナムやタイでも実力のある選手が育ちつつあります。形では、ここ数年、日本人選手が上位をキープしており、メダル獲得が有力視されています。一方、組手に関しては、どの国の選手がメダルをとってもおかしくないといえるでしょう。

代表的な手技・足技

手技／順突き

手の甲が上、手のひらが下を向いた状態で拳を握ることを「正拳」といいます。前足と同じ側の手で正拳突きをするのが「順突き」です。なお、一歩踏み出し、体重を前方に移動させて行う突きを「追い突き」といいます。

手技／逆突き

前足と逆の側の拳で正拳突きをすること。一歩踏み出す、あるいは、相手の攻撃をかわして上半身をひねって突きをくり出すことで、スピードのある攻撃となります。

足技／まわし蹴り

空手の代表的な足技です。蹴るほうの膝を体の横に上げ、腰をまわすのに合わせて足を蹴り出します。

「組手」の得点について

部位によってポイントが変わる

組手では、一方の選手が赤帯、もう一方の選手が青帯を締めます。攻撃の際に使える技は「突き」「蹴り」「打ち」の3種類で、部位によってポイントが変わってきます。副審は、技が決まったと判断したときは、技を決めた選手を示す色の旗を上げます。4人いる副審のうち、2人以上の副審が旗を上げたらポイントが加算されます。

1ポイント	・上段への突き ・上段への打ち ・中段への突き ・中段への打ち
2ポイント	・中段への蹴り
3ポイント	・上段への蹴り ・倒れた、または投げた相手への突き

もっと楽しめるはみ出しネタ

組手の試合が同点で終わった場合は、「先取」（最初にポイントを獲得すること）をもっているほうが勝ちとなります。先取がない、または0-0で終了した場合は、審判5人による判定で勝敗が決まります。

TOKYO 2020

競技 19

近代五種

【基本ルール】フェンシング、水泳、馬術、レーザーラン（射撃、ラン）を行い、得点と着順を競います。

個人
（男子／女子）

心身の限界に挑む過酷な複合競技

フェンシング、水泳、馬術、射撃、ランというまったく異なるタイプの種目を、1人が1日で行う過酷な競技です。

近代五種はフェンシングの「エペ」種目からスタートします。1分間一本勝負の総当たり戦で、試合数はなんと35連戦！ 続いて、200mを自由形で泳ぎます。水泳の後には、再びフェンシング種目が行われます。今度は勝ち抜き戦です。

フェンシングと水泳で、集中力、瞬発力、持久力を試された選手は、

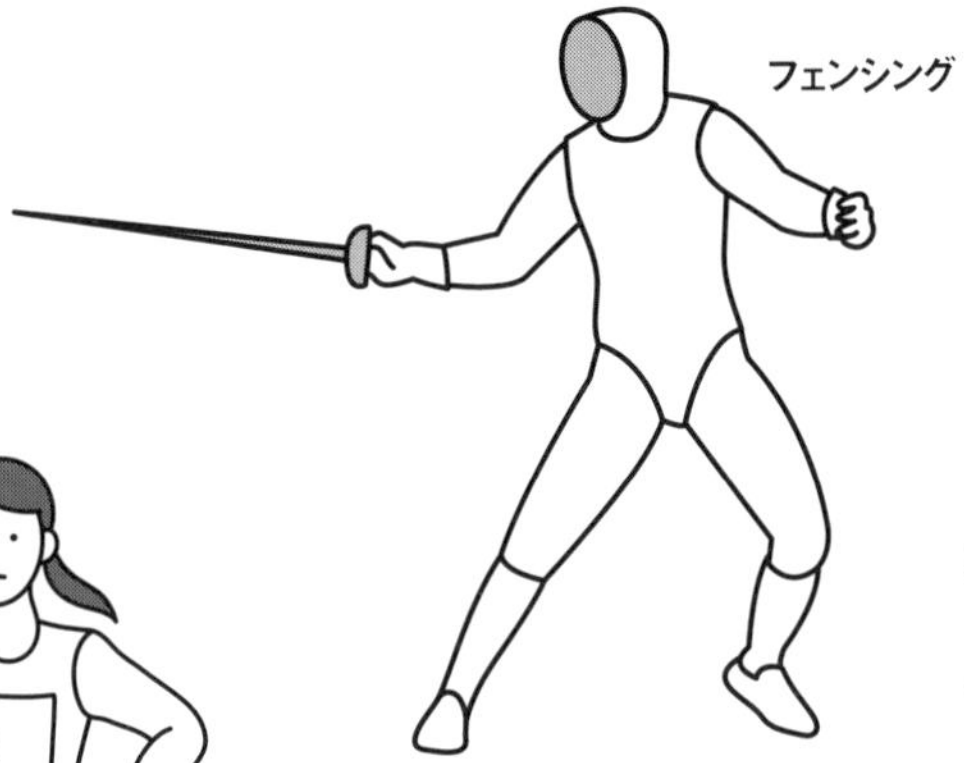

近代五種とは？

フェンシング、水泳、馬術、レーザーラン（射撃、ラン）を1日のうちに行います。各種目のスキルはもちろんのこと、5種目をこなす体力と精神力も求められます。

もっと楽しめるはみ出しネタ

近代五種がオリンピックの正式競技となったのは、ストックホルム1912大会です。かつては1日1種目ずつ行われていましたが、アトランタ1996大会より、1日ですべての種目を行うようになりました。

次に馬術に挑みます。通常の馬術（→44〜45ページ参照）では、愛馬とともに戦いますが、近代五種では馬は抽選で決まります。はじめて対面する馬の性質を見極め、信頼を築くために許された時間はわずか20分。馬との相性が勝負を左右することもあるので、馬術のスキルはもちろん、精神力や運も必要です。

最後の種目のレーザーランは、800mを走った直後に射撃を行うことを4回くり返すという、肉体的にも精神的にも負担が大きい競技です。レーザーランでそれまでの順位が大きく変動することも珍しくなく、近代五種のなかで最も見応えのある種目といえるでしょう。

オリンピックにおける近代五種のメダル獲得常連国は、ハンガリー、スウェーデン、ロシア、ポーランド、イギリスなど、ヨーロッパ勢でほぼ占められています。日本人選手がメダルをとったことは残念ながらまだありません。今大会での活躍に期待したいところです。

各種目の順位の決め方

フェンシング

女子は競技前日、男子は前々日に、エペ種目（→46〜47ページ参照）で1分間一本勝負の総当たり戦を行います（ランキングラウンド）。勝率70%を250点とし、得点が増減します。そして競技当日は、水泳の後に、ランキングラウンドの順位をもとに勝ち抜き戦が行われます（ボーナスラウンド）。1勝するごとに得点が加算されます。

水泳

200mを自由形で泳ぎます。2分30秒で250点を基準とし、0.33秒につき1点（1秒で3点）加点または減点されます。

馬術

コースに設置されている12の障害を、計15回跳び越します。300点からの減点方式で、フェンシング、水泳で獲得した得点に加算されます。

レーザーラン（射撃、ラン）

フェンシング、水泳、馬術の3種目の合計点を1点＝1秒とし、時間差を設けて上位選手からスタートします。射撃とラン（800m）を交互に4回行い、ゴールした順番が最終的な順位となります。射撃はレーザーピストルを使用し、10m先の的に5回命中させるか、命中しない場合は50秒間撃ち続けます。

近代五種誕生の経緯

「近代オリンピックの父」が提唱

近代オリンピックを提唱したピエール・ド・クーベルタン男爵によって創設されました。「近代」とつくのは、クーベルタン男爵が古代アテネオリンピックの五種競技（レスリング、円盤投、やり投、走幅跳、短距離離走）にならって考案したためです。ヨーロッパでの人気は高く、「キング・オブ・スポーツ」と呼ばれています。

近代五種の競技人口

世界の競技人口は300人！

近代五種には、フェンシング、水泳、馬術、射撃、ラン、それぞれの練習が必要です。そのため、ハードルが高く、世界の競技人口（世界大会に出場する競技者の人数）は300人。日本においては、2018年の全日本選手権の出場者数は男子29人、女子17人でした。

ヨーロッパでは比較的盛ん

なじみのなかった日本を含むアジアの国々では、5つの種目を総合的にこなせる体力を身につけるだけでなく、1つ1つの競技に対する技を磨かなければなりません。ヨーロッパでは、フェンシングや馬術、射撃などが、古来、由緒正しいスポーツとして、上流階級の間で嗜《たしな》まれてきました。発展するだけの地盤があったのです。

TOKYO
2020
競技 20

ボート

【基本ルール】
直線2,000mのコースを漕ぎ、ボートの先がゴールに着くまでの時間を競います。

ゴールを目前にしたデッドヒートに大興奮

　ボート競技は、流れのない水上の直線コースで行われます。ボート内にはレールが設置されていて、シート（座席）がその上を前後に動くしくみになっています。選手は足を曲げ伸ばししてシートを前後に動かしながらオールを漕ぎ、ボートを進めるのです。種目は「スウィープ」と「スカル」に大別でき、さらに、人数別、舵手の有無、体重によって男女7種目ずつに分かれます。
　1レースは6艇が基本。スタートラインに並び、ブザーが鳴り、青ラ

シングルスカル
（男子／女子）
舵手なしペア
（男子／女子）
ダブルスカル
（男子／女子）
舵手なしフォア
（男子／女子）
クオドルプルスカル
（男子／女子）
エイト
（男子／女子）
軽量級ダブルスカル
（男子／女子）

スウィープとは？

1本のオールを両手で持って漕ぐ

スウィープでは、1人が1本のオールを両手で持ち、艇の左右どちらかだけを漕ぎます。オールの重さは約2.5kg。ボート競技に使われる「シェル艇」は、速度が出るように細長い形状をしています。このため、バランスが悪く、乗りこなすのには技術が必要です。

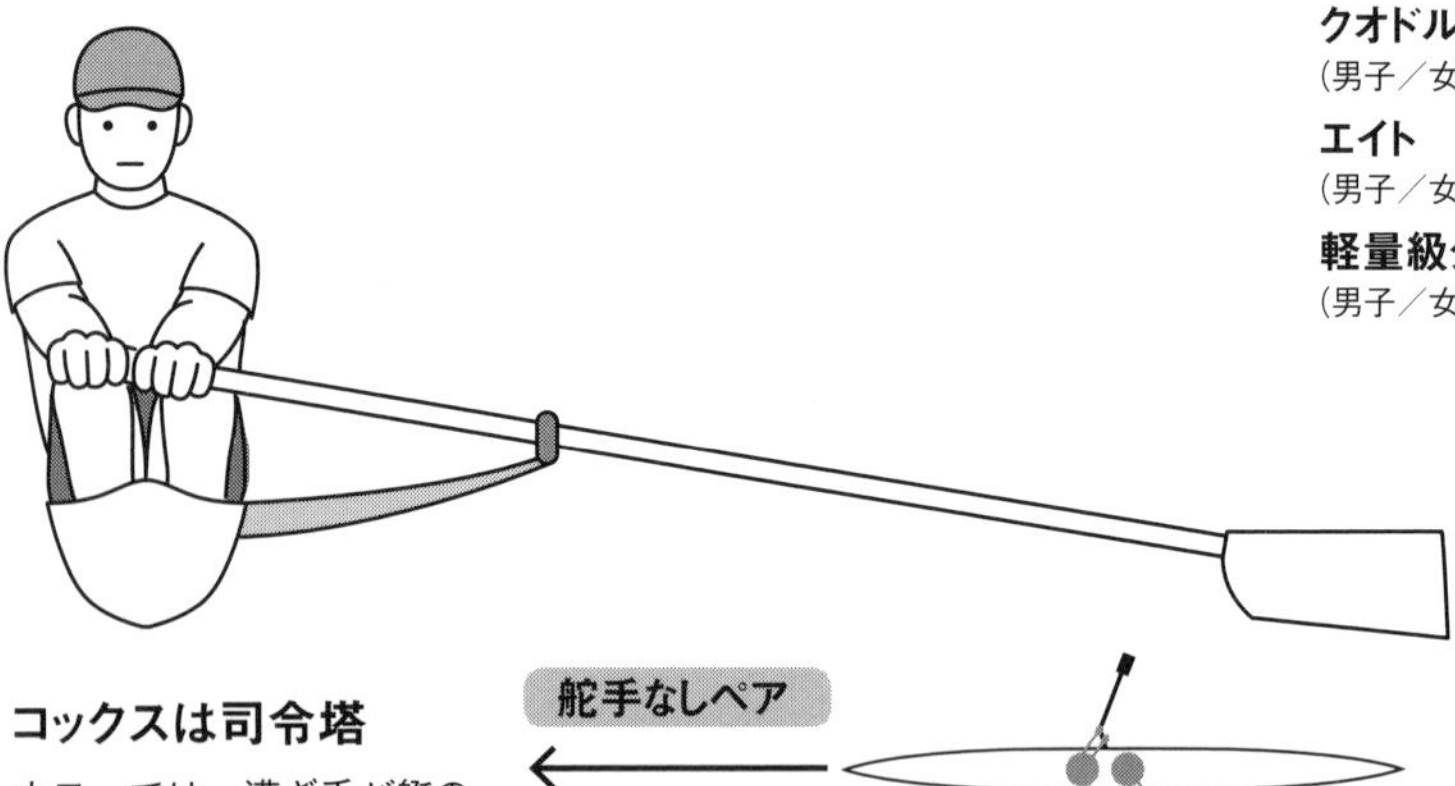

コックスは司令塔

カヌーでは、漕ぎ手が艇の進行方向を向いていますが、ボートでは、漕ぎ手は進行方向に対して後ろを向いています。唯一、進行方向を向いているのがコックスです。コックスはコースやほかの艇の状況を見ながら、進路やペース配分についての指示を出します。

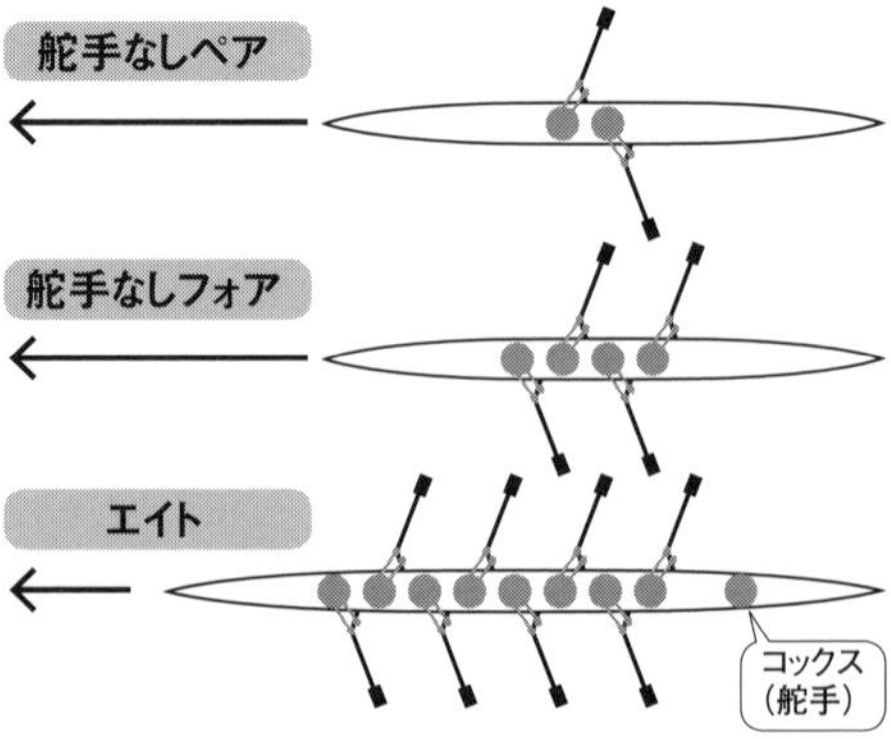

スウィープには舵手なしペア、舵手なしフォア、エイトの3種目があります。オリンピックでは、エイトのみコックスが乗ります。

もっと楽しめるはみ出しネタ

競技としてのボートは、北欧の海賊たちが行った腕試しのレースが起源といわれています。その後、湖沼が多く、ボートレースに適したヨーロッパを中心に普及しました。

ンプが点灯したらスタートします。各艇が力強く漕ぎ出し、ボートがあっという間にスピードに乗るさまは迫力満点です。1,500mを越えたあたりから、各艇はラストスパートをかけます。漕ぎ手は気力、体力をふりしぼって漕ぎますが、オールの出し入れはなめらかで、水音を立てることもなければ水しぶきを上げることもありません。一糸乱れぬオールさばきと0・01秒を争うデッドヒートに目が離せません。

　ボートはヨーロッパ、北米で盛んなため、過去のオリンピックでは、ドイツ、アメリカ、イギリスなどの欧米諸国がメダルを獲得してきました。このほか、オーストラリアやニュージーランドも強国として知られています。残念ながら、日本はオリンピックのボート競技でメダルをとったことはなく、シドニー2000大会、アテネ2004大会での男子軽量級ダブルスカル6位入賞が、オリンピックの最高位となっています。

ボートの主な用語

ボート競技の観戦に役立つ用語をまとめました。

用語	意味
クルー	乗組員の総称
キャッチ	オールで水をつかむ動作
フィニッシュ	漕ぎきってオールを水から抜き出す動作
バウ	進行方向に向かって先頭に位置する漕ぎ手のこと
ストローク	進行方向に向かって最も後ろに位置する漕ぎ手のこと。整調ともいいます
2番手、3番手	バウとストロークの間に位置する漕ぎ手を、バウに近いほうから順に2番手、3番手、4番手……と呼びます
イージーオール	漕ぐのをやめること
ドライブ	漕ぐこと
パドル	全力で漕ぐこと
ローアウト	心身の限界まで漕ぎきること

スカルとは？

2本のオールを左右対称に漕ぐ

スカルでは、漕ぎ手は2本のオールをそれぞれ片手で持ち、左右対称に漕ぎます。オールの重量は1本1.3kgほどです。スウィープと同様に漕ぎ手は進行方向に背を向けますが、スカルではコックスが乗る種目はありません。

シングルスカル

ダブルスカル

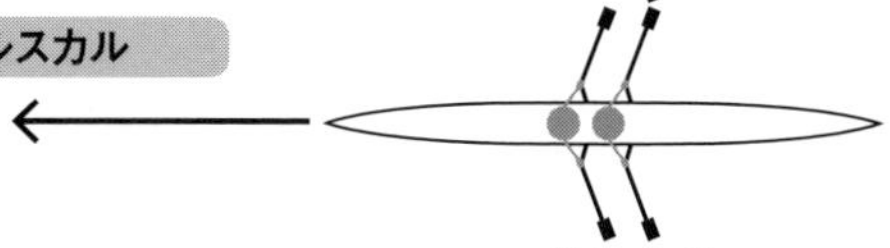

舵手なしクォドルプル

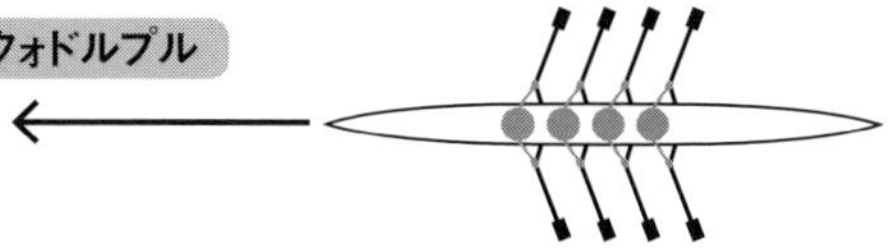

もっと楽しめるはみ出しネタ

近代ボート競技におけるはじめてのレースは、1716年、ロンドンのテムズ川で行われたといわれています。オリンピックに採用されたのは、男子はパリ1900大会、女子はモントリオール1976大会からです。

TOKYO 2020

競技 21

ラグビー

【基本ルール】7人からなる2チームが対戦し、楕円形のボールを用いて得点の多さを競います。

7人制ならではの速い展開に大興奮！

1チーム15人構成、試合時間は前後半各40分というスタイルが一般的ですが、オリンピックでは、7人制の「セブンズ」で行われます。試合時間は前後半各7分、間に2分間のハーフタイムを挟みます（決勝は前後半各10分）。

そのほかの基本的なルールについては、15人制ラグビーと変わりません。ボールを前に投げることはできず、パスできるのは自分の横か後ろのみ。前に投げたり落としたりすると反則です。ボールを自ら前に進

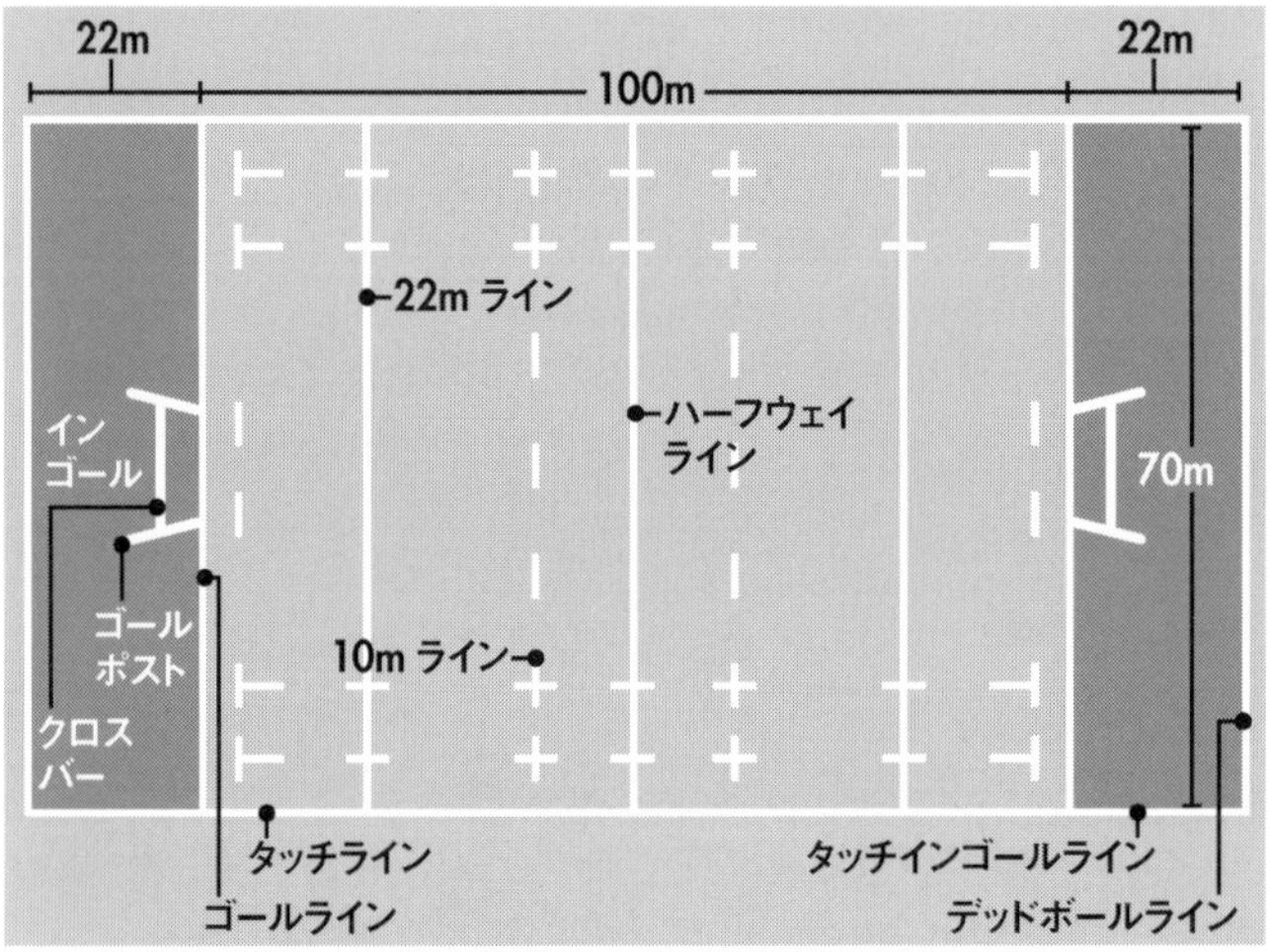

7 人制ラグビー
（男子／女子）

ラグビーのグラウンド

7人制ラグビーのグラウンドは15人制ラグビーと同じ広さで、幅70m以内×全長144m以内となっています。ゴールラインには、幅5.6m、高さ3.4m以上のゴールポストが置かれています。ゴールポストのクロスバーの高さは3mです。

得点の種類

得点には次の5つのパターンがあります。

得点	方法	点数
トライ	相手チームの陣地のインゴールにボールを持ち込み、地面に着けます	5点
コンバージョンゴール	トライを取った後、トライした側のチームがボールを蹴ります。ボールがゴールポストの間を通れば得点となります	2点
ペナルティゴール	一方のチームが反則や悪質なプレーをすると、相手にペナルティキックの権利が与えられます。ボールがゴールポストの間を通れば得点となります	3点
ドロップゴール	ワンバウンドさせてから蹴ったボールが、ゴールポストの間を通れば得点となります	3点
ペナルティトライ	「相手チームの反則がなければ確実にトライができていた」と審判が判断した場合に与えられます	7点

もっと楽しめるはみ出しネタ

オリンピックにおける15人制ラグビーは、パリ1924大会以降、正式競技からははずれていました。その後、リオデジャネイロ2016大会で、男女ともに7人制ラグビーが正式競技となりました。

めるときは、持って走るか、キックするかのどちらかとなります。

タックルやスクラムなどの体のぶつかり合いも見どころの1つです。ただし、7人制は15人制よりもスペースを広く使えるぶん、選手が接触するプレーは少なくなります。代わりに、試合展開がわかりやすく、かつスピーディになり、トライ数も増えることから、初心者でもより気軽に楽しめるようになりました。なお、スクラムとは、軽い反則などの後に行われるラグビーならではのルール。7人制では3対3で組み合い、ボールを足でかき出して次のプレーにつなげます。

ラグビー強豪国として有名なのはニュージーランドです。リオデジャネイロ2016大会では7人制を得意とするフィジーが男子の金メダルを獲得しました。また、日本は男子が4位入賞。東京2020大会では南アフリカ、フランス、イギリス、オーストラリアもメダル候補として熱い視線を集めています。

ポジションとその役割

バックス（BK）

フォワードから出たボールを、ランやパスでトライに結びつけます。スピードとスタミナが重要です。

スクラムハーフ（SH）／背番号 4

攻撃の中心で、7 人制ラグビーのエース。ディフェンス時には最後の砦としての役割も担います。スイーパーとも呼ばれます。

スタンドオフ（SO）／背番号 5

チームの司令塔となり、状況を見て得点のチャンスをつくります。パスよりもランが主体となるのでスタミナが必要です。

センター（CTB）／背番号 6

スピードはもちろんのこと、相手の守備を突破するパワーが求められるポジション。体の大きい選手がなるケースが多いようです。

ウイング（WTB）／背番号 7

チームのスピードスター。ラン主体でトライを決めます。トップスピードで走り続けられる持久力が必要です。

フォワード（FW）

フォワードは 3 人。スクラムを組むため、体の大きい選手が適しています。

プロップ（PR）／背番号 1、3

スクラムを押す役割。パワーのある選手が任されるポジションです。ボールを持って直接トライする機会も多くあります。

フッカー（HO）／背番号 2

スクラムに投げ入れられたボールを、足でかき出すポジション。足でのボールコントロール力が求められます。

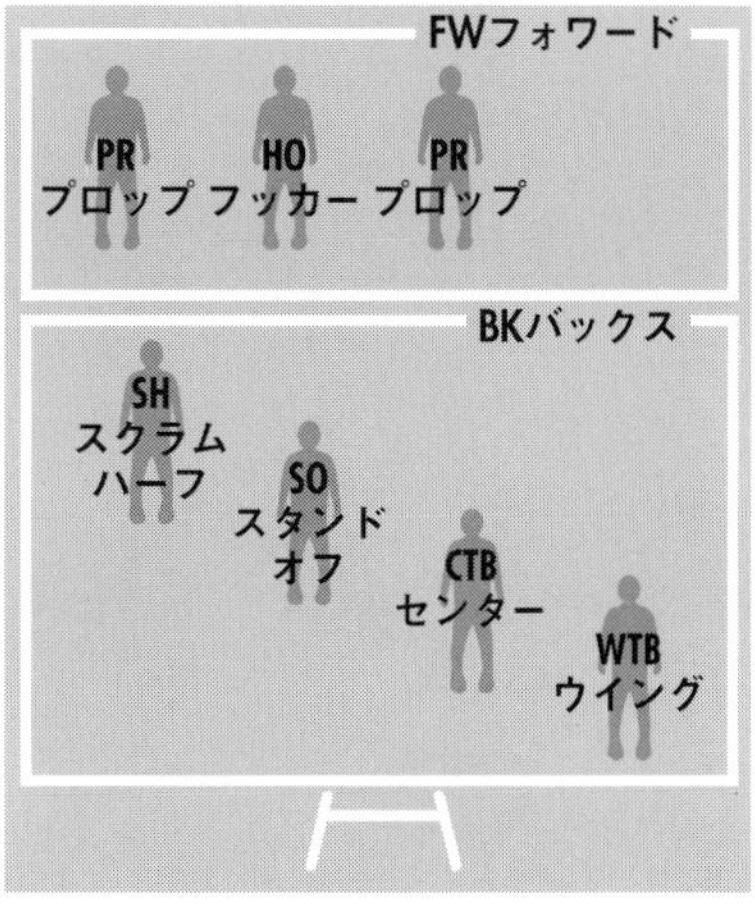

ボールについて

球技で使われる球の多くは円形です。しかし、ラグビーでは楕円球が使われます。落とすと不規則に弾むため、その動きが勝負を左右することもあります。

もっと楽しめるはみ出しネタ

諸説ありますが、19 世紀のイギリスでパブリックスクールの生徒たちが行っていた「フットボール」が、ラグビーの起源といわれています。

TOKYO 2020

競技 22

セーリング

【基本ルール】
すべてのヨットがいっせいにスタートし、コースをまわって着順を競います。

大自然を相手に くり広げられる熱戦

セーリングは、風の力を利用してヨットを走らせ、海面に設置されたブイを決められた順序どおりに回航して着順を競う競技です。種目は使用するヨットの種類によって分けられ、東京2020大会では男子が5種目、女子が4種目、男女混合が1種目となっています。いずれも予選レースを10～12回実施し、上位10艇が「メダルレース」と呼ばれる最終レースに出場。最終順位とメダリストが決まります。

セーリング競技の見どころの1

RS:X 級（男子／女子）
レーザー級（男子）
レーザーラジアル級（女子）
フィン級（男子）
470 級（男子／女子）
49er 級（男子）
49erFX 級（女子）
フォイリングナクラ 17（混合）

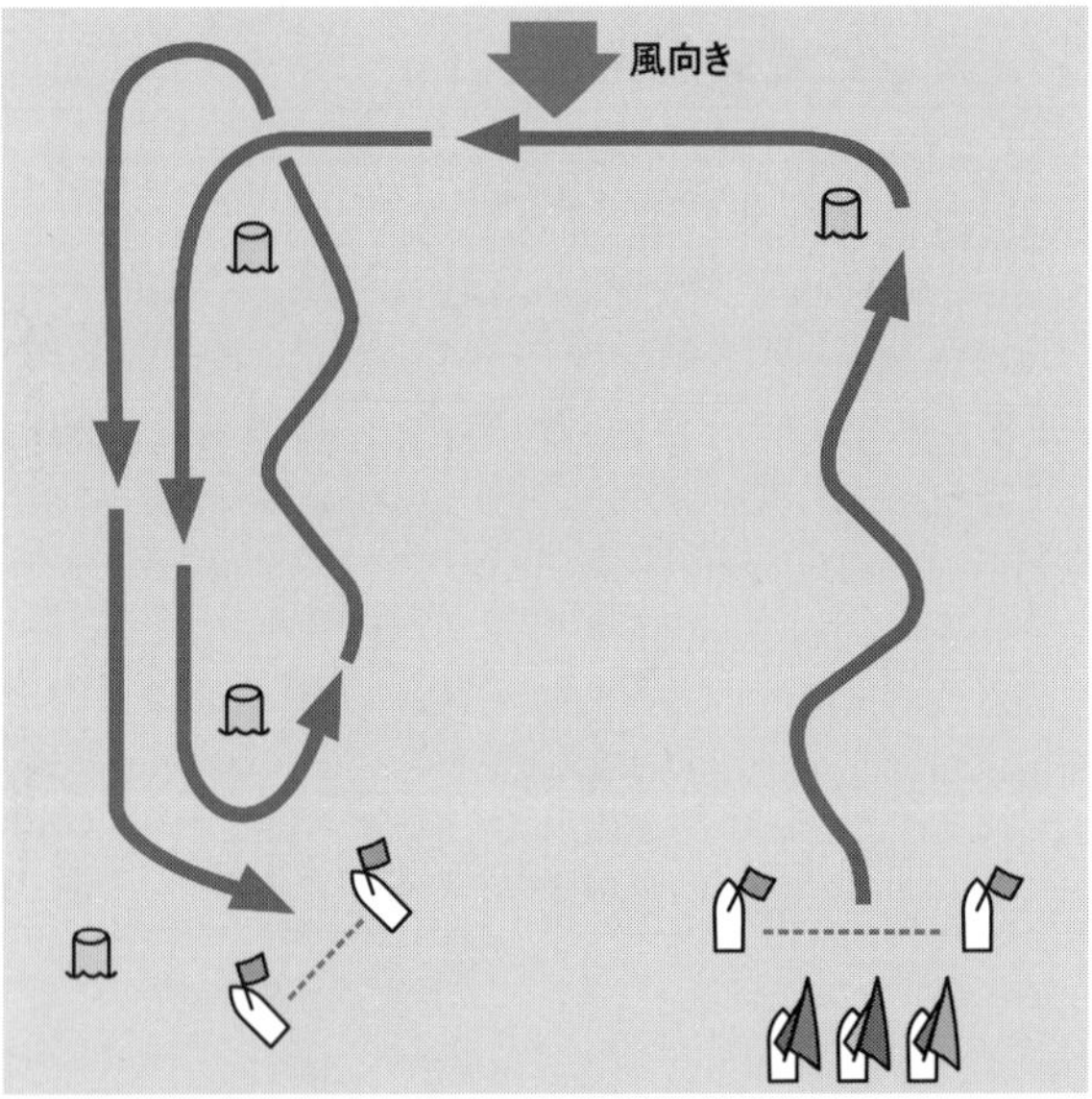

セーリングのコース

レーザー級、レーザーラジアル級、470 級で主に使用されるコースです。オリンピックではこのほか、天候の状況や種目によっていくつかのコースが用意されます。

ヨットと風向き

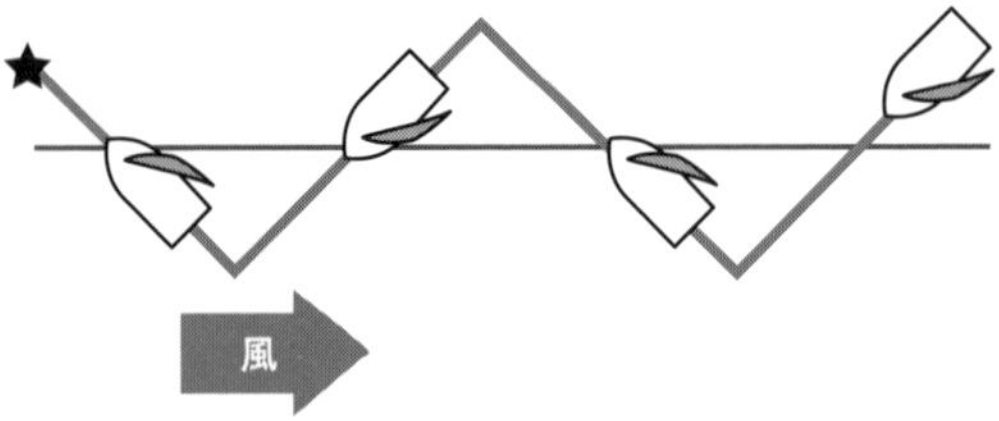

風上に向かうときはジグザグに進む

ヨットは構造上、風上に向かって直進することはできません。ただし、風上に対して約 45 度の角度までは進むことができるため、風上に向かう場合は、まずは右斜め 45 度の方向に進み、次に左斜め 45 度の方向に進む……という具合に、ジグザグの進路をとることになります。

もっと楽しめるはみ出しネタ

ヨットの発祥はオランダといわれています。その後、イギリスに渡って普及しました。ヨットをレジャーとしてはじめて利用したのは、イギリスのチャールズ 2 世だったそうです。

つがスタート時の駆け引きです。ヨットには海面で静止するためのブレーキがありません。そのため、選手はスタート時刻の5分前からスタートライン手前でヨットを動かしながら、風の向きを読んだり、コース取りをしたりします。ベストな位置から最速のスピードでスタートできるかどうかが、その後の展開を大きく左右するためです。また、抜きつ抜かれつしながら各艇がフィニッシュラインを目指す光景や、風の強さ、波の高さ、潮流など、刻一刻と変わる自然を相手に奮闘する選手の姿も見応えがあります。

近年、セーリング競技はイギリスとオーストラリアが2強です。そんななか、女子470級の吉田愛・吉岡美帆ペア、男子470級の磯崎哲也・高柳彬ペア、レーザーラジアル級の土居愛実選手、男子RS：X級の富澤慎選手など、世界ランキングトップ10入りを経験した日本人選手もおり、今大会でもメダルや入賞が期待できそうです。

種目の詳細

レーザーラジアル級

艇体はレーザー級と同じですが、セールの面積を約80%にしたヨットが使われます。1人で操作します。

レーザー級

全長4.23m、幅1.37mのレースヨットを1人で操作します。世界で最も普及している種目です。

RS:X（アールエスエックス）級

全長2.86m、幅0.93m、重さ15.5kgのサーフボードにセール（帆）をつけたウインドサーフィンを1人で操作します。最高時速は50kmにもなります。

49er（フォーティーナイナー）級

全長4.99m、幅2.90mのヨットを2人で操ります。選手は艇の外に体を大きく乗り出して艇のバランスを取ります。

470（ヨンナナマル）級

艇体は全長4.7m。1人（スキッパー）が舵とメインセールを操り、もう1人（クルー）が前側のセールを操ります。

フィン級

全長4.51m、幅1.5mのレースヨットを1人で操作します。セーリング競技のなかでは最古の種目です。

フォイリングナクラ17級

2つの船体を甲板でつないだ船を「双胴艇」または「カタマラン」と呼びます。フォイリングナクラ17級では、全長5.25mの双胴艇を、男女1人ずつの計2人で操ります。スキッパーは舵とセールを操り、クルーはヨットから身を乗り出してバランスを取ります。

49er FX（フォーティーナイナーエフエックス）級

男子の49er級と同じ艇体に、低めのマストと一まわり小さいセールをセットしたヨットを2人で操ります。

順位の決め方

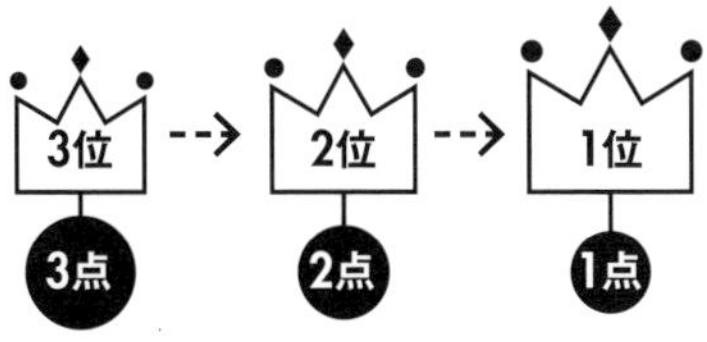

順位が高いほど得点が低くなる

セーリングは、1位＝1点、2位＝2点、3位＝3点というように、順位が高いほど低い得点を獲得する「低得点方式」です。反則すると加点され、第1レースから最終レースまでの合計点が、最も低いチームが優勝となります。

もっと楽しめる はみ出しネタ

セーリングは、アテネ1896大会から正式競技に採用されている伝統ある競技です（当時の競技名はヨット）。ただ、アテネ1896大会では、天候不良のため競技は中止となりました。

TOKYO 2020

競技 23

射撃

【基本ルール】
ライフル、ピストル、散弾銃のいずれかを用いて標的を撃ち、精度の高さを競います。

50m ライフル 3 姿勢個人
（男子／女子）

10m エアライフル
（男子／女子／混合）

25m ラピッドファイア ピストル個人
（男子）

25m ピストル個人
（女子）

10m エアピストル
（男子／女子）

トラップ
（男子／女子）

スキート
（男子／女子）

エアピストル
（混合）

命中したときの快感と興奮がくせになる

射撃は、ライフルやピストルを用いて標的を撃ち、精度の高さを競う競技です。使用する銃や標的の種類などによってさまざまな種目がありますが、「ライフル射撃」と「クレー射撃」に大別できます。

ライフル射撃では、固定された標的を撃ちます。極めて高い集中力が必要とされるため、会場では、選手の集中を乱すような歓声やカメラのフラッシュは厳禁。会場の緊張感と、銃弾が標的に見事命中したときの爽快感はライフル射撃ならで

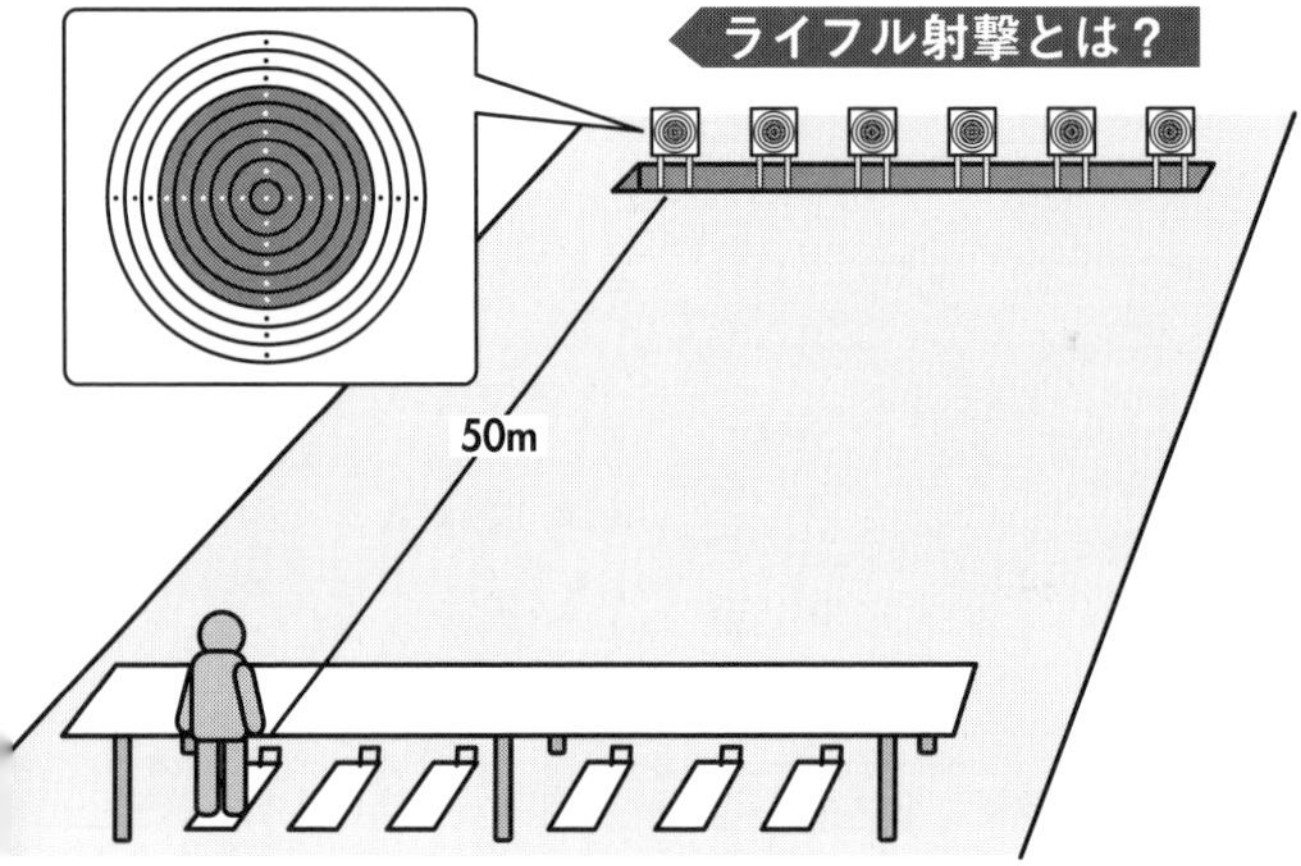

50m 先の固定された標的の中心をライフルまたはピストルで狙います。ライフルの 50m の標的は直径 15.44cm、中心の高さは地上から 75cm です。標的の中央が最も得点が高く、外側に行くほど低くなります。

ライフルとピストルについて

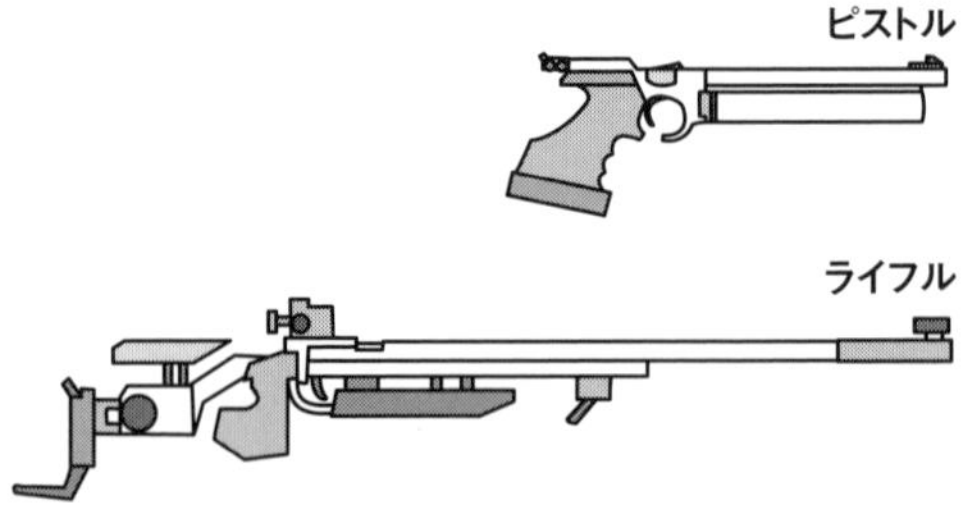

種目によって銃器が異なる

50m ライフル 3 姿勢個人ではライフルを、10mエアライフルではエアライフルを用います。ライフルは重さが 8.0kg 以下、エアライフルは 5.5kg 以下です。一方、25m ラピッドファイアピストル個人、25m ピストル個人ではピストルを、10m エアピストルではエアピストルを使用します。

もっと楽しめるはみ出しネタ

射撃競技は、銃器の発達にともない、ヨーロッパを中心に 15 ～ 16 世紀にはじまったといわれています。オリンピックの競技としては、第 1 回アテネ 1896 大会から実施されています。

はです。なお、体力よりもメンタルの強さが重要といわれるライフル射撃ですが、3時間近くかけて実施される過酷な種目もあります。50mライフル3姿勢個人です。制限時間は、男子は伏射、立射、膝射通しで2時間45分、女子は3姿勢通しで1時間45分。通称「ライフルのマラソン」と呼ばれ、競技終了後には体重が2kgも減るといわれるほど過酷です。

クレー射撃では、散弾銃で空中を飛ぶクレーを撃ちます。移動しながらランダムな方向に飛び出すクレーを撃つ「トラップ」と、移動しながら左右に飛び交うクレーを撃つ「スキート」があります。移動をしながら秒速30m近いスピードで飛ぶクレーを、秒速300m以上の散弾で撃つ技術は、まさに神業です。

オリンピックでは、射撃は陸上競技に次いで参加国数の多い競技となっています。そのため、どの国の選手がメダルをとってもおかしくない状況です。日本も過去、メダルを獲得しています。

クレー射撃とは？

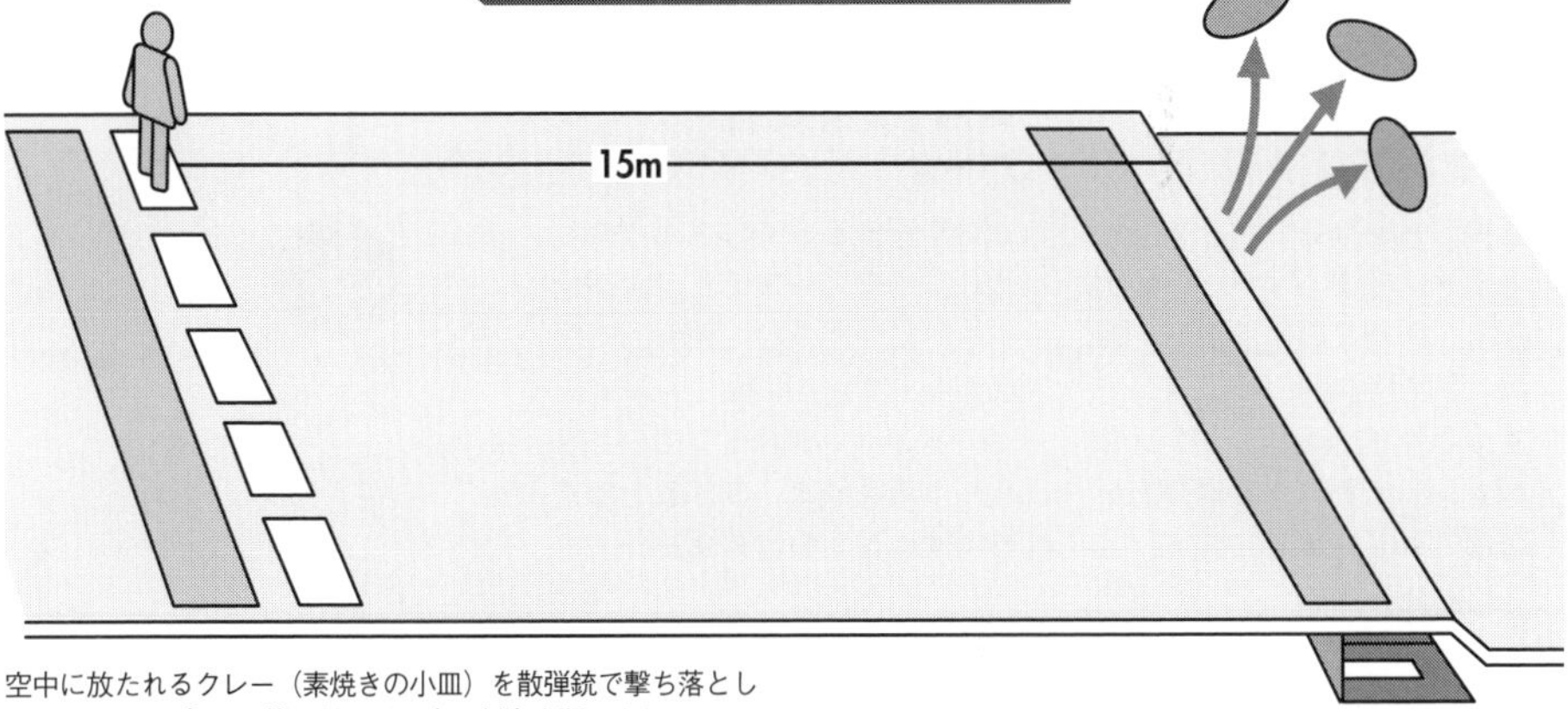

空中に放たれるクレー（素焼きの小皿）を散弾銃で撃ち落とします。トラップでは、横に並んだ5台の射台を順にまわり、1か所につき5枚、合計25枚のクレーを撃ち落とします。スキートでは、射台は半円状に7台、中心に1台配置されています。選手は8台の射台を順にまわって合計25枚のクレーを撃ち落とします。

射撃の3姿勢

3つの異なる姿勢で狙う

射撃の姿勢には次の3つがあります。

●伏射…うつ伏せの姿勢で撃つ

●立射…立った姿勢で撃つ

●膝射…片ひざを立て、もう一方のひざを地面に着いた姿勢で撃つ

50mライフル3姿勢個人男子では、2時間45分かけて上記3つの姿勢をとりながら、計120発を撃ちます。

散弾銃について

一回に2発の銃弾を打てる

散弾銃の銃口の大きさは18.5mm以下と決められています。散弾銃は一回に2発撃つことが可能です。

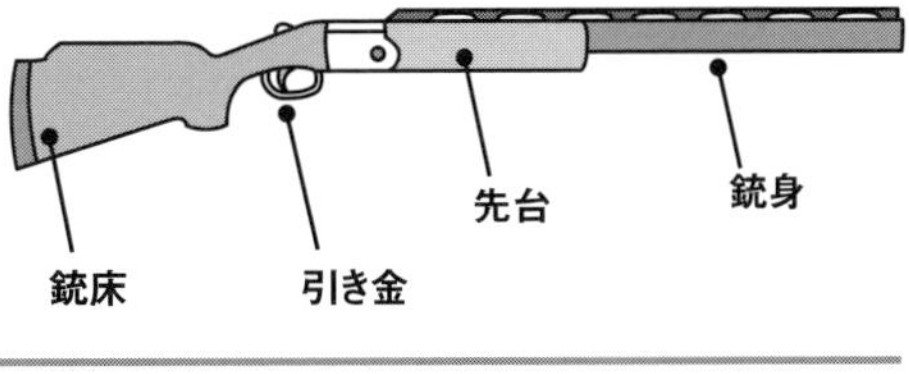

もっと楽しめるはみ出しネタ

利き目と利き手の左右が違っていると、正確な射撃ができないといわれています。そのため、利き目と利き手の左右が異なる選手は、利き目に目隠しをすることがあります。

TOKYO 2020

競技 24

スケートボード

【基本ルール】
前後に車輪がついた板に乗って、回転などの技の難度やジャンプの高さを競います。

パーク
（男子／女子）

ストリート
（男子／女子）

オリンピック初！「スケボー」の見どころ

若者に人気のスケートボード、通称「スケボー」は、東京のイメージに合うスポーツとして、東京2020大会ではじめてオリンピック競技に採用されました。

くぼ地状のコースで実施される「パーク」では、選手は1回あたり45秒間の演技を3回行います。見どころは、急な傾斜を使ったエアトリックの数々。ほぼ垂直の角度の高所から勢いよく滑り出し、空中で回転する姿は圧巻です。

「ストリート」のコースは平地が

パークとストリート、２つの種目

直線的でスピードが出やすいストリート

街中（ストリート）を想定したコースです。「パーク」に比べると平坦なのが特徴で、階段、手すり、縁石、ベンチ、壁、坂などをイメージした「セクション」と呼ばれる構造物が配置されています。

多彩で変化に富むパーク

お椀や深皿をいくつも組み合わせたようなコースです。「ストリート」に比べると、圧倒的に斜面が多くなっています。スノーボードのハーフパイプのコンクリート版をイメージするとわかりやすいかもしれません。

スケートボードの主な用語

その他の用語

種類	意味
ウィール	タイヤのこと
フェイキー	後ろ向きに進むこと
レギュラースタンス	進行方向に対して左足を前にして板に乗ること
グーフィースタンス	レギュラースタンスとは逆に右足が前に来ます
オブスタクル	スケートパークに設置される構造物のうち障害物のこと
オールドスクール	伝統的なスタイル。スケートボードでは特に1980年代までを指すことが多いようです

セクションの種類

種類	意味
バンク	小さな斜面のこと。緩急はさまざまで、角度のあるものも
ハンドレール	階段の手すり部分のこと。傾斜がついていて、狭い（細い）ため、バランス感覚が必要
カーブ	縁石や、道路脇の段差など。トラックを当てた状態で滑るグラインド系やボードを乗せて滑らせるスライド系のトリックに利用されます
レール	四角い形状の棒。スライド系のトリックに利用されます
ステア	階段のこと。それを跳び越える動作そのものを指すことも
ランページ	お椀状のセクション。底の部分は平坦ですが、滑走面が湾曲しています

もっと楽しめるはみ出しネタ

スケートボードは1940年代のアメリカ・カリフォルニアではじまったといわれています。日本には1970年代に広まり、1990年代以降、ストリートカルチャーの１つとして人気を博しています。

基本。選手はコースに設置されているさまざまなセクション（構造物）を利用し、板の部分を当てて滑る「スライド」や、手を使わずにボードとともにジャンプをする「オーリー」など、多彩なトリックを披露します。ボードと足が一体となったような繊細かつ豪快なトリックが決まると会場は大盛り上がり！　拍手と歓声が沸き起こります。

　なお、パーク、ストリートともに、トリックの難度、完成度、スピード、オリジナリティ、全体の構成などが数値化され、得点となります。

　スケートボードの選手は10代後半から20代が中心。スケートボード発祥の地であるアメリカが強豪国として知られていますが、日本には男子ストリートの堀米雄斗選手、女子ストリートの西村碧莉選手、男子パークの平野歩夢選手、女子パークの四十住さくら選手など注目の選手がいます。オリンピック初となるスケートボードで誰がメダルを獲得するのか、要注目です。

トリックの主な種類

スピン系

ボードと一緒に体も回転させる技です。進行方向に180度まわる「フロントサイド180」、進行方向と逆にまわる「バックサイド360」など、難度の高い技がたくさんあります。

180（ワンエイティ）

半回転させることを180（ワンエイティ）、1回転させることを360（スリーシックスティ、またはサブロク）と呼びます。オーリーしながら進行方向に対して体とデッキの向きを半回転させる「フロント（バック）サイド180」が基本ですが、フリップやショービットなどとの合わせ技もあります。

グラインド技

カーブやレールに、ボードの下の金属部分であるトラックを当てた状態で、それらのセクションの上を滑るテクニックをいいます。前後両方当てる「フロント・バックサイド50-50グラインド」と「フロントサイド5-0グラインド」「バックサイド5-0グラインド」があります。

インポッシブル系

「インポシ」と略すことも。後ろ足にボードをからませながら1回転させるトリックで、玄人向けの渋い技。バックフット・インポッシブルと、前足をからませるフロントフット・インポッシブルの2種類があります。360と似ていますが、動作中、どちらかの足はボードから離れないのが特徴です。

オーリー系

「オーリー」は、ボードに乗ったまま後ろ足でボードの後端（テール）を蹴り、反動で浮いた前端（ノーズ）を前足で押さえながらジャンプする、基本的なステップの1つです。前足でボードの先端を蹴る「ノーリー」、オーリーとは逆方向に進みながらオーリーをする「フェイキーオーリー」などがあります。

フリップ系

ボードを縦に回転させるテクニック。回転の方向や回数によって「キックフリップ」「ヒールフリップ」「360ヒールフリップ」などがあります。

ショービット系

ボードを蹴って軽く跳び上がり、着地するまでの間にボードを180度回転させるトリックのこと。オーリー同様に基本的なトリックの1つで、体も一緒に回転させる「ビッグスピン」などの応用技もいろいろとあります。

スライド系

カーブやレールなどのセクションにボードを乗せて滑らせる技です。カーブやレールに乗り降りする際、滑り降りる向きなどによって、さまざまなトリックがあります。

※スケートボード競技においては、技、つまりテクニックのことを「トリック」と呼びます。その数は限りなくあるといわれ、新しく編み出されてもいます。

もっと楽しめる はみ出しネタ

スノーボード・ハーフパイプの選手のなかには、スケートボードも得意とする選手がいます。金メダリストのショーン・ホワイト選手（アメリカ）、銀メダリストの平野歩夢選手（日本）はその好例です。

TOKYO 2020

競技 25

スポーツクライミング

【基本ルール】
各選手がボルダリング、リード、スピードの3種目をすべて行い、総合成績を競います。

驚異的な身体能力で壁をよじ登る！

東京2020大会ではじめて正式競技として採用されました。1人の選手が「ボルダリング」「リード」「スピード」の3種目をすべて行います。ボルダリングは、設定されたコースを制限時間内にどれだけ登れるかを競います。第1関節もかからないような薄いホールドに指を1本だけかけて体を持ち上げたり、手を伸ばしても届かないホールドにジャンプして移ったりと、一流選手の身体能力に驚くことうけあいです。リードは15ｍ以上の壁に

ボルダリング・リード・スピード複合
（男子／女子）

スポーツクライミングの種類

スポーツクライミングとは、人工のホールド（突起物）があるウォール（壁）を、足場を確保しながら登っていく競技のこと。3種目あり、オリンピックでは「コンバインド」を採用しています。鍛えぬかれた筋肉とバランス感覚を駆使して力強くクライミングするさまは、まさに圧巻です。

スポーツクライミングの道具

チョーク

スポーツクライミングの選手に欠かせないアイテムの１つがチョークです。チョークの主原料は炭酸マグネシウムで、手につけることで手の汗や湿気を抑え、滑りにくくする効果があり、しっかりとホールドがつかめるようになります。粉、固形、液体の３つのタイプがあります。

クライミングシューズ

クライミング用のシューズには、ソールが平らなフラット型、つま先がかぎ形になっているダウントウ型、つま先部分がかすかに浮いている船底型などがあります。足の裏全体でホールドをつかめるよう、実際のサイズよりもやや小さめを選ぶほうがよいとされています。

もっと楽しめる はみ出しネタ
1940年代後半から1980年ごろ、当時のソ連では、自然の岩場を登るスピードを競う競技会が開催されていました。これがスポーツクライミングのはじまりといわれています。

設定されたコースを登り、到達点の高さを競います。上に行くほど傾斜がきつくなるため、頂上付近では、選手がホールドにつま先でぶら下がることも！　また、リードは一度落下したらそこで終了となるため、1つのミスが命とりとなります。アクロバティックな動きと緊張感がリードの醍醐味です。

なお、ボルダリングとリードにおいては、選手はほかの選手のクライミングを見ることができません。ほかの選手の登りを事前に見ればルートをシミュレーションでき、有利になるからです。これをオンサイト方式といいます。

スピードでは、ビルの5階相当の高さの壁をどれだけ速く登れるかを対戦方式で競います。

日本は世界でも有数のスポーツクライミング強豪国です。男子は樽崎智亜選手、藤井快選手、女子は野口啓代選手、伊藤ふたば選手、野中生萌選手など、表彰台を期待できる選手を多く擁しています。

ボルダリングとは？

いわゆるフリークライミングのこと

ロープをつけずに行うフリークライミングをボルダリングといいます。指示されたホールドからスタートして、指定されたゴールのホールドを両手で保持することを目指します。4m程度の高さの壁に複数のコースが設定されており、制限時間内に登りきれたコースの数を競います。制限時間内であれば何度でもトライできますが、トライ数も成績に加味されます。なお、リードと違ってボルダリングでは選手は安全器具等を装着しません。代わりに、地面には衝撃吸収のためのマットが敷かれています。

スピードとは？

対戦相手がすぐ横にいる

高さ15m、95度に前傾した2つの壁が並んで設置されています。これを、安全確保のためのハーネスをつけた2人の選手が同時スタートで登り、完登のタイムが速いほうが勝ち上がります。対戦相手がいる点が、ボルダリング、リードとの一番の違いです。圧倒的なスピードも見どころ。男子の世界記録は5秒台、女子は7秒台で、スタートしてからあっという間に勝負が決まります。フライングは一発で失格です。残念ながら、日本には現状、本格的に練習できる施設がありません。

リードとは？

高い壁にハーネスをつけて登る

壁の高さは15m以上。選手はハーネス（安全ベルト）にロープを取りつけて安全を確保しながら、制限時間内にコースのどの地点まで登れたかを競います。墜落したり、時間切れになったりした場合は、その時点での高さが記録となります。なお、コースを最後まで登りきることを「完登」といい、完登できるのはごく一部のトップ選手のみであるような難しいコースが設定されます。ただ1人だけ完登できるようなコースが、決勝では理想です。コースを決める専門家をルートセッターといいます。

コンバインドとは？

総合力が問われる採点方式

「ボルダリング」「リード」「スピード」の順で3種目を行い、それぞれを総合的に判定する方法。具体的には、種目別の順位をかけ算して、数字が小さいほうから順番に順位がつきます。したがって、どれかの種目が足を引っ張ったりすることなく、かつ、勝負をかけられる得意種目のある選手が有利です。プレ大会に3種目を短期間で競う「コンバインド・ジャパンカップ」があり、東京2020大会で採用される競技形式に則って行われました。

もっと楽しめるはみ出しネタ

ボルダリング、リード、スピードはそれぞれ必要な能力や資質が違い、選手には種目によって得手不得手があります。3種目の総合成績で順位が決まるオリンピックでは、優勝者の予測は難しいといえます。

TOKYO 2020

競技 26

サーフィン

【基本ルール】
制限時間内に波に乗り、技を披露します。審査員の採点により順位が決まります。

トップ選手と自然が生む一瞬の芸術

　サーフィンは、サーフボードを使って波に乗り、技の難度や美しさ、スピードなどを競う競技です。オリンピックでは、4人が同時に海に入り、2人が勝ち抜ける「4メンヒート」方式で行われます。1ヒート（試合）は20〜25分（波の状態によって異なります）で、1人10本前後の波に乗ります。これを審査員が採点し、点数が高かった2本の合計点が成績となります。
　サーフィンはほかの競技と違って1つ1つの技に明確な採点基準

ショートボード
（男子／女子）

サーフィンの主な技

サーフィンの板にはロングボードとショートボードがあり、東京2020大会で使用されるのはショートボード。長さ183cm前後のものが多く、274cmを超えてはいけません。スピードに乗ったり、方向転換したりといった、テクニックを活かすのに向いています。

ボトムターン
ライディングの基本テクニック。波の一番低い位置でターンします。波の高い位置でのターンは「トップターン」、波の壁の部分でのターンは「フェイスターン」といいます。

オフザリップ
波のトップが崩れそうなポイントでボードを当て込み、その反動で一気にターンします。

カットバック
ボードの進行方向を180度変えること。カットバックでの方向転換をくり返すことで、1つの波に長く乗ることができます。

エアリアル
波の壁を一気に滑り上がって空中に飛びます。「エアー」とも呼ばれます。飛ぶだけの「ストレート」のほか、回転を加える「リバース」や「アーリーウープ」などがあります。

チューブライティング
波が巻くことで起こるチューブ（空洞）の中を疾走します。最も難度が高いといわれる技です。波が巻くかどうかは気候や地形の影響も大きいので、運も必要です。

もっと楽しめるはみ出しネタ
サーフィン競技は、波の状況により中断または延期されることがあります。そんな時間も観客を飽きさせないため、東京2020大会では、「サーフィンフェスティバル」の開催が予定されています。

がありません。波は刻一刻と変わり、2つとして同じものがないからです。技、スピード、パワー、流れなど、すべてにおいてよいライディングを披露することが高得点へとつながります。トップ選手が波に合わせて見せるパフォーマンスは、人と自然が一体となってつくり上げる一瞬の芸術なのです。

　また、1つの波に乗れるのは1人だけ。競技の終了時間間際には、波に乗ると見せかけてパスしたり、ほかの選手をブロックして波に乗ったりと、さまざまな駆け引きがくり広げられます。この心理戦もサーフィンの見どころの1つです。

　サーフィンの強国はアメリカ、オーストラリア、ブラジル、南アフリカ、フランスなど。日本にも、世界大会で入賞経験がある選手がいます。さらに日本人選手には、地元の海で行われるという地の利があります。地の利を活かすことができれば、東京2020大会で入賞する可能性は十分あるといえるでしょう。

サーフィンの主な用語

サーフィンの観戦に役立つ用語を下記にまとめました。

用語	意味
パドリング	サーフボードにうつ伏せに乗り、手で漕いで前に進むこと
テイクオフ	パドリングの状態から波に乗ってボードの上に立つこと
ライディング	波に乗ること。競技では、ライディングテクニックという意味で使われます。波との一体感が見どころ
フェイス	波の壁、斜面の部分
リップ	崩れる直前の波の頂上
インターフェア	優先権を持つサーファーのライディングを邪魔する行為
オフショア	岸から海に向かって吹く風
オンショア	海から岸に向かって吹く風
スプレー	ボードがターンした際に上がる水しぶき。大きなスプレーは高評価。ある程度のスピードが必要になります
グーフィー	徐々に崩れていく、岸から見て左から右へ変化する波のことを指します。逆に、右から左へ変化する波はレギュラー。選手によって、得手不得手が分かれます

覚えておきたいポイント

波選びが勝負のカギ

サーフィンでは、波選びもとても重要です。大きくてよい波に乗ったほうが、高得点の演技をできる可能性が高くなるからです。優勝するには、波に乗って演技をするテクニックはもちろんのこと、制限時間内でよい波を見極める判断力、そして、よい波をつかめる運といった総合的なスキルが必須となります。

1つの波に乗れるのは1人だけ

波の頂上で、最初に崩れる場所を「ピーク」といい、ピークに最も近い選手に波に乗る権利である「優先権」があります。つまり、4人の選手のうち、1つの波に乗れるのは1人だけ、ということ。優先権をとれる場所を確保できるかどうかが、勝敗を大きく左右するのです。なお、優先権を持った選手を邪魔すると減点の対象となりますので、あくまで正面からの勝負が望まれます。

サーフボードの種類

長さ約183cmでボードの先端がとがっている「ショートボード」、長さ274cm以上でボードの先端が丸みを帯びている「ロングボード」、ショートとロングの中間の「ファンボード」の3種類があります。オリンピックで使われるのは、スピードを出しやすく、アクロバティックでトリッキーな技に向いているショートボードです。一方、ロングボードは、どんな波でも乗りやすい反面、扱い難いという欠点があります。

もっと楽しめるはみ出しネタ

サーフィンは西暦400年ごろ、ハワイやタヒチに住んでいた古代ポリネシア人がはじめたといわれています。東京2020大会で、はじめてオリンピックの正式競技に採用されました。

卓球

【基本ルール】2人または4人の選手が台を挟み、ラケットでボールを打って得点を競います。

シングルス
（男子／女子）
団体
（男子／女子）
ダブルス
（混合）

超高速ラリーを制するのは誰だ!?

卓球は、直径40㎜、重さ2・7gの小さくて軽いボールをラケットで打ち合う競技です。東京2020大会では、シングルス、団体、混合ダブルスの3種目が行われます。混合ダブルスは、オリンピックでは今回がはじめての開催となります。

卓球の見どころはなんといっても高速でボールが飛び交うラリーです。トップ選手が打つボールは時速100㎞以上!　そのスピードには圧倒されてしまいます。また、ボールにはさまざまな回転がかけ

卓球で使われるボールについて

国際大会で使われるボールには厳しい規定がある

卓球で使われるボールはプラスチック製で、直径40mm、重さ2.7gです。ボールの硬さ、はずみ具合、転がり方、打球感に少しでも違いがあれば、それは勝負に大きく影響します。「公式ボールの製造国の選手が有利」といわれることもあるほどです。そのため、ボールには厳しい規定があり、乾燥・成形・研磨など、いくつもの工程を経てミリ単位の調整が行われます。

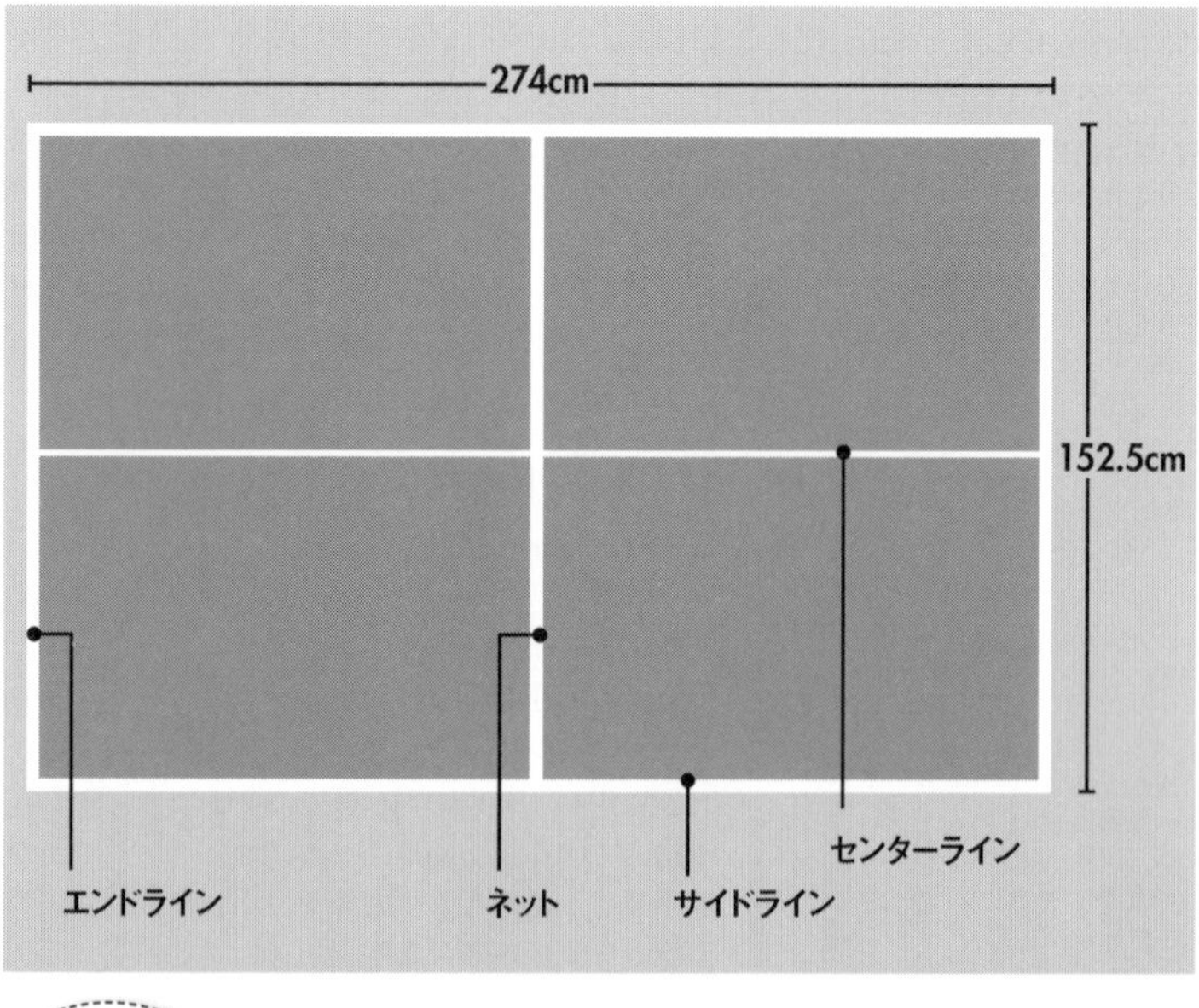

卓球場

卓球台は、長さ274cm、幅152.5cm、高さ76cmです。中央には高さ15.25cmのネットが張られています。台の周辺には14m×7mの競技領域が設けられ、その周辺はフェンスで囲まれています。なお、フェンスの外に出た球を、フェンスを乗り越えて競技領域の外で打ち返しても、反則ではありません。

もっと楽しめるはみ出しネタ

スポーツに汗はつきものですが、卓球では、試合中に勝手にタオルで拭うことはできません。スピーディな試合進行のため、両者の得点の合計が6の倍数のときだけタオルで汗を拭うことができます。

られています。選手はボールのマークを見て回転の有無・種類を見極め、どう打ち返すのかを瞬時に判断しているのです。

なお、ラリーが長く続くイメージが強い卓球ですが、実際には、半分以上のラリーが4球目までで終わります。これはつまり、サービスを打ち、それを相手がレシーブして、もう一度打つ3球目が得点のチャンスということ。選手が3球目にどんなボールを打つのかに着目すると、試合をより楽しめます。

卓球で圧倒的な強さを誇るのが中国です。リオデジャネイロ2016大会までの国別メダル数では、100のメダルのうち中国が53個を獲得しています。しかし、日本も、2020年1月現在、張本智和選手が世界ランキング5位、丹羽孝希選手が15位、女子では伊藤美誠選手が3位、石川佳純選手が9位、平野美宇選手が11位と好成績。東京2020大会でのさらなる飛躍が期待されます。

覚えておきたいポイント

1ゲーム11点

1ゲームは11点を取ったほうが取得します。個人戦は7ゲーム制で4ゲーム先取したほうが、団体戦は5ゲーム制で3ゲーム先取したほうが勝利となります。なお、スコアが10対10になった場合（ジュース）は、先に2点差をつけたほうが勝ちです。

サービスとレシーブ

試合前のコイントスに勝った選手は、最初にサービス（ラリーの1球目を打つこと）をするのか、それともレシーブ（返球）をするのかを選べます。サービスは、自分のコートに1回、相手のコートに1回バウンドさせたら成功です。2球目以降は、相手の打球が自分のコートに1回バウンドした後、相手コートにバウンドさせるように打ち返せば成功です。サービス、レシーブでミスをすると、相手に1点入ります。サービスは2点入るごとに交代しますが、10対10になった場合（ジュース）は1点ごとに交代となります。

コートは1ゲームごとに交代

コイントスで負けた選手は、最初にプレーするコート（エンド）を選べます。その後は、1ゲームごとにエンドを交代（チェンジエンド）。最終ゲームでは、どちらかが5点に達した時点でチェンジエンドします。

ラケットと握り方

シェークハンドとペンホルダー

ラケットの握る部分をグリップ、ボールを打つ面をブレードといいます。ラケットには、シェークハンド、ペンホルダーなどの種類があります。シェークハンドラケットの特徴は、グリップが平らになっていること。握手（シェークハンド）をするようにグリップを持つことから、シェークハンドラケットという名前がつきました。ペンホルダーラケットは、グリップに厚みがあり、ペンを持つように握ります。以前はペンホルダーラケットを使用する選手が多くいましたが、現在はシェークハンドラケットが主流となっています。

ラケットの規定

シェークハンドとペンホルダーのどちらのラケットでもかまいません。ラケットの大きさや形にも決まりはありませんが、素材は最低85%は、天然木を使用しなければならないという規定があります。ただし、大きさには決まりがないとはいえ、あまり大きいと、そのぶん重くなってしまいますので、幅が15cmくらいのものが適当です。ボールを打つ面にはラバーが貼られており、これも素材によってボールの回転やスピード、強さなどに変化が出ますが、規定はありません。選手は好みで選ぶことができます。

ボールを打てるのはラバーを貼っている面だけ

ラケットはブレードの片面または両面にラバーを貼って使用します。ラバーを貼っていない面ではボールを打つことはできません。

もっと楽しめるはみ出しネタ

1890年代のイギリスでは、食後にテニスをする代わりに、葉巻入れのふたでシャンパンのコルクを丸めたものを打つ遊びがはやっていました。これが卓球のはじまりだといわれています。

勝敗を左右するサービスのここに注目！

サービスの回転と軌道

選手は、サービスの際にボールの打ち方を変えてさまざまな回転をかけます。回転をかけることでボールの軌道が大きく変化し、相手がレシーブしにくくなるからです。回転には、主に３種類があります。

上回転サービス	ボールの進行方向に対して上向きに回転をかけるため、相手のラケットに当たると上に大きく弾みます。
下回転サービス	ボールの進行方向に対して下向きに回転をかけます。相手のラケットに当たると下に向かって落ちます。
横回転サービス	ボールの進行方向に対して横向きに回転をかけます。打ち方によってカーブの方向や曲がり具合を変えることができます。上回転や下回転と組み合わせることもあります。

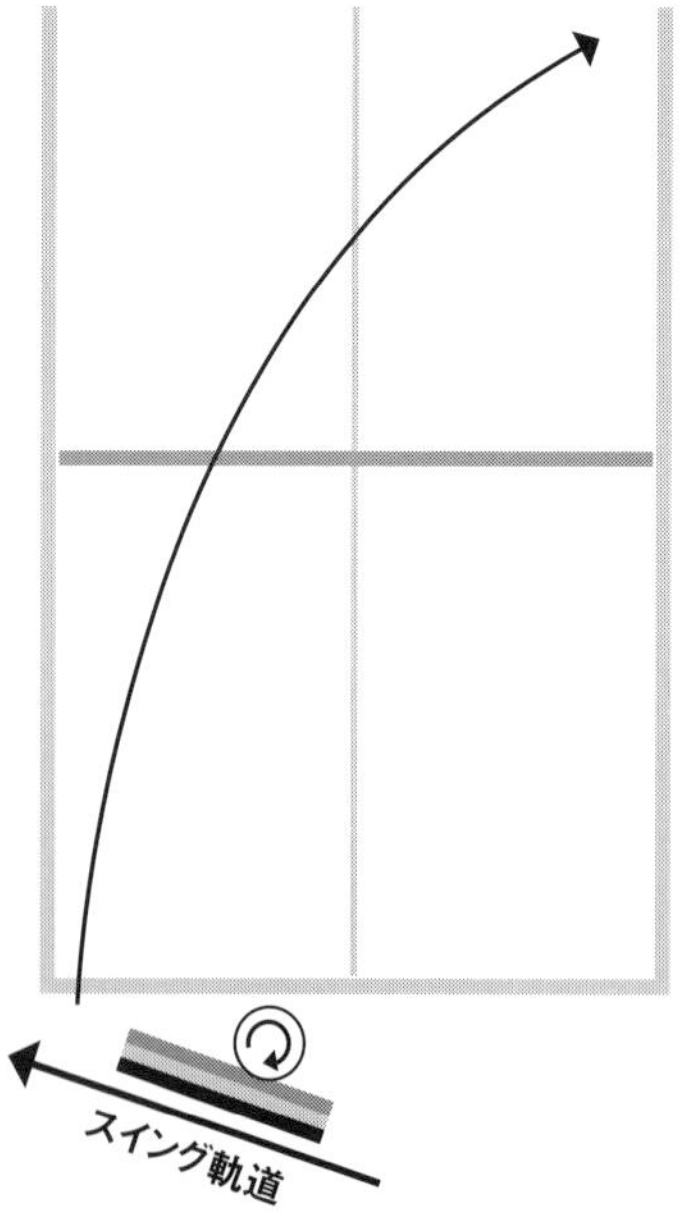

ナックルサービス	ボールに回転をかけないサービスです。空気抵抗や風の影響で軌道が揺れるため、返球には技術が必要となります。

サービスには細かいルールがある

攻撃のはじまりとなるサービスには、次のような細かいルールが定められています。

＜サービスのルール＞

①サービスする選手は、ラケットを握っていないほうの手のひらにボールを乗せて静止させる

▼

②①の状態からボールをサービスするまで、ラケットとラケットを握っていないほうの手を卓球台の表面より下に下げてはいけない

▼

③ボールは手のみで上げ、手のひらから少なくとも16cm以上垂直に投げ上げる。なお、手で投げ上げるときに回転をかけてはいけない

サービスの種類

サービスにはさまざまな種類がありますが、「フォアハンドサービス」「バックハンドサービス」「しゃがみ込みサービス」に大別できます。

フォアハンドサービス

ラケットを持った利き手の側から打つサービスです。手首を利かせやすく、強めに打ったり、回転をかけたりするのに向いています。卓球で最も頻繁に使われるサービスといえるでしょう。

バックハンドサービス

手首を返し、利き手の反対側から打つサービスです。細かいコントロールが利きやすいというメリットがありますが、フォアハンドサービスに比べると使用する選手は少なくなっています。

しゃがみ込みサービス

ボールを上げた後、しゃがみ込んだ体勢からフォアハンドサービスを打つことからこの名前がつきました。強い回転をかけてボールをカーブさせます。「王子サーブ」もしゃがみ込みサービスの一種です。

混合ダブルスのルール

パートナーと交互に打球する

卓球のダブルスは、必ずパートナーと交互に打球しなければならないというルールがあります。同じ選手が連続で打球すると、失点となってしまいます。サービスは、一度、サービス側のコートの右面でバウンドさせたボールを相手コートの右半面を狙って斜めに出します。サービスは２本交代です。レシーブをしていた選手が次のサーバーとなり、サービスを出した選手のパートナーが次のレシーバーとなります。

プレースタイルとは

１セット７ゲームは、シングルスと同じです。卓球のダブルスでは、ゲームごとに打順が変わります。１人１人、代わりばんこに打っていくのです。また、打順だけでなく、サービス順もゲームごとに変わります。１ゲーム目でサービスを打った側がレシーバーになるのです。ただし、このとき、パートナーのどちらがサービスを打つかは自由。戦略によって変えることができます。第３ゲームは第１ゲームと同じ側がサービス権をもちますが、この場合も、パートナーのどちらがサービスを打つかは自由です。第４ゲームは第２ゲームと、第５ゲームは第１ゲームと同じ打順となり、これをくり返します。

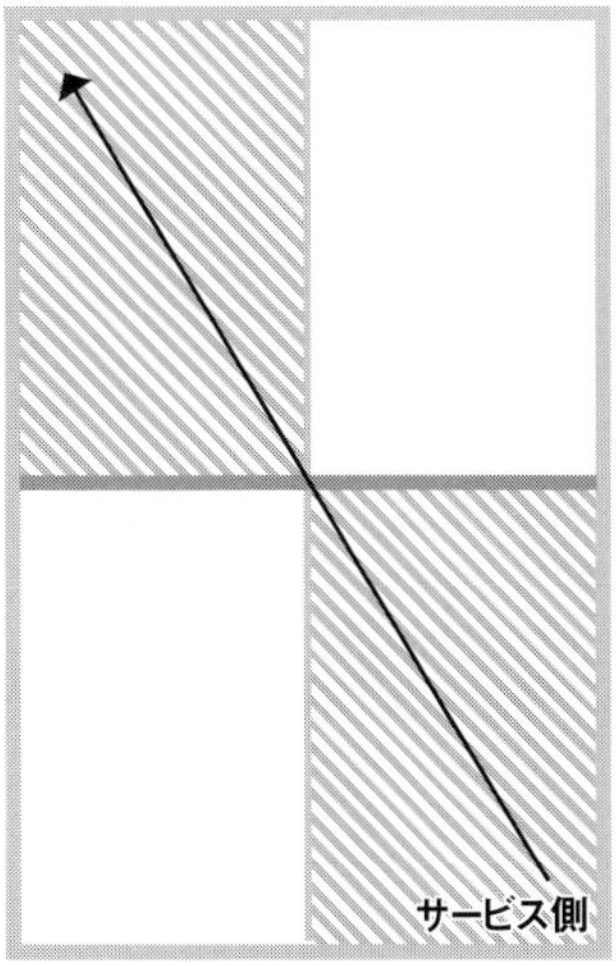

知っておきたい レシーブの基礎知識

レシーブのテクニック

サービスだけでなく、レシーブにもさまざまなテクニックがあります。

ツッツキ	下回転のボールを下回転で返す打ち方です。ラケットの面を上に向け、ボールの下をこすって返球します。この動作がラケットでボールをつつくように見えることから「ツッツキ」と呼ばれるようになったといわれています。
チキータ	バックハンドでボールに横回転をかけて打ち返すレシーブ方法です。バナナのように大きくカーブすることから、バナナの有名ブランド「チキータバナナ」にちなみ「チキータ」の名がついたといわれています。
フリック	相手の打球を、手首をすばやく返して強打する打ち方です。攻撃的なレシーブで、得点を狙うときに使われることもあります。
ストップ	相手の打球をネット際に落とす打ち方。ネット際に落ちるため、相手が返球しにくくなります。

さまざまなプレースタイル

プレースタイルとは

卓球の試合は選手のプレースタイル（戦型）によって大きく違ってきます。選手のプレースタイルに着目すると、試合観戦がより面白くなるはずです。

ドライブ主戦型	ラケットを下から上に振ってボールをこすり、強い前進回転をかける「ドライブ」を得意とし、積極的に点を取りにいくプレースタイル。体力やフットワークが求められます。現代卓球の主流スタイルです。
前陣速攻型	卓球台の近く（前陣）に位置し、相手が打ったボールを速いタイミングで返球するプレースタイルです。小柄な選手が、体が大きくパワーのある相手と戦うときに有効とされており、日本人女子選手に多く見られます。
カット主戦型	ラケットを上方向から下方向に振り、ボールに後退回転をかける打法を「カット」といいます。カット主戦型は、カットを軸に、台から離れて相手の攻撃を粘り強く返球し、得点のチャンスを狙います。

テコンドー

【基本ルール】
1対1で、主に足技を使って戦います。技の種類によって点数が異なり、高得点が勝ち。

韓国生まれの足のボクシング

テコンドーは相手に直接攻撃を与える「フルコンタクト」競技です。パンチや蹴りなどを相手に当てると点が得られ、獲得した得点数を競います。試合時間は1ラウンド2分×3ラウンド、インターバルは1分です。

技は1～4点。胴体へのパンチは1点、蹴りは2点、上段へのまわし蹴りは3点という具合に、難しい技ほど高くなります。また、頭部への攻撃は点数が高く設定されています。ただし、頭部への攻撃は蹴りの

58kg 級（男子）
68kg 級（男子）
80kg 級（男子）
80kg 超級（男子）
49kg 級（女子）
57kg 級（女子）
67kg 級（女子）
67kg 超級（女子）

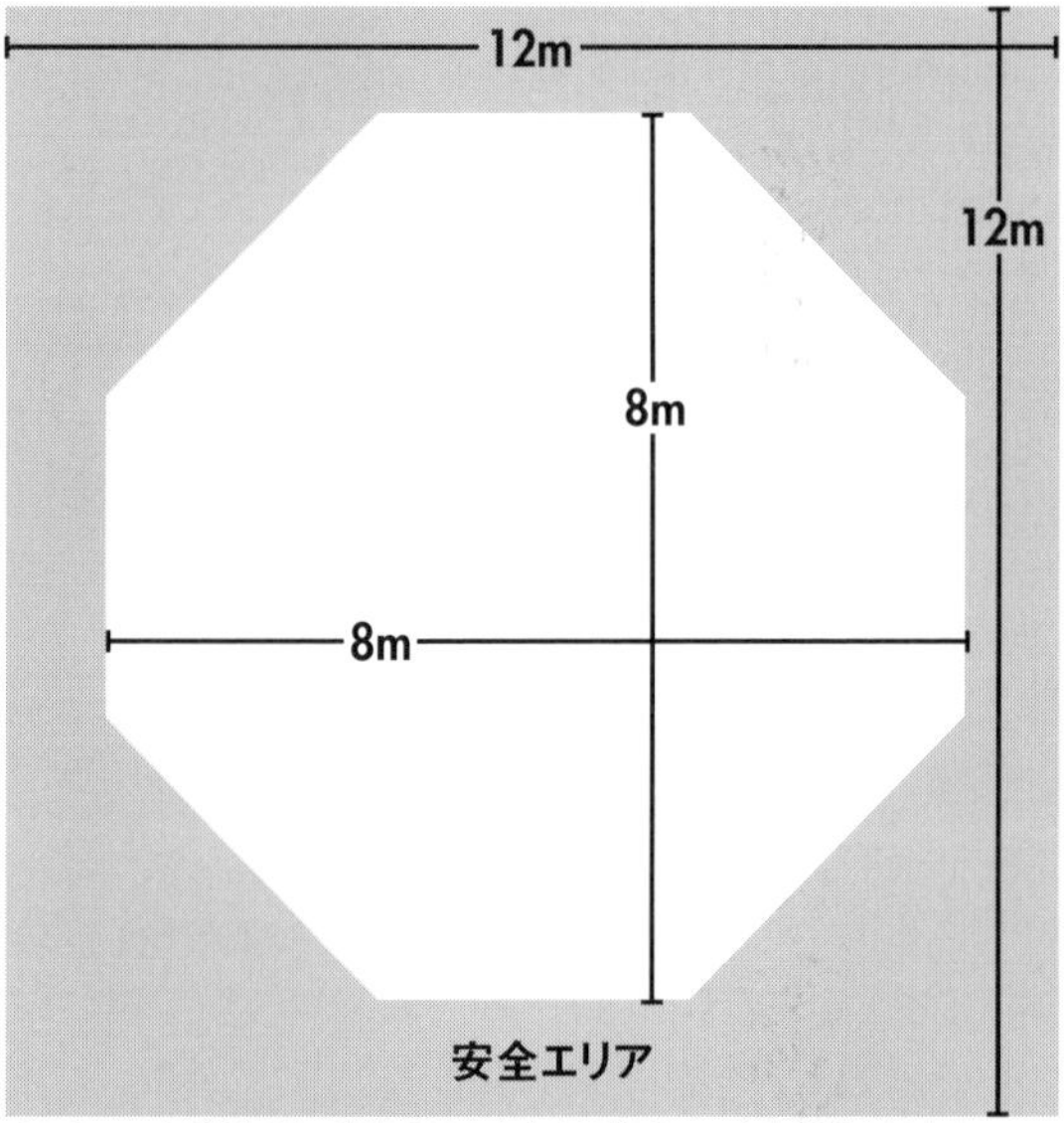

※このコートは例です。東京 2020 大会の実際のコートとは異なります。

テコンドーの競技コート

試合は競技コートで行われます。競技コートは 8m × 8m の競技エリアと、競技エリアのまわりに設けられた 2m 幅の安全エリアで構成されます。選手は道着の上に、電子ヘッドギア、電子胴プロテクター、電子ソックスを着用します。これは、攻撃の有効性やポイントが電子判定で行われるため。ほかに、手にはハンドグローブを、口にはマウスピースをはめ、道着の下にはファールカップ（股間）、アームガード（前腕）、シンガード（脛）を装着します。

覚えておきたいポイント

勝敗の決め方

ノックアウトで試合が決しなかった場合、第３ラウンド終了時に得点が多いほうが勝ちです。同点の場合は、「ゴールデンポイントラウンド」が行われ、1 点以上先取すると勝利となります。なお、第２ラウンド終了時点または第３ラウンド中で 12 点以上の差が開いた場合も、得点の多い選手が勝利となります。

攻撃の種類

テコンドーでは、
●胴プロテクターへの「パンチ」「蹴り」
●ヘッドギアへの「蹴り」
のみが許可されています。体の後面および下段（腰より下）への攻撃は厳しく禁止されています。

もっと楽しめるはみ出しネタ

テコンドーは、1955 年、韓国のチェ・ホンヒによって創始されました。朝鮮半島に古くから伝わるテッキョンという武術と、日本の松濤館空手がもととなっています。

み、パンチは反則です。
テコンドーの魅力はなんといっても華麗な足技の数々でしょう。前蹴り、横蹴り、半月蹴り、後ろ蹴りなど数え切れないほどの種類があり、「足のボクシング」といわれるほど。得点の高い足技が決まると、会場は一気に盛り上がります。

試合終了間際、負けている選手がくり出した頭部への飛び後ろまわし蹴りがクリーンヒットして大逆転！ というドラマティックな展開も見られるかもしれません。

テコンドーは韓国で創始された韓国の国技です。そのため、伝統的に韓国が強く、リオデジャネイロ２０１６大会では、韓国が５つのメダルを獲得しています。しかし近年、中国、タイ、トルコ、ロシア、イラン、イギリス、アゼルバイジャンなど、韓国に迫る国も出てきました。日本のオリンピックでのメダルは、シドニー２０００大会での銅メダル１個のみですが、若手選手が育ちつつあります。

主な得点技と得点

技は、種類によって１点から４点となっています。

得点	技	説明
4点	**ティ フリギ**	後ろまわし蹴り。振り向きながら、足蹴りをします。
4点	**ティオ ティ フリギ**	飛び後ろまわし蹴り。跳びながら後ろまわし蹴りをします。
4点	**ターン チャギ**	180度回転してから蹴ります。上段に当てれば４点、中段に当てれば３点。
3点	**ティ チャギ**	後ろ蹴り。振り向きながら直線的に蹴ります。
3点	**ティオ ティ チャギ**	飛び後ろ蹴り。跳びながら回転を加え、直線的に蹴ります。
3点	**パンダル チャギ**	半月蹴り。顔面へ平手打ちをするように入れます。
3点	**ネリチャギ チッキ**	脳天蹴り。足底を頭上に打ち下ろします。
3点	**オルグル トリョ チャギ**	上段へのまわし蹴り。
1点	**チルギ**	相手の胴部を突くこと。突き。連打は、2打目からは得点になりません。
1点	**モントン トリチャギ**	中段へのまわし蹴り。最初に蹴った足とは逆の足で続けざまに蹴ると「ヤンバルチャギ」となり、２点獲得となります。
1点	**ミルギ**	つま先で押し込むようにして前に蹴り上げる、押し蹴り。
1点	**ヨプ チャギ**	スナップを利かせる横蹴り。

テコンドーの主な用語

テコンドーの観戦に役立つ用語をまとめました。なお、テコンドーの用語は韓国語が基本となっています。

用語	意味
オルグル	上段
モントン	中段
アレ	下段
パルチャギ	足蹴り
チルギ	突き
チャルリョ	気をつけ
キョンネリェ	礼
チュンビ	準備
シィジャック	はじめ
クマン	やめ
カルリョ	別れ
ケイソク	継続

もっと楽しめるはみ出しネタ

テコンドーの攻撃スピードはとても速く、審査員といえども正確な判定は困難です。そのため、ロンドン2012大会より、センサーで攻撃を感知する電子防具が導入されました。

TOKYO 2020
競技 29

テニス

【基本ルール】
ネットを挟んでラケットでボールを打ち合い、1対1または2対2で得点を競います。

一流選手が大集結 華麗な競演も見どころ

テニスは、ネットを挟んでボールをラケットで打ち合う競技です。1対1、または2対2で行われます。相手が打ち返してきたボールは、2回バウンドする前に返球しなければいけません。負けたら敗退するトーナメント方式ですが、準決勝を敗退した選手のみ、3位決定戦が行われます。

テニスを観るうえで覚えておきたいのがサーブ権です。ゲームは、サーブ（空中に上げたボールを地面につく前に打つこと。サービスとも

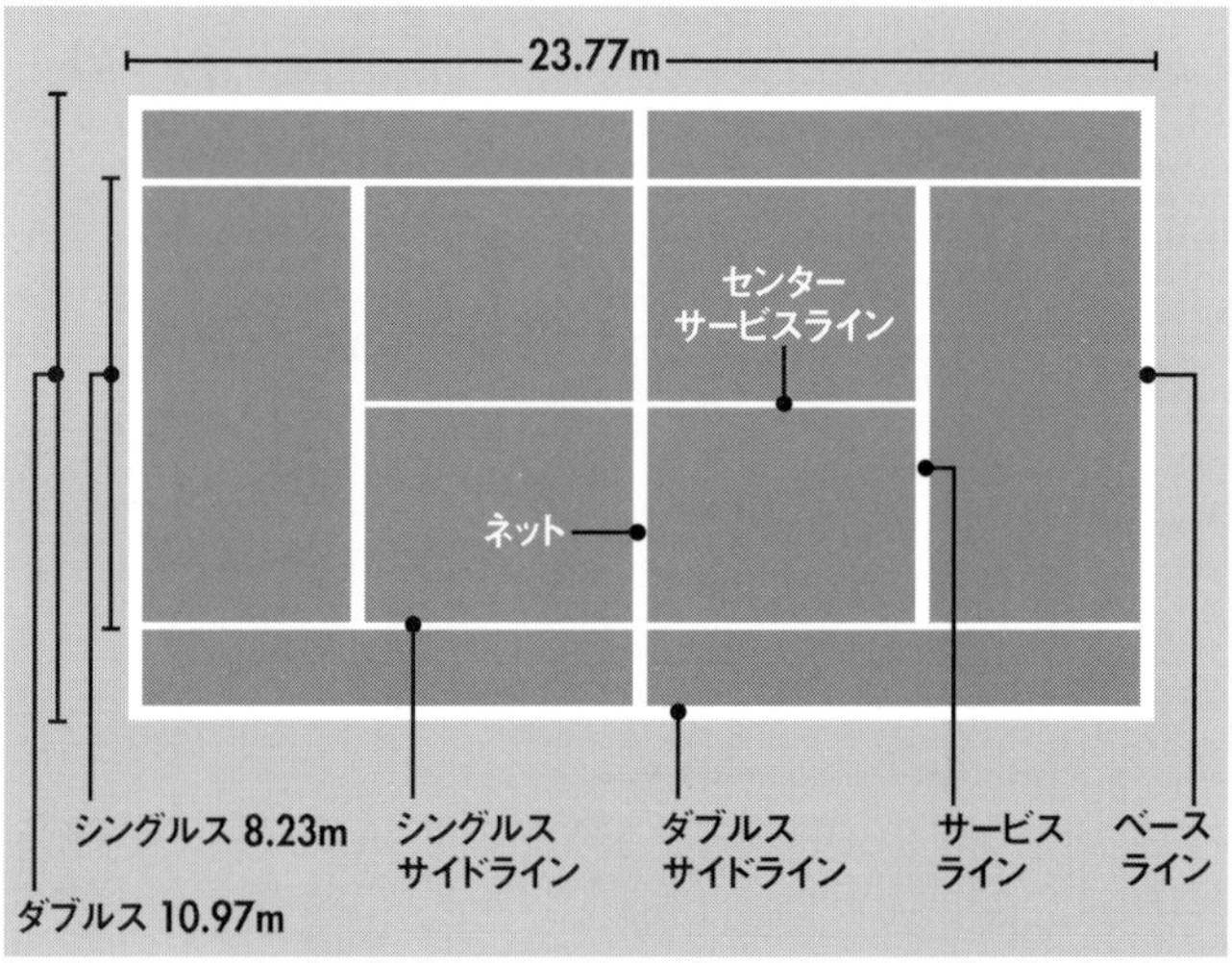

シングルス
（男子／女子）
ダブルス
（男子／女子／混合）

テニスコート

シングルス、ダブルスともに同じコートを使用します。ただし、シングルスは内側のサイドライン、ダブルスは外側のサイドラインを使います。ネットの高さは0.914mです。コートのサーフェス（表面）は、天然芝のグラスコート、土でできたクレーコート、アスファルトのハードコートなどがありますが、オリンピックではハードコートが使われます。

基本のショット

スマッシュ

頭上の高い位置にあるボールを、ラケットを上から下に振り抜いて打ちます。

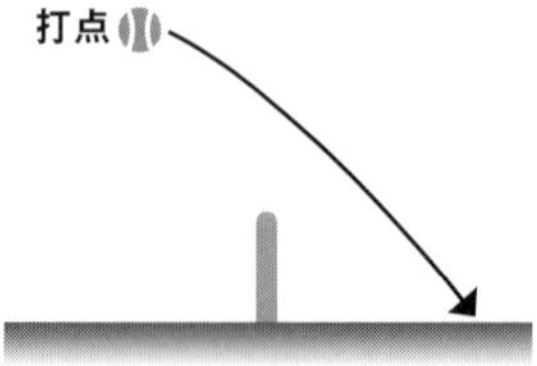

ボレー

ボールをノーバウンド（地面に触れる前）で打ちます。

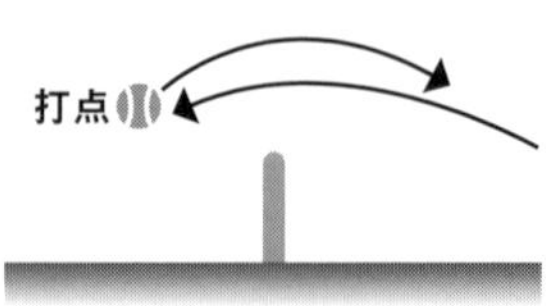

ストローク

自分のコート内に入ったボールを、ワンバウンドさせてから打ち返します。

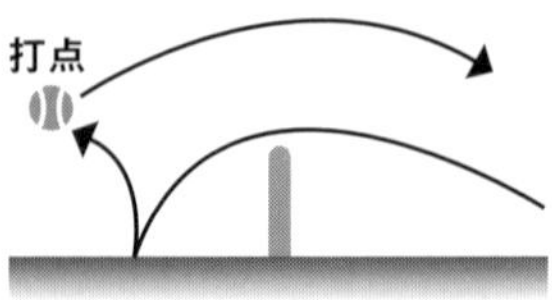

もっと楽しめるはみ出しネタ

オリンピックで日本が最初にメダルを獲得した競技がテニスです。アントワープ1920大会で、熊谷一弥選手がシングルスで銀メダルを、柏尾誠一郎選手と組んだダブルスでも銀メダルをとっています。

いいます）からはじまります。サーブは相手に干渉されることなく自分のペースで打つことができ、さらに2回行えるため、サーブ権を持っているほうが有利です。そのため、サーブ権を持つ選手は、サービスゲーム（サーブ権を有するゲーム）をできるだけ落とさないようプレーします。反対に、対戦相手は相手のサービスゲームになんとか勝とうと奮闘します。サーブ権に注目すると、テニス観戦がより楽しくなるはずです。

東京2020大会では、世界ランキング上位の常連たちがくり出す時速200㎞を超えるサーブや豪快なショット、相手の裏をかくプレーに、釘づけになること間違いなしです。普段はシングルスにしか出場しない選手が、ペアを組んでメダルを狙うダブルスも見逃せません。日本からは、男子は錦織圭選手、西岡良仁選手、女子は大坂なおみ選手、土居美咲選手らの出場が有力視されています。

覚えておきたいポイント

ポイントの呼び方

テニスは1ゲーム4ポイント制ですが、1ポイント、2ポイント……とは呼びません。下記のようにテニス独得の呼び方をします。コールはサーブ権のあるほうから呼びます。

<数え方>

ポイント	表示	読み方
0	0	ラブ
1	15	フィフティーン
2	30	サーティ
3	40	フォーティ
4	G	ゲーム

<コールの例>

15-0　フィフティーン ラブ

30-15　サーティ フィフティーン

30-30　サーティ オール

40-40　デュース

アドバンテージ方式

40-40のデュースになった場合は2ポイント差がつくまでゲームが続きます。これをアドバンテージ方式といいます。

タイブレーク

ゲームカウントが6-6になった場合は、新たに7ポイントを先取したほうがセットの勝者となります。このとき、ポイントの数え方はそれまでとは異なり、0ポイント、1ポイント、2ポイント……と数えます。ポイントが6-6で並んだ際は、2ポイント差がつくまで試合を続行。このシステムをタイブレークと呼びます。

ポイント／ゲーム／セット

テニスの試合は、6ゲーム先取で1セット獲得となります。3セットマッチの場合は、2セットを先取したほうが勝ちです。

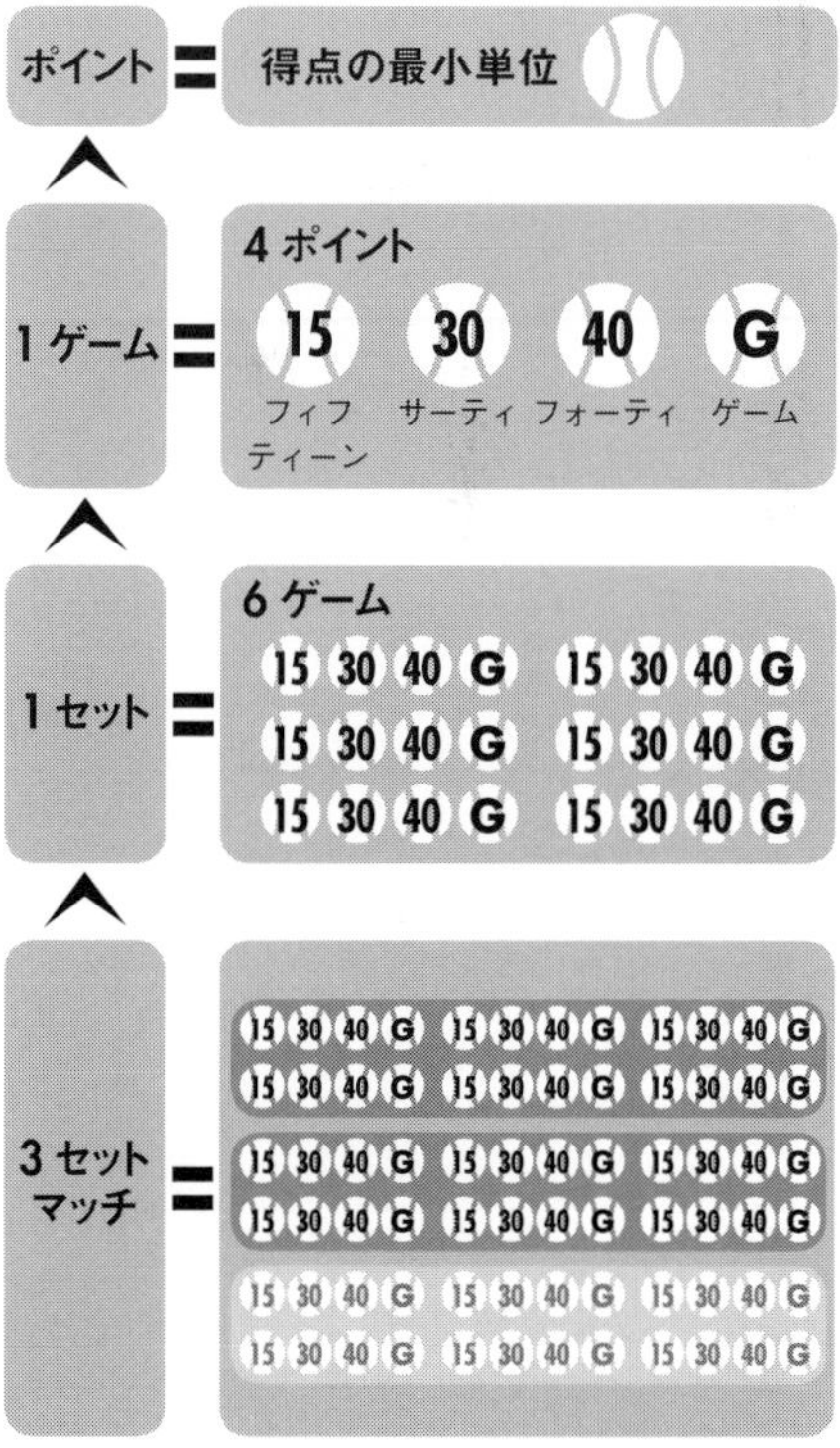

もっと楽しめるはみ出しネタ

選手はプレー中にコーチからアドバイスや指示をもらうことができません。セット間の休憩時も、コーチとの接触は禁止されています。メンタルをコントロールする力も、勝つために必要な要素なのです。

TOKYO 2020

競技 30

トライアスロン

【基本ルール】
スイム（水泳）、バイク（自転車）、ラン（長距離走）の3種目で、着順を競います。

個人（男子／女子）
混合リレー

経験と戦略で3つの種目を制す

トライアスロンは、選手がスイム（水泳）、バイク（自転車）、ラン（長距離走）の順で連続して行い、着順を競います。競技は、1・5㎞のスイムからはじまります。水泳競技の競泳とは異なり、トライアスロンのスイムにはコース分けなどはありません。50人を超える選手がいっせいにスタートし、集団を抜け出して最短のルートを進もうと体をぶつけ合い、ポジションを争う様子は迫力満点です。

陸に上がればバイクでの40㎞走

トライアスロンとは？

タイムではなく先着順で勝負が決まる

1人の選手が水泳 1.5km、自転車 40km、長距離走 10km の順で続けて行います。この距離をオリンピック・ディスタンスといいます。トップの選手は、男子は1時間 45 分ほど、女子は2時間ほどでゴールします。なお、トライアスロンは着順を競う競技です。このため、世界記録はありません。また、自転車の故障など、競技中に起きたトラブルは選手自身が解決しなくてはいけません。

スイム（水泳）

東京 2020 大会の会場はお台場海浜公園。東京湾で泳ぎます。泳法は自由です。コースはブイで定められています。

バイク（自転車）

自転車は、一番前を走ると空気抵抗をもろに受けてしまいます。そのため、集団の先頭をほかの選手と交代して走るドラフティングが、東京 2020 大会では認められています。

ラン（長距離走）

競技間のトランジション（転換）のすばやさも、トップ選手ならでは。このトランジションタイムは競技時間に含まれます。オリンピックでは、距離が短いため、トランジションの手際で順位変動の可能性もあります。

もっと楽しめるはみ出しネタ

トライアスロンがオリンピックの正式競技となったのは、シドニー 2000 大会です。6回目となる東京 2020 大会では、はじめて男女混合リレーが行われます。

が待っています。バイクの一番の見どころは選手同士の駆け引き。空気抵抗を軽減するために利用し合う一方で（ドラフティング）、集団を抜け出すタイミングを虎視眈々と狙っています。最後の種目はランです。選手は気力と体力をふりしぼり、10㎞先のゴール目指してデッドヒートをくり広げます。

「第4の種目」ともいわれる「トランジション」にもぜひ注目を。トランジションとは、スイムからバイク、バイクからランへの転換のこと。着替えなどが行われ、この間に順位が入れ替わることも！　ゆえに、選手は自転車のペダルにあらかじめバイクシューズをつけておき、自転車に乗りながらシューズを履くなど、順位を稼ぐためにさまざまな工夫を凝らします。

トライアスロンの強豪国は、男女ともにイギリス、スイス、オーストラリア、カナダなど。日本は北京2008大会での井出樹里選手の5位入賞が最高記録です。

東京 2020 大会　トライアスロン・個人（男子／女子）のコース

東京 2020 大会では、トライアスロンはお台場で行われます。スタート・フィニッシュはお台場海浜公園です。

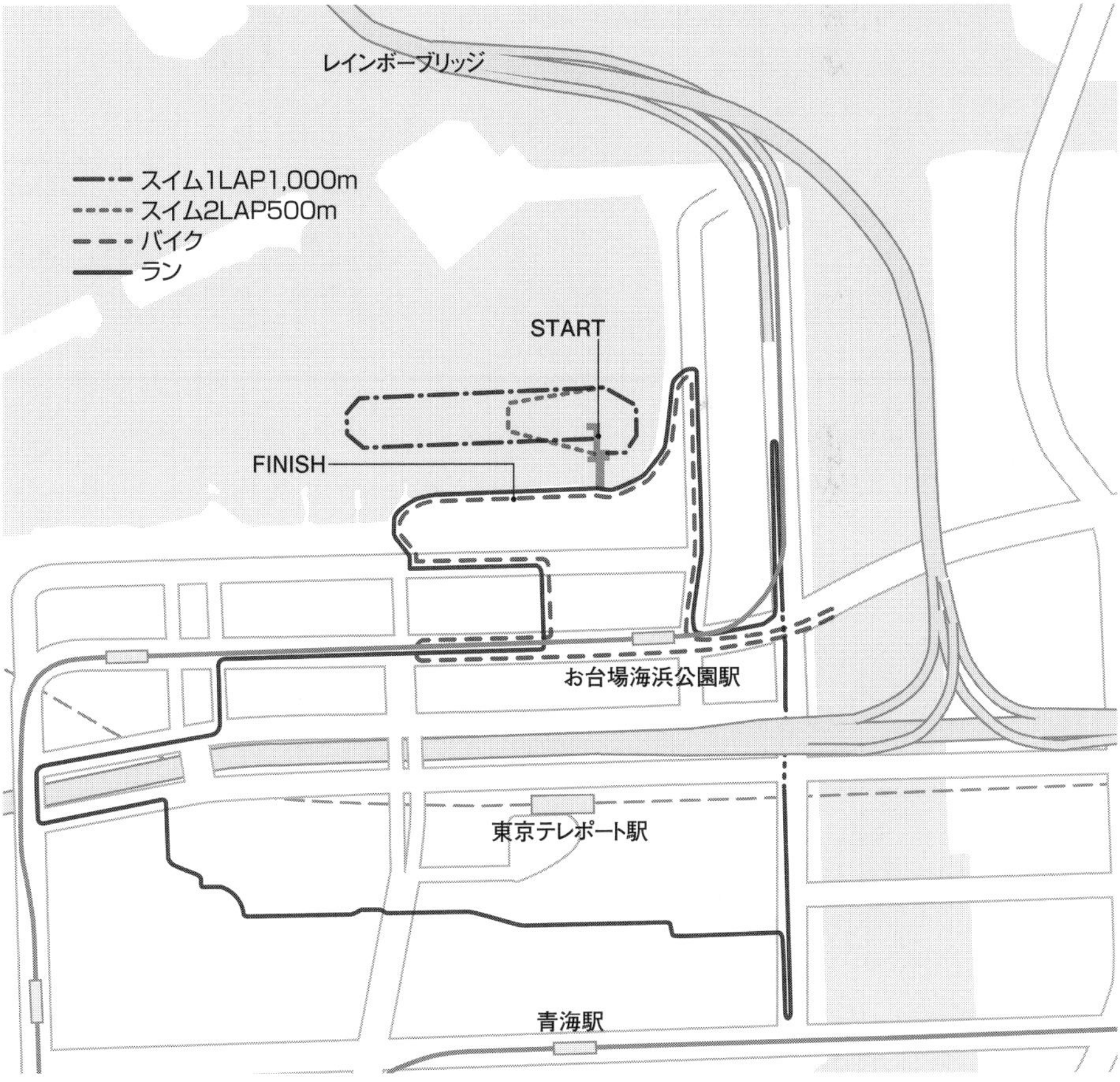

もっと楽しめる はみ出しネタ

トライアスロンは 1974 年、アメリカのカリフォルニア州で誕生しました。ラテン語で 3 を表す「トライ」と、英語で競技を意味する「アスロン」を組み合わせて、「トライアスロン」となりました。

TOKYO
2020

競技 31

バレーボール

【基本ルール】
２つのチームがネットを挟んで向き合い、ボールを主に手で打って得点を競います。

バレーボール
（男子／女子）

チームが一体となってボールをつなぐ

バレーボールは、６人制バレーボール、９人制バレーボール、ソフトバレーボール、ビーチバレーボールの４種類に分けられます。このうち東京２０２０大会で行われるのは６人制とビーチバレーボールです。

６人制の男子バレーボールの魅力はなんといってもその高さとパワーです。身長２ｍを超える選手がスパイクを打つ高さは３・５ｍ！一般的な歩行者信号機を超える高さからくり出されるスパイクは圧巻です。また、ジャンプサーブは時

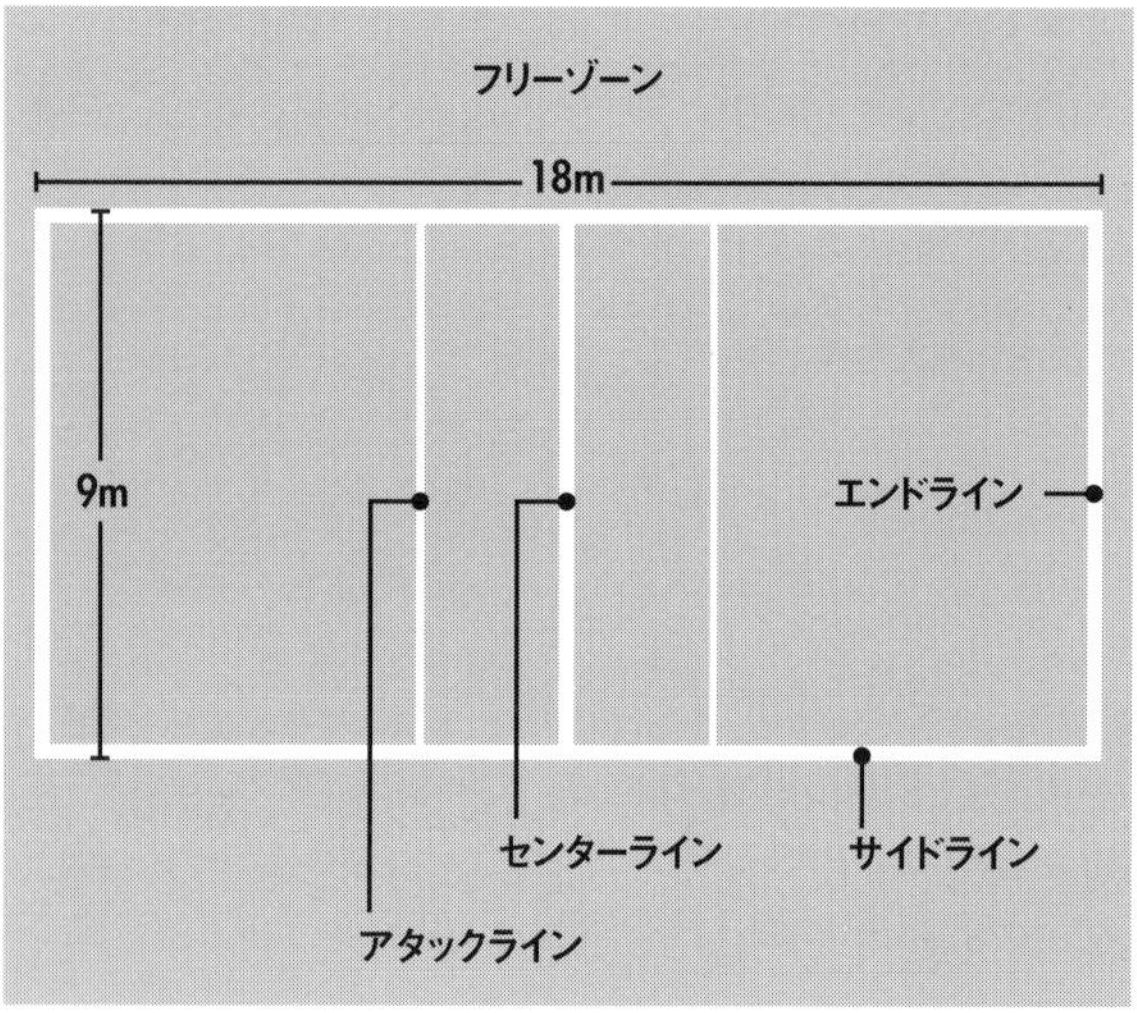

バレーボールコート

バレーボールのコートの広さは 18m × 9m。センターライン上にはネットが張られています。ネットの高さは男子 2.43m、女子は 2.24m です。以前は、ボールに触れてよい体の部位は「ひざより上」と決められていましたが、現在は、全身で触れることができます。これにより、足でのレシーブも可能となりました。ただし、サーブを除いて、ボールをつかんだり投げたりするのは反則です。

バレーボールの基本用語

用語	意味
サーブ	エンドラインの後ろから、ネット越しに相手のコート内にボールを打つこと
スパイク（アタックとも）	相手のコートにジャンプしながらボールを打ち込むこと。スパイクを打つ選手をスパイカー（アタッカー）といいます
トス	セッターがスパイクを打つ選手にボールを上げること
レシーブ	相手のスパイクやサーブを受けること ※最近はスパイクを受けることを「ディグ」あるいは「スパイクレシーブ」、サーブを受けることを「サーブレシーブ」「レセプション」ともいいます
ブロック	前衛の選手がネット際で両手を上げて、ジャンプしながら相手のボールを止めること

もっと楽しめるはみ出しネタ

バレーボールがオリンピック競技になったのは東京 1964 大会からです。この大会で日本女子は回転レシーブなどの技を駆使して金メダルを獲得し、「東洋の魔女」と称されました。

速120㎞にも達します。

　女子バレーボールの魅力はラリーの長さにあります。普通ならまず取れないようなきわどいボールを拾い合って続くラリーの緊迫感に、会場全体が引き込まれます。加えて、どのような状況にあってもスパイカーが打ちやすい場所にトスを上げるセッターの職人技や、地面1㎝ほどの高さでボールを拾うリベロの神業も必見です。

　強豪国は、男子はブラジル、アメリカ、ポーランド、イタリア、ロシアなど、女子は中国、アメリカ、セルビア、ブラジル、ロシアなど。日本も、オリンピックで男女ともにメダルを獲得している実力国です。

　アトランタ1996大会から正式種目となったビーチバレーボールは、屋外の砂上で行われます。動きにくい砂の上でくり広げられる2人の息の合ったプレーが、ビーチバレーボールの醍醐味。オリンピックでは、女子は過去2回、入賞を果たしています。

サーブの種類

サーブには次のような種類があります。

ジャンプサーブ

助走をつけてジャンプをし、スパイクのように強く打つサーブです。高い打点から強く打つため威力があります。

フローターサーブ

ボールに回転をかけないよう、ボールを押し出すように打つサーブです。軌道が変化するため、守備の乱れを誘いやすくなります。ジャンプしながら打つと「ジャンプフローターサーブ」となります。

ドライブサーブ

手首のスナップを利かせて打ち、ボールの進行方向に対して順回転をかけるサーブです。レシーバーの前で急激に落下します。

覚えておきたいポイント

試合はサーブからはじまる

試合はサーブ権を持つチームのサーブからはじまります。ボールがコートまたはコート外に落ちる、どちらかのチームが反則をするなどの理由でラリーに失敗すると、相手チームに得点が入ります。サーブ権を持たないチームがラリーを制した場合は、1点のほかにサーブ権を得ます。サーブ権を持ったチームが制した場合は1点を得て、サーブ権はそのままです。

3回以内にボールを返す

相手チームが打ったボールは、床に落とさずに3回以内のタッチで相手コートに返球します。
①相手のサーブまたは返球をレシーブし（タッチ1回目）
②レシーブしたボールをセッターが受けてトスを上げ（タッチ2回目）
③アタッカーがアタックする（タッチ3回目）
これが基本の流れとなります。同じ選手が続けて2度タッチするのは反則です。ラリー中のブロックはタッチに含まれません。

3セット先取の5セットマッチ

1試合は5セットあります。1～4セットまでは25点先取、第5セットは15点先取したほうがセットを取ることができ、3セット先取したほうが勝ちです。24対24（第5セットは14対14）で同点となった場合は2点差をつけたほうがセットを取ります。

もっと楽しめるはみ出しネタ

ビーチバレーボールの専用ボールは、大きさ、重さともにバレーボールの専用ボールとほぼ同じですが、内気圧が30％ほど低く、柔らかくなっています。これにより、スピードが出にくくなっています。

コートポジションとローテーション

コートポジション

両チームは、試合開始前に「ラインアップシート」を提出します。これは、前衛のライト、センター、レフト、後衛のライト、センター、レフトそれぞれにどの選手を配置するのかを示したものです。前後衛のライト、センター、レフトをコートポジションといいます。両チームの選手は、ゲーム開始時はラインアップシートに記載されたコートポジションに立ちます。サーブが打たれる前に、後衛ライトが前衛ライトの前に移動したり、ライトがセンターよりも左側にいたりすると反則です。また、後衛はアタックラインの後ろからしかスパイクを打てません。

戦術の要「ローテーション」

選手がポジションを時計まわりに１つずつ移動するバレーボール特有のルールを「ローテーション」といいます。移動するタイミングは、サーブ権を持たないチームがラリーを制して１点とサーブ権を獲得したときです。後衛ライトの位置にきた選手がサーブを打ちます。一方、サーブ権を持ったチームがラリーを制して再びサーブを行うときは、ローテーションは行いません。選手は同じポジションのままで、同じ選手がサーブを打ちます。

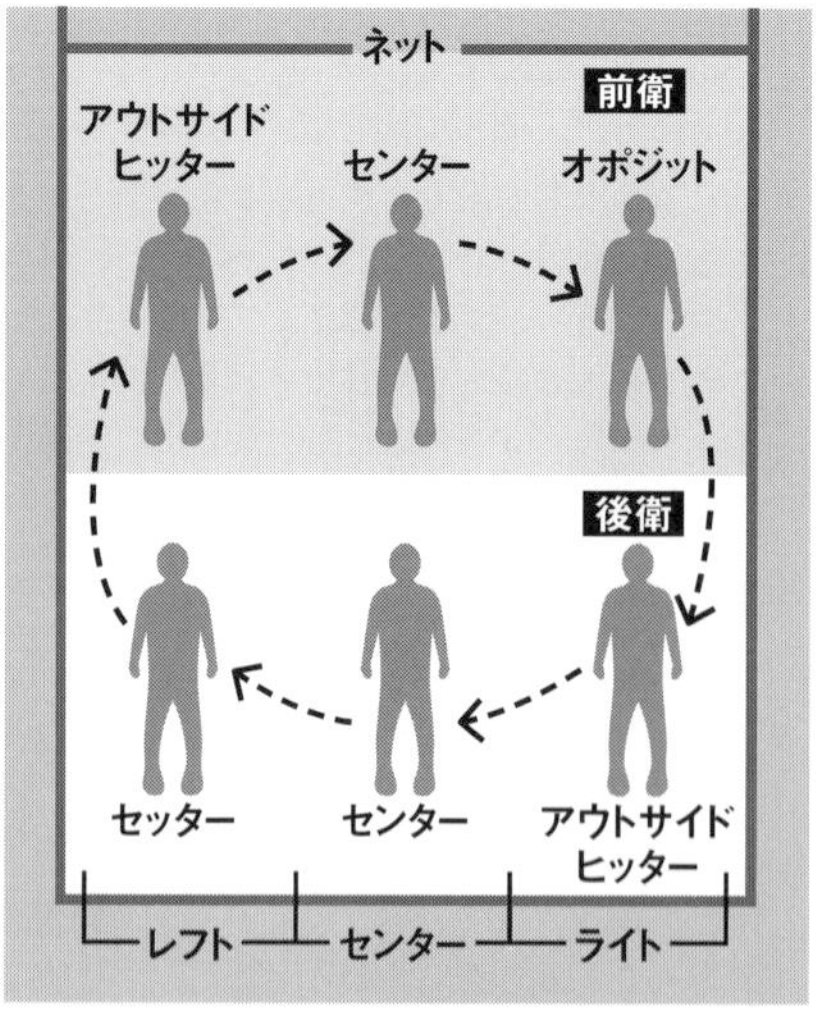

選手の主な役割

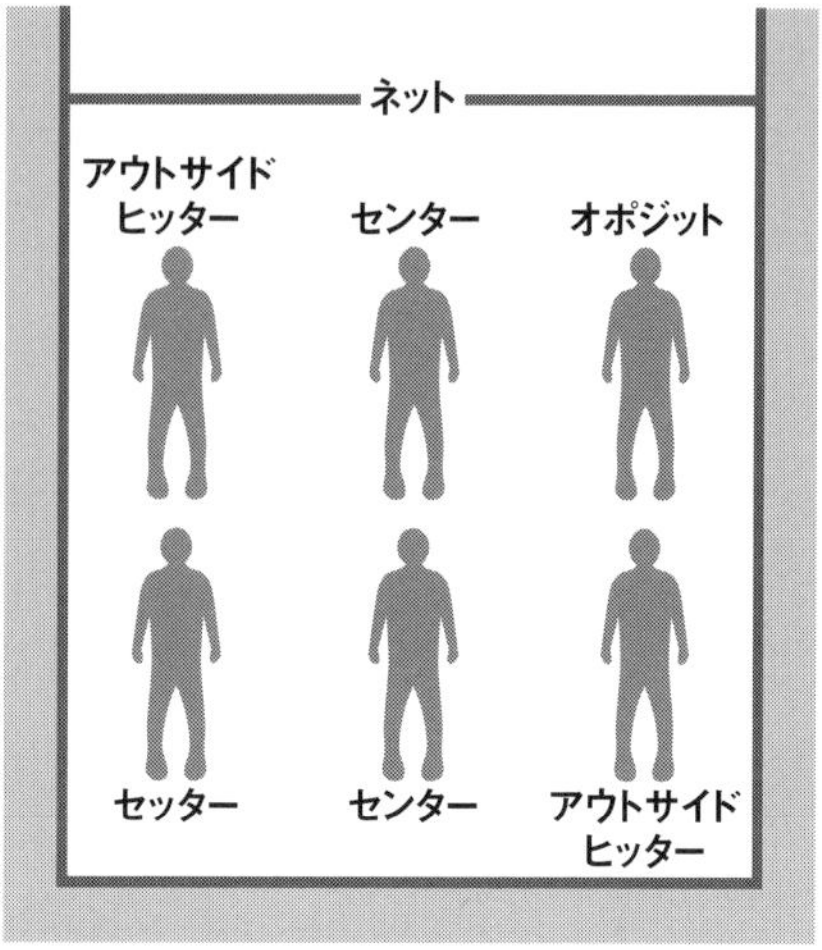

セッター

試合の状況を把握して的確なトスを上げ、得点へ導きます。攻撃を組み立てる司令塔的な存在です。

リベロ

1998年から採用された新しい役割です。リベロは守備専門の選手で、高いレシーブ技術でチームを支えます。サーブを打ったり、ブロックをしたりすると反則です。ほかの選手とは異なる色のユニフォームを着用します。

アウトサイドヒッター（ウイングスパイカー）

積極的にスパイクを打ち、得点を狙います。ジャンプの高さや肩の強さ、ここぞというときに得点を決められる精神力の強さが求められる役割です。

センター（ミドルブロッカー）

コート中央に位置し、チームのブロックの中心になります。攻撃ではクイック（速攻）に参加します。

オポジット

攻撃を得意とする選手です。ジャンプ力、スパイク力が求められます。

ビーチバレーボール

ビーチ
バレーボール
（男子／女子）

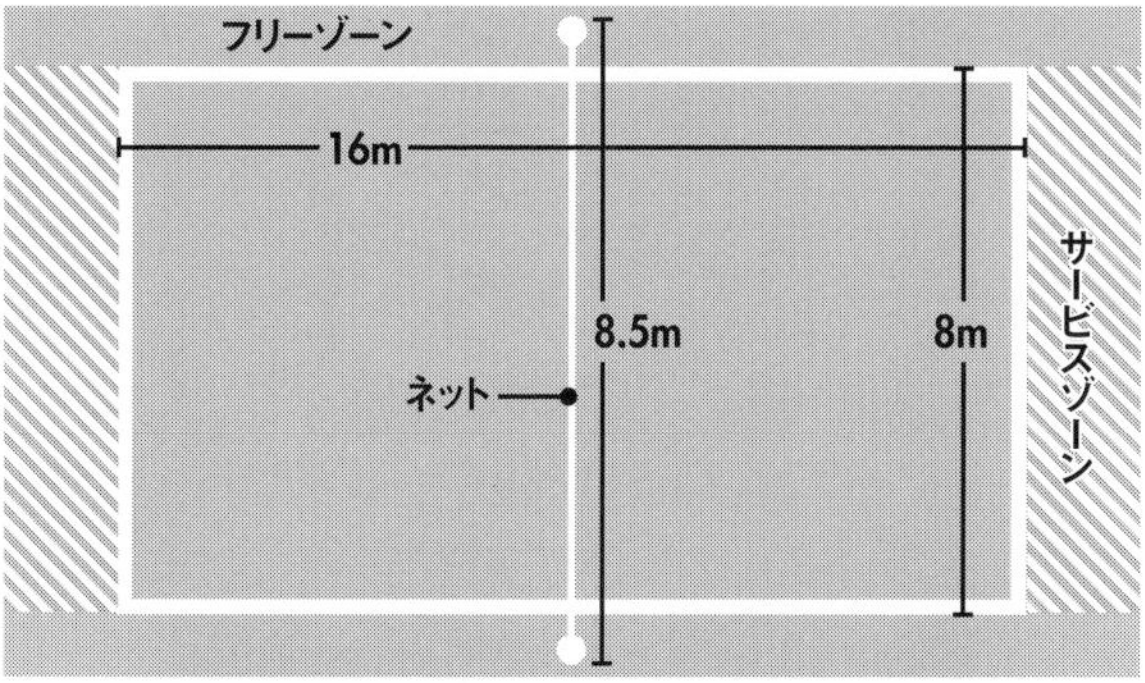

ビーチバレーボールのコート

ビーチバレーボールのコートの広さは 16m × 8m と、バレーボールのコートよりやや小さくなっています。ネットの高さはバレーボールと同じで、男子は 2.43m、女子は 2.24m です。東京 2020 大会では、東京湾に面した潮風公園で行われます。

バレーボールとの違い

1 チーム 2 人制

ビーチバレーボールは 1 チーム 2 人で、控え選手との交代はなし。16m × 8m のコートを 2 人でカバーするため、体力とコンビネーションが必要とされます。

2 セット先取の 3 セットマッチ

1 試合は 3 セットからなり、第 1・第 2 セットは 21 点（第 3 セットは 15 点）を先取したチームがセットを取ります。20 対 20（第 3 セットは 14 対 14）となった場合（デュース）は、2 点差がつくまで続行します。

攻撃の種類

オープン

バレーの基本となる攻撃です。セッターがトスを上げた直後にスパイカーが助走をはじめ、トスの高さ・角度・スピードに合わせてジャンプをしてスパイクを打ちます。

クイック（速攻）

セッターがトスを上げる前からスパイカーが助走をはじめ、相手のブロックができ上がる前にスパイクを打つ攻撃です。セッターとスパイカーの息の合った連係が見どころです。

ダブルクイック

相手のブロック体制や読みを妨げるために、2 人の選手が同時にスパイクの体制に入り、かく乱すること。

時間差攻撃

1 人の選手がスパイクを打つと見せかけ、相手チームのブロックが反応したところで別の選手がスパイクを打ちます。1 人の選手が、相手のブロックのタイミングを 1 人でずらす場合は「1 人時間差攻撃」といいます。

ブロード

相手チームのブロックを外すために、スパイカーがジャンプの際に大きく左右に移動してスパイクを打ちます。

TOKYO 2020

競技 32

ウエイトリフティング

【基本ルール】
バーベルを2種類の挙げ方で3回ずつ挙げ、両方の最高重量の合計を競います。

61kg 級（男子）	49kg 級（女子）
67kg 級（男子）	55kg 級（女子）
73kg 級（男子）	59kg 級（女子）
81kg 級（男子）	64kg 級（女子）
96kg 級（男子）	76kg 級（女子）
109kg 級（男子）	87kg 級（女子）
+109kg 級（男子）	+87kg 級（女子）

シンプルで奥が深い力比べの覇者を目指す

　ウエイトリフティングの選手は、「スナッチ」と「クリーン&ジャーク」の順番でバーベルを挙げます。どちらの種目も試技は3回ずつ行われ、スナッチとクリーン&ジャークそれぞれで挙げた最も重い重量の合計が成績となります。記録は階級によってかなりの差がありますが、自分の体重よりもはるかに重いバーベルを持ち上げる選手はまさに超人で、そのパワーに観客は釘づけになります。

　ウエイトリフティングの魅力は

競技会場

試技は、４ｍ×４ｍの正方形のプラットフォーム（床）の上で行われます。プラットフォームの外にはレフリーが座っており、反則がないか確認したり、判定をしたりします。ユニフォームのベルトは幅 12cm 以下で、サポーターやバンテージ等についてもルールが細かく決まっています。

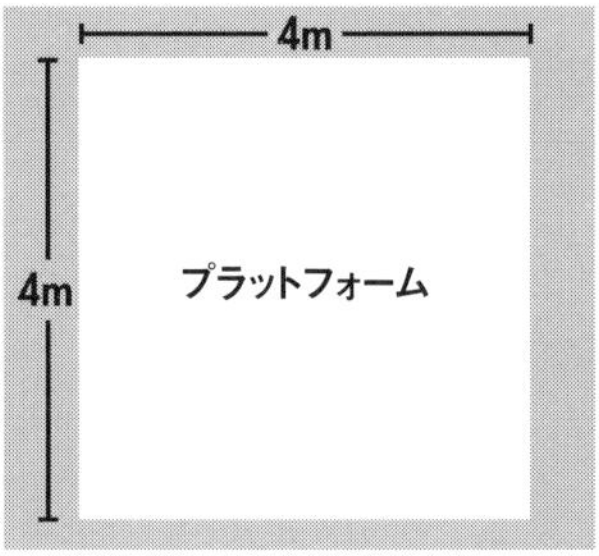

主な反則

両足底以外の部分がプラットフォームに触れる

バーベルを持ち上げる際にお尻が床につくと失敗です。試技中に、ふらつくなどしてプラットフォームの外に足をついた場合も失敗となります。

バーや腕などが体の一部に触れる

スナッチの試技中にバーが頭に触れたり、クリーン＆ジャークの試技中にひじや上腕が大腿部もしくはひざに触れたりすると反則となります。

試技中のフォームが正しくない

バーベルを持ち上げるときにひじを曲げ伸ばしする、静止時にひじが曲がっているのは反則。両足の線と胴体の面、バーベルの線が平行でないのも反則です。

競技の進め方

①検量

選手は、各階級の競技開始２時間前に検量を受けます。

②試技開始

名前がコールされたら、選手は１分以内に試技を開始しなければいけません。１分経過後にバーベルが床から離れていなければ失敗と見なされます。なお、同じ選手が連続して試技を行う場合は、２分以内に試技を開始します。

③試技

バーベルを頭上に持ち上げて静止し、レフリーが「降ろせ」と合図したらバーベルを降ろします。成功・失敗の判定は３人のレフリーが行います。成功は白色、失敗は赤色のライトで表示され、白が２つまたは３つ表示されたら成功です。

もっと楽しめるはみ出しネタ

ウエイトリフティングは、古代ギリシャで石を持ち上げて力比べをしたのがはじまりといわれています。力比べによって、自分たちのリーダーを選ぶこともありました。

パワーだけではありません。選手は、自分が挑戦する重量を事前に申告し、申告した重量の軽い順に試技を行います。重量変更は1回の試技につき2回まで、試技の30秒前まで可能です。このため、すでに重量の申告を終えていた選手が、ほかの選手が申告した重量を聞いて慌てて申告した重量を変更する……という駆け引きが頻繁に行われます。どの順番で何kgを挙げるのかをめぐる選手間の攻防と、刻一刻と変わる順位も、ウエイトリフティングの見どころといえるでしょう。

　ウエイトリフティングは日本の上位入賞が期待できる競技の1つです。有望選手はロンドン2012大会、リオデジャネイロ2016大会の2連続でメダルを獲得した三宅宏実選手、リオデジャネイロ2016大会で4位入賞した糸数陽一選手、同大会で5位入賞した安藤美希子選手など。ロシア、中国の選手の活躍にも注目です。

スナッチとクリーン＆ジャークの違い

スナッチ

床に置かれたバーベルを一気に頭上に持ち上げて立ち上がります。立ち上がった後は、両手両足を伸ばした状態で静止します。

クリーン＆ジャーク

床に置かれたバーベルを鎖骨付近まで引き上げ、立ち上がります。次に、全身の反動を利用してバーベルを頭上に持ち上げ、直立した姿勢で静止します。

もっと楽しめる
はみ出しネタ

自分の体重よりもはるかに重いバーベルを持ち上げるには、体のバランスや柔軟性なども必要です。また、バーベルの握り方も選手によって違いがあり、注目してみると面白いかもしれません。

TOKYO 2020

競技 33

レスリング

【基本ルール】
2人の選手が素手で戦い、相手の両肩をマットにつけるか、総得点が高いほうが勝ちです。

体一つでぶつかり合う世界最古のスポーツ

体重でクラス分けされた2人の選手が素手で戦う競技です。「フリースタイル」「グレコローマンスタイル」の2つがあります。

試合は3分間×2ピリオド、間に30秒のインターバルがあります。相手の両肩を1秒間マットにつけることを「フォール」といい、フォールすれば得点差に関係なく勝ちとなり、試合終了。フォールで逆転勝ちが起こると会場は大歓声に包まれます。また、フリースタイルは10点差、グレコローマンスタイルは8

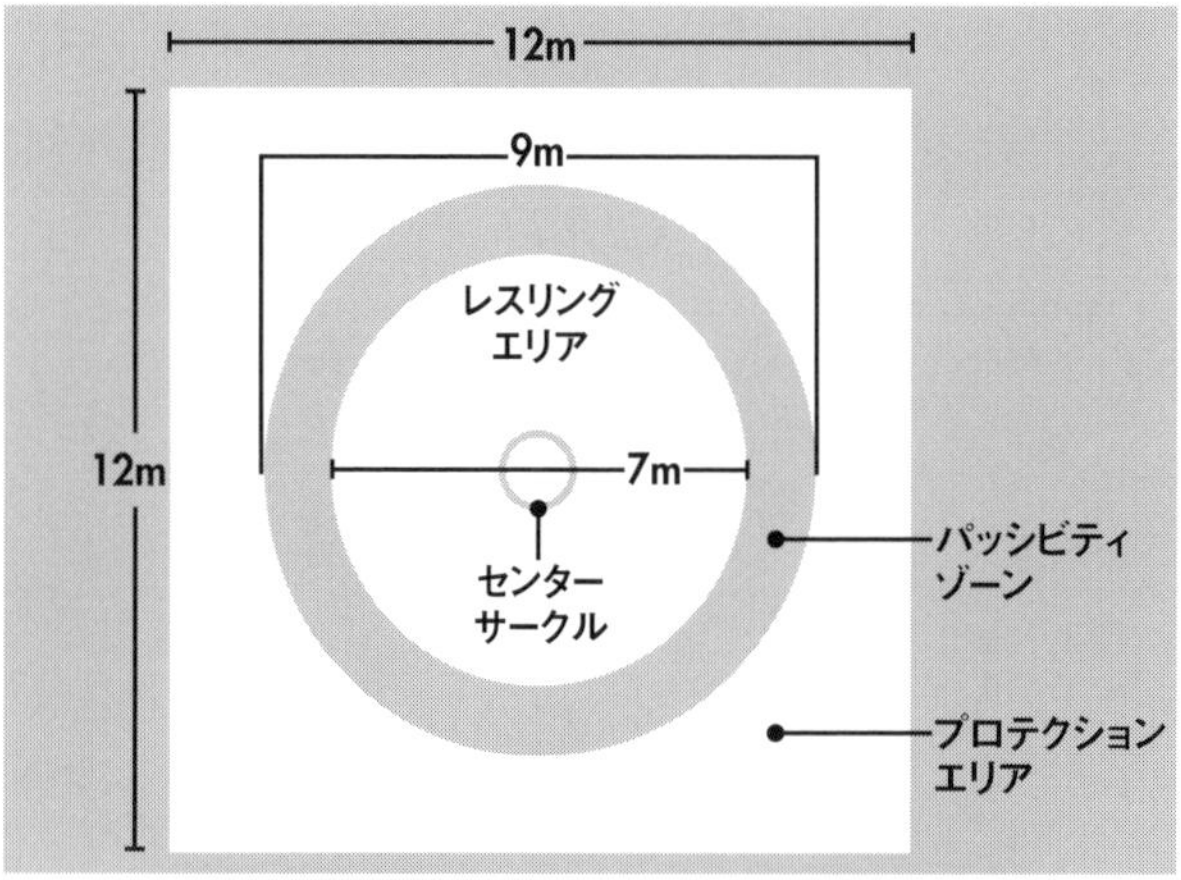

競技の様子

直径9mのマットの上で戦います。円の中心には直径1mの「センターサークル」があり、試合開始時には、このセンターサークルを挟んで選手が向かい合います。円の外側はプロテクションエリアです。プロテクションエリアに選手が出ると試合は中断され、選手はセンターに戻るよう指示されます。

フリースタイル
57kg 級（男子）
65kg 級（男子）
74kg 級（男子）
86kg 級（男子）
97kg 級（男子）
125kg 級（男子）
50kg 級（女子）
53kg 級（女子）
57kg 級（女子）
62kg 級（女子）
68kg 級（女子）
76kg 級（女子）

グレコローマンスタイル
60kg 級（男子）
67kg 級（男子）
77kg 級（男子）
87kg 級（男子）
97kg 級（男子）
130kg 級（男子）

フリースタイルとグレコローマンスタイルの違い

フリースタイル

全身で攻めたり守ったりします。立ち技、寝技に加えて足技もあり、スピーディな技の攻防が見どころとなります。なお、フリースタイルでは消極的な試合態度はNG。口頭注意された後に改善が見られない場合、30秒以内にポイントをとれないと1点を失い、さらに警告1が科せられるなどの罰則があります。

グレコローマンスタイル

上半身のみが攻撃対象となります。腰から下を攻めたり、足を使って攻撃したりすることはできません。したがって、技は立ち技、寝技のみ。立ち技や寝技からの投げ技など、ダイナミックな技が多く見られるのもグレコローマンスタイルならでは。足を取るためのタックルも見どころになります。なお、男子のみの種目です。

もっと楽しめるはみ出しネタ

レスリングの選手は、ユニフォームの下に白いハンカチを入れています。出血したときは白いハンカチで傷口を押さえるのがマナー。持っていないとレフェリーから注意されます。

点差がついた際もそこで終了となります。そのほかの場合は、技で得たポイントの多いほうが勝ちです。
　フリースタイルは、タックルで相手のバランスを崩すのが一般的。スピード感あふれる展開は見応え十分です。グレコローマンスタイルは上半身のみの攻防戦。相手の胴を抱え込み、上半身を後ろに反らせながら後方に投げるスープレックスなどダイナミックな投げ技が多く見られ、格闘技の迫力を楽しめます。
　日本の女子レスリングの実力は世界でも抜きん出ており、オリンピックで獲得したメダルの総数は金11、銀3、銅2と他国を大きく引き離しています。今大会も、2020年1月現在、女子では川井梨紗子選手、友香子選手が姉妹で内定しているほか、皆川博恵選手、向田真優選手など、そうそうたるメンバーでオリンピックに臨みます。男子はフリースタイルの乙黒拓斗選手、文田健一郎選手が内定しており、メダル獲得への期待がかかっています。

主なポイント

ポイントとなるのは、大きく２通りです。１つは技自体が決まった場合。もう１つは技をかけてある特定の状況に持ち込む場合です。

獲得ポイント	フリースタイル	グレコローマンスタイル
１点	・相手を場外に出したとき	・相手を場外に出したとき ・テイクダウンされてから相手の後ろにまわって反撃したとき
２点	・テイクダウン ・マットに倒した後からの攻防で、相手をデンジャーポジションに追い込んだとき ・アンクルホールド	・テイクダウン ・マットに倒した後からの攻防で、相手をデンジャーポジションに追い込んだとき
４点	・相手を投げ、一瞬でもデンジャーポジションに追い込んだとき	
５点	・グランドアンプリチュードでデンジャーポジションに追い込んだとき	

※テイクダウン
相手の背後にまわって両手、両ひざの４点のうち３点をマットにつかせる、あるいは相手に尻もちをつかせて背中をマットに向けさせるなど
※デンジャーポジション
肩を 90 度以上マットに向けさせること
※グランドアンプリチュード
大きな弧を描いて相手をデンジャーポジションに落とすこと

主な技

フォール フリースタイル グレコローマン
相手を組み伏せて両肩を同時に１秒間マットの上につけます。レフェリーが「フォール」と合図したら勝ち。試合終了となります。

ローリング フリースタイル グレコローマン
相手の腰に後ろから組みつき、横に１回転します。１回転したときに相手の背中が床を向くので２点獲得できます。

タックル フリースタイル グレコローマン

基本的な技。グレコローマンの場合は相手の胴、フリースタイルの場合は相手の胴・両足／片足のいずれかにタックルします。

アンクルホールド フリースタイル
相手の両足首を腕で固定したまま、自分の体を横回転させることで相手も回転させます。ローリングと同様に相手の背中が床に向くので、２点獲得でき、回転を何度もさせられれば、それだけポイントを獲得できます。

首投げ グレコローマン

左手を相手の首にかけ、左肩をつかむようにして投げます。

もっと楽しめるはみ出しネタ
紀元前 3000 年の古代ギリシャではすでに、レスリングが競技として成立していたといわれています。レスリングは世界最古の格闘スポーツといえるでしょう。

東京2020パラリンピックスケジュール

東京2020パラリンピックでは、22競技・540種目が実施されます。
ここでは、各競技のメダルが確定する日を紹介します。
なお、開会式は8月25日（火）、閉会式は9月6日（日）に行われます。

※日程は今後の調整により変更になる場合があります。

8/26 ㊌

自転車競技/トラック（男子/女子）

水泳（男子/女子）

車いすフェンシング（男子/女子）

8/27 ㊍

自転車競技/トラック（男子/女子）

馬術（混合）

パワーリフティング（男子/女子）

水泳（男子/女子）

車いすフェンシング（男子/女子）

8/28 ㊎

陸上競技/トラック&フィールド（男子/女子）

自転車競技/トラック（男子/女子）

馬術（混合）

柔道（男子/女子）

パワーリフティング（男子/女子）

水泳（男子/女子）

車いすフェンシング（男子/女子）

8/29 ㊏

アーチェリー（混合）

陸上競技/トラック&フィールド（男子/女子）

自転車競技/トラック（男子/女子）

柔道（男子/女子）

パワーリフティング（男子/女子）

水泳（男子/女子）

卓球（男子/女子）

トライアスロン（男子/女子）

車いすフェンシング（男子/女子）

8/30 ㊐

アーチェリー（混合）

陸上競技/トラック&フィールド（男子/女子）

馬術（混合）

柔道（男子/女子）

パワーリフティング（男子/女子）

ボート（男子/女子/混合）

水泳（男子/女子）

卓球（男子/女子）

トライアスロン（男子/女子）

車いすフェンシング（男子/女子）

車いすラグビー（混合）

8/31㊊

- アーチェリー（男子/女子）
- 陸上競技/トラック&フィールド（男子/女子）
- 馬術（混合）
- パワーリフティング（男子/女子）
- 射撃（男子/女子/混合）
- 水泳（男子/女子）
- 卓球（男子/女子）

9/1㊋

- アーチェリー（男子/女子）
- 陸上競技/トラック&フィールド（男子/女子）
- 自転車競技/ロード（男子/女子）
- 射撃（男子/女子）
- 水泳（男子/女子/混合）

9/2㊌

- 陸上競技/トラック&フィールド（男子/女子）
- ボッチャ（混合）
- 自転車競技/ロード（男子/女子）
- 射撃（混合）
- 水泳（男子/女子）
- 車いすテニス（混合）

9/3㊍

- アーチェリー（女子）
- 陸上競技/トラック&フィールド（男子/女子）
- 自転車競技/ロード（男子/女子/混合）
- 射撃（混合）
- 水泳（男子/女子）
- 卓球（男子/女子）
- テコンドー（男子/女子）
- 車いすテニス（混合）

9/4㊎

- アーチェリー（男子）
- 陸上競技/トラック&フィールド（男子/女子/混合）
- カヌー（男子/女子）
- 自転車競技/ロード（男子/女子）
- ゴールボール（男子/女子）
- 射撃（男子/女子）
- 水泳（男子/女子）
- 卓球（男子/女子）
- テコンドー（男子/女子）
- 車いすテニス（男子/女子）

9/5㊏

- アーチェリー（混合）
- 陸上競技/トラック&フィールド（男子/女子）
- バドミントン（男子/女子）
- ボッチャ（混合）
- カヌー（男子/女子）
- 5人制サッカー（男子）
- 射撃（混合）
- シッティングバレーボール（男子）
- テコンドー（男子/女子）
- 車いすバスケットボール（女子）
- 車いすテニス（男子/女子）

9/6㊐

- 陸上競技/マラソン（男子/女子）
- バドミントン（男子/女子/混合）
- 射撃（混合）
- シッティングバレーボール（女子）
- 車いすバスケットボール（男子）

東京2020 パラリンピックの主な競技と見どころ

「もう1つのオリンピック」パラリンピックとは？

パラリンピックとは、手や足、目などに障がいがある、あるいは知的な障がいがあるトップアスリートたちが参加するスポーツの祭典です。４年に1度、オリンピックと同じ年に、同じ場所で開催されます。

国際パラリンピック委員会は、出場条件に厳しい選考基準を設けており、大会レベルを高く維持しています。障がい者の競技レベルそのものも、急速に高まってきており、競技によっては、オリンピックを超える記録が出ることもあって人気も上々です。

また、選手のプレースタイルやルール、使用する道具などが多彩で、よく工夫されています。ハンデをハンデのままで終わらせない、努力と挑戦の可能性の無限さを感じさせてくれる大会であるといえます。

なお、「パラリンピック」は、「もう1つの、並行の」を意味する「パラレル」とオリンピックとを組み合わせた造語です。

パラリンピックでは、個人競技は障がいの重さによってクラス分けされています。細分化されているため、メダルの数もオリンピックに比べて多くなっています。一方、チーム競技の場合は、障がいの程度によって持ち点をそれぞれ設けているものが多く、このように、パラリンピックには独特のシステムがあるのも魅力の1つでしょう。

ここに特有の競技をはじめ、パラリンピックの主な競技とその見どころを挙げました。観戦の参考にしてください。

陸上競技

第１回ローマ 1960 大会から正式競技として実施されている伝統ある競技です。参加する選手の障がいは、視覚障がい、知的障がい、まひ、四肢の欠損などさまざま。このため、陸上競技では障がいの種類や程度などに応じてクラスが分けられており、クラスごとに競技します。義足や競技用の車いすなど、選手の競技スタイルや使用する道具も多種多様です。また、視覚障がいがあるマラソン選手は、伴走者（ガイドランナー）とロープでつながって走ります。このように、選手とサポーターとの息の合ったコンビネーションも、パラリンピックの見どころの１つです。車いす競技で使われる車いすは「レーサー」と呼ばれ、マラソンの下り坂では時速 50km 前後に達するスピードレースとなることも。

柔　道

パラリンピックの柔道は、視覚障がいの選手だけで行われます。このため、陸上や水泳のように障がいの程度に応じたクラス分けではなく、男女別、体重別となります。ルールは基本的に一般の柔道と同じですが、パラリンピック柔道では、両選手がお互いの襟と袖をつかんで組み合った状態から試合がはじまります。このルールにより、一般の柔道のように組み手争いがなく背負投などの大技が決まりやすいことから、「オリンピック柔道よりも柔道らしい」といわれることもあるほどです。ほかに、場外でかけられた技も反則とはならないなど、障がいに配慮した改正が加えられています。

ゴールボール

視覚障がい者による競技です。3人からなる2つのチームが鈴入りのボールを投げ合い、相手のゴールに入れると得点となります。前後半各12分。選手は全員アイシェードを着用し、守備側は、音や床の振動からボールの位置を判断し、ボールを止めます。ボールの重さは1.25kg、時速40kmほどになるため、受け止めるとかなりの衝撃があります。攻撃側は、3人でいっせいに投球する動作をするなどしてボールの位置をわかりにくくします。ボッチャ同様に、パラリンピック独自の競技です。

ボッチャ

パラリンピックにしかない競技の1つ。リオデジャネイロ2016大会で日本チームが銀メダルを獲得したのをきっかけに注目を集め、人気が高まっています。基本ルールは冬季オリンピックのカーリングに似ていて、「ジャックボール」という白いボールに向かって、赤・青それぞれのカラーボールを投げ、ジャックボールに近いボールほど高得点になります。重い脳性まひ、身体障がいのある選手が参加し、ボールを手で投げるのが難しい場合は、足や補助用具を使います。

5人制サッカー

ルールはフットサルをもとにしており、国際ブラインドスポーツ連盟が統括しています。出場選手は視覚障がい者で、個々の視力によって見え方が変わるのを避けるためにアイマスクの着用が義務づけられています。ただし、ゴールキーパーだけは、視覚障がいのない選手か、弱視者が担当することになっています。そのほか、全盲の選手たちを助けるために、ボールに鈴が入っていたり、コーラーあるいはガイドがいたりします。コーラーは、ゴール裏からボールの距離や角度などの情報を選手に伝えることができます。

シッティングバレーボール

お尻を床につけたままで行うバレーボール。レシーブを除き、床からお尻が離れた時点で反則となります。コートは長さ10m×幅6mとオリンピックで使用されるバレーボールコートより狭く、ネットの高さも1m以上低く設定されています。6人制で、公認のボールを使用し、試合は5セットマッチ。1セット25点でラリーポイント制となっていますが、5セット目だけは15点です。オリンピックでは、相手のサーブを直接返球すると反則となりますが、シッティングバレーボールでは可能です。

車いす フェンシング

1960 年にローマで行われた第 1 回パラリンピックから正式競技となっており、ヨーロッパでは特に盛んです。主に下肢に障がいのある選手を対象とした競技で、「ピスト」と呼ばれる専用の台に、車いすを固定した状態で行います。接近戦が多くなるため剣さばきやテクニックはもちろん、集中力や精神力が勝敗を分けます。その他、ウェアや剣、マスクなどの道具は、オリンピックのフェンシングと同じ。ルールもほぼ一緒です。

車いす バスケットボール

コートの大きさやゴールの高さなどは、オリンピックのバスケットボールと同じです。大きな違いは、ボールを持った状態で車いすを手で 3 回以上漕ぐとトラベリングという反則になることなどと、パラリンピック特有のポイント制度が導入されていることです。チームの合計点は 5 人で 14.0 点以下と定められています。主に下肢に障がいがある選手を対象とした競技で、使用する車いすには独自の回転性や敏捷性が備えられています。

自転車競技

ロード競技とトラック（バンク）競技があります。選手は身体障がい者と視覚障がい者が対象で、四肢障がい、下半身不随、脳性まひ、視覚障がいと、障がいに応じてクラスが分かれています。また、自転車も障がいによって一部改造が認められており、ハンドルの形を変えたり、義足を固定できるビンディングペダルを使用したりすることも。その他、3 輪車やハンドサイクル車、タンデム車などが使用可能となっています。タンデム車では、視覚障がいのない「パイロット」が同乗できます。

車いすテニス

返球は 2 バウンド以内というのが、パラリンピックテニスの特徴。その他、コートの広さ、ネットの高さなどは、オリンピックのテニスとほぼ同じルールで行われます。種目はシングルス、ダブルスに加えて「クァード」のシングルス、ダブルスがあります。クァードは 3 肢以上にまひがある、障がいが重い選手が対象。電動車いすの使用や、テーピングでラケットを固定することなどが認められています。いずれの種目でも、「チェアワーク」と呼ばれる巧みな車いす操作も必見です。

水　泳

基本的なルールはオリンピックとほぼ同じですが、障がいの種類や程度によってクラスが分かれています。障がいの種類や程度によってスタートやゴールの仕方が違うのもパラリンピックならでは。下半身に障がいがある選手は、体の状態に合わせて水中スタートか飛び込みスタートかを選べますし、視覚障がいがある選手には、コーチが発泡スチロール製の棒を使ってゴールやターンのタイミングを教えることが認められています。

車いすラグビー

車いす同士がぶつかり合うタックルが唯一認められている男女混合の競技です。パラリンピックでは丸いボールを使用します。各選手には持ち点が与えられていて、0.5 点から 3.5 点まで、合計 8 点以内でチームを編成しなければならないという規定があります。女子選手が出場する場合、1 人につき 0.5 点の追加点が与えられ、女子 2 人が含まれる場合は合計 9 点までで編成することができます。1 試合は 8 分間のピリオドを 4 回くり返します。

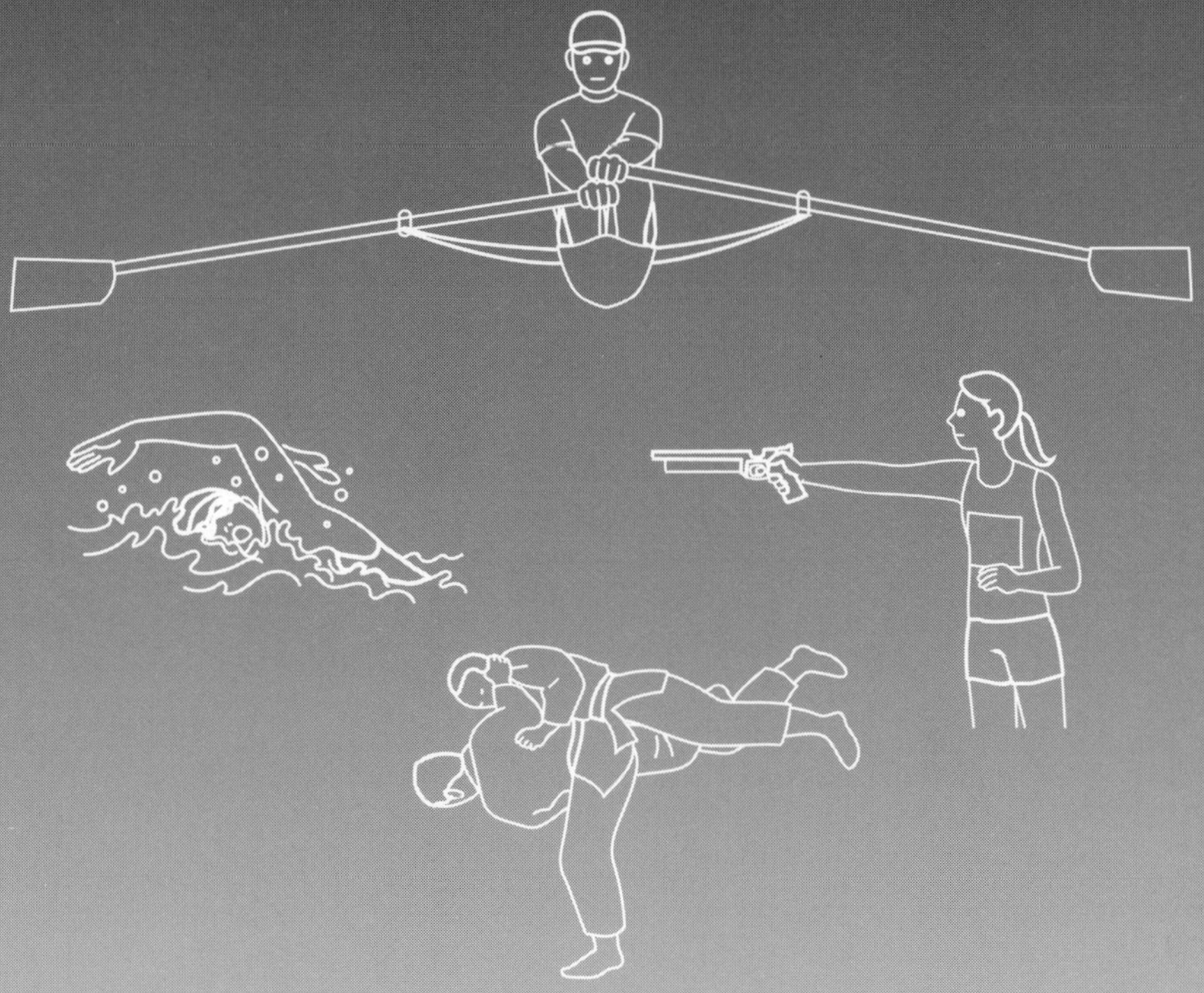

PART2

東京2020開催を通じて

会場ガイド（都心エリア）

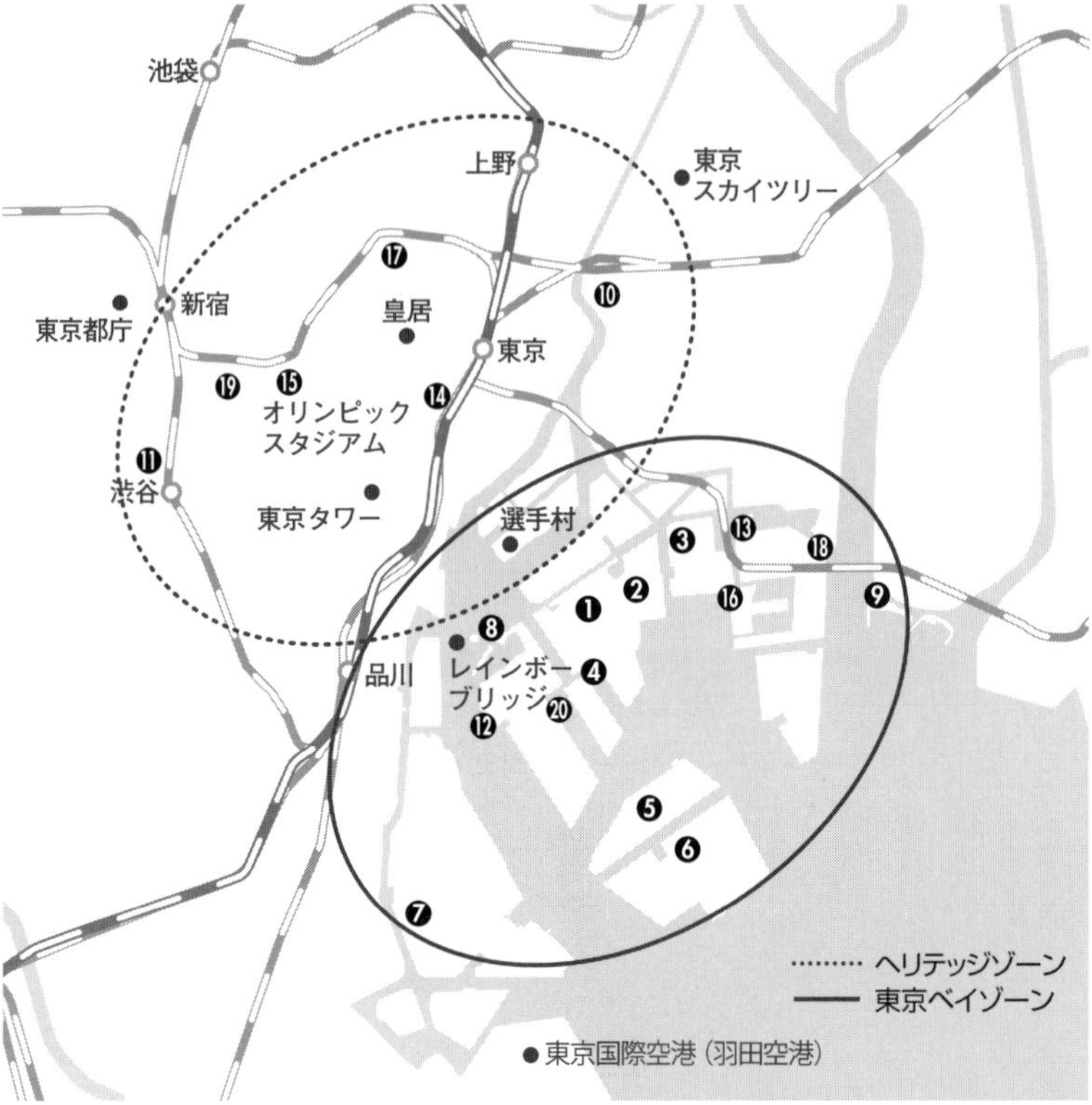

ヘリテッジゾーンと東京ベイゾーン

ヘリテッジ（Heritage）とは「遺産」のこと。ヘリテッジゾーンには、国立代々木競技場、日本武道館、東京体育館といった前回の東京大会の際に整備された施設があり、これらを有効活用することが、今大会の特徴になっています。一方、湾岸に広がる東京ベイゾーンには、有明アリーナや東京アクアティクスセンターなどの新しい競技場が整備されました。

競…開催競技
所…所在地
駅…大会時の最寄り駅
バ…シャトルバス

＊大会組織委員会が想定している大会時の最寄り駅を記載しているため、通常の最寄り駅とは異なる場合があります。
＊最寄り駅は本書の発刊後に追加・変更される場合があります。
＊路線バスでアクセスできる会場もあるのでご確認ください。
＊シャトルバスの運行は変更になる場合があります。
＊当日は混雑が予想されるため、余裕を持った移動をお勧めします。

コンパクトに会場を配置

〝コンパクト五輪〟をうたっている東京大会は、競技会場の大半を選手村（中央区晴海）から8㎞圏内に配置しています。選手の移動に配慮しているのが特徴です。都心と湾岸に集中し、駅や停留所にも近いため、観客も足を運びやすい会場配置になっています。

前回の東京大会で建設された施設を核とするヘリテッジゾーンと、東京湾岸に展開する東京ベイゾーンに大別されます。

本書では、観戦の観点から、都心の会場と、それ以外の地域の会場に分けて解説します。

もっと楽しめるはみ出しネタ

「遺産」と和訳される単語にはLegacy（レガシー）もありますが、Heritageは文化的価値、Legacyは資産的価値のニュアンスを含みます。「ヘリテッジゾーン」と呼ぶ意味が理解できるでしょう。

❶ 有明アーバンスポーツパーク

競 **自転車競技（BMX フリースタイル、BMX レーシング）、スケートボード**

所 江東区有明

駅 国際展示場駅（りんかい線）、有明テニスの森駅（ゆりかもめ）

バ ―

❷ 有明体操競技場

競 **体操**

所 江東区有明

駅 国際展示場駅（りんかい線）、有明テニスの森駅（ゆりかもめ）

バ ―

❸ 有明アリーナ

競 **バレーボール**

所 江東区有明

駅 国際展示場駅（りんかい線）、東雲駅（りんかい線）、豊洲駅（ゆりかもめ・有楽町線）、新豊洲駅（ゆりかもめ）

バ ―

❹ 有明テニスの森

競 **テニス**

所 江東区有明

駅 国際展示場駅（りんかい線）

バ ―

❺ 海の森 クロスカントリーコース

競 **馬術（総合馬術〈クロスカントリー〉）**

所 江東区青海

駅 東京テレポート駅（りんかい線）、新木場駅（JR 京葉線・有楽町線・りんかい線）

バ 有（東京テレポート・新木場各駅発着）

❻ 海の森水上競技場

競 **カヌー（スプリント）、ボート**

所 江東区青海

駅 東京テレポート駅（りんかい線）、新木場駅（JR 京葉線・有楽町線・りんかい線）

バ 有（東京テレポート・新木場各駅発着）

❼ 大井ホッケー競技場

競 **ホッケー**

所 品川区八潮・大田区東海

駅 大井競馬場前駅（東京モノレール）、立会川駅（京浜急行）

バ ―

❽ お台場海浜公園

競 **水泳（マラソンスイミング）、トライアスロン**

所 港区台場

駅 東京テレポート駅（りんかい線）
入場時：台場駅（ゆりかもめ）
退場時：お台場海浜公園駅（ゆりかもめ）

バ ―

❾ カヌー・スラロームセンター

競 **カヌー（スラローム）**

所 江戸川区臨海町

駅 葛西臨海公園駅（JR 京葉線）

バ ―

❿ 国技館

競 **ボクシング**

所 墨田区横網

駅 両国駅（JR 総武線・都営大江戸線）

バ ―

⓫ 国立代々木競技場

競 **ハンドボール**

所 渋谷区神南

駅 原宿駅（JR 山手線）、明治神宮前駅（千代田線・副都心線）

バ ―

⓬ 潮風公園

競 **バレーボール（ビーチバレーボール）**

所 品川区東八潮

駅 東京テレポート駅（りんかい線）、台場駅（ゆりかもめ）

バ ―

⓭ 東京アクアティクスセンター

競 **水泳（競泳、飛込、アーティスティックスイミング）**

所 江東区辰巳

駅 潮見駅（JR 京葉線）、辰巳駅（有楽町線）

バ ―

⓮ 東京国際フォーラム

競 **ウエイトリフティング**

所 千代田区丸の内

駅 有楽町駅（JR 山手線・京浜東北線）、有楽町駅（有楽町線）

バ ―

⓯ 国立競技場

競 **開会式・閉会式、陸上競技、サッカー**

所 新宿区霞ヶ丘町

駅 千駄ケ谷駅・信濃町駅（JR 総武線）、青山一丁目駅（半蔵門線・都営大江戸線）、北参道駅（副都心線）、外苑前駅（銀座線）、国立競技場駅（都営大江戸線）

バ ―

⓰ 東京辰巳国際水泳場

競 **水泳（水球）**

所 江東区辰巳

駅 入場時：辰巳駅（有楽町線）、潮見駅（JR 京葉線）
退場時：新木場駅（JR 京葉線・有楽町線・りんかい線）

バ ―

⓱ 日本武道館

競 **柔道、空手**

所 千代田区北の丸公園

駅 九段下駅（東西線・半蔵門線・都営新宿線）

バ ―

⓲ 夢の島公園 アーチェリー場

競 **アーチェリー**

所 江東区夢の島

駅 新木場駅（JR 京葉線・有楽町線・りんかい線）

バ ―

⓳ 東京体育館

競 **卓球**

所 渋谷区千駄ヶ谷

駅 千駄ケ谷駅（JR 総武線）、国立競技場駅（都営大江戸線）

バ ―

⓴ 青海 アーバンスポーツパーク

競 **スポーツクライミング、バスケットボール（3 × 3）**

所 江東区青海

駅 東京テレポート駅（りんかい線）

バ ―

もっと楽しめるはみ出しネタ

競技が深夜まで及ぶ場合に備え、鉄道各社は大会期間中、平日休日ともに終電を通常より遅くして対応します。30 ～ 90 分繰り下げる予定で、例えば JR 山手線は午前２時台まで運行されることになります。

会場ガイド（首都圏・東日本）

東北や北海道でも熱戦が

〝コンパクト五輪〟をうたっているとはいえ、都心から離れた場所にも競技会場は設けられています。都内には前回東京大会にも使用された馬事公苑など5会場、隣接する神奈川、埼玉、千葉、茨城の各県に計10会場、また静岡県東部にも3会場が設けられました。さらに東北の福島県と宮城県、北海道札幌市でも競技が行われます。

　つまり1都1道7県に及び、全42会場の約3分の1は都外にあることになります。東京五輪という名称ですが、実質的には「東日本五輪」となります。

競…開催競技
所…所在地
駅…大会時の最寄り駅
バ…シャトルバス

＊大会組織委員会が想定している大会時の最寄り駅を記載しているため、通常の最寄り駅とは異なる場合があります。
＊最寄り駅は本書の発刊後に追加・変更される場合があります。
＊路線バスでアクセスできる会場もあるのでご確認ください。
＊シャトルバスの運行は変更になる場合があります。
＊当日は混雑が予想されるため、余裕を持った移動をお勧めします。

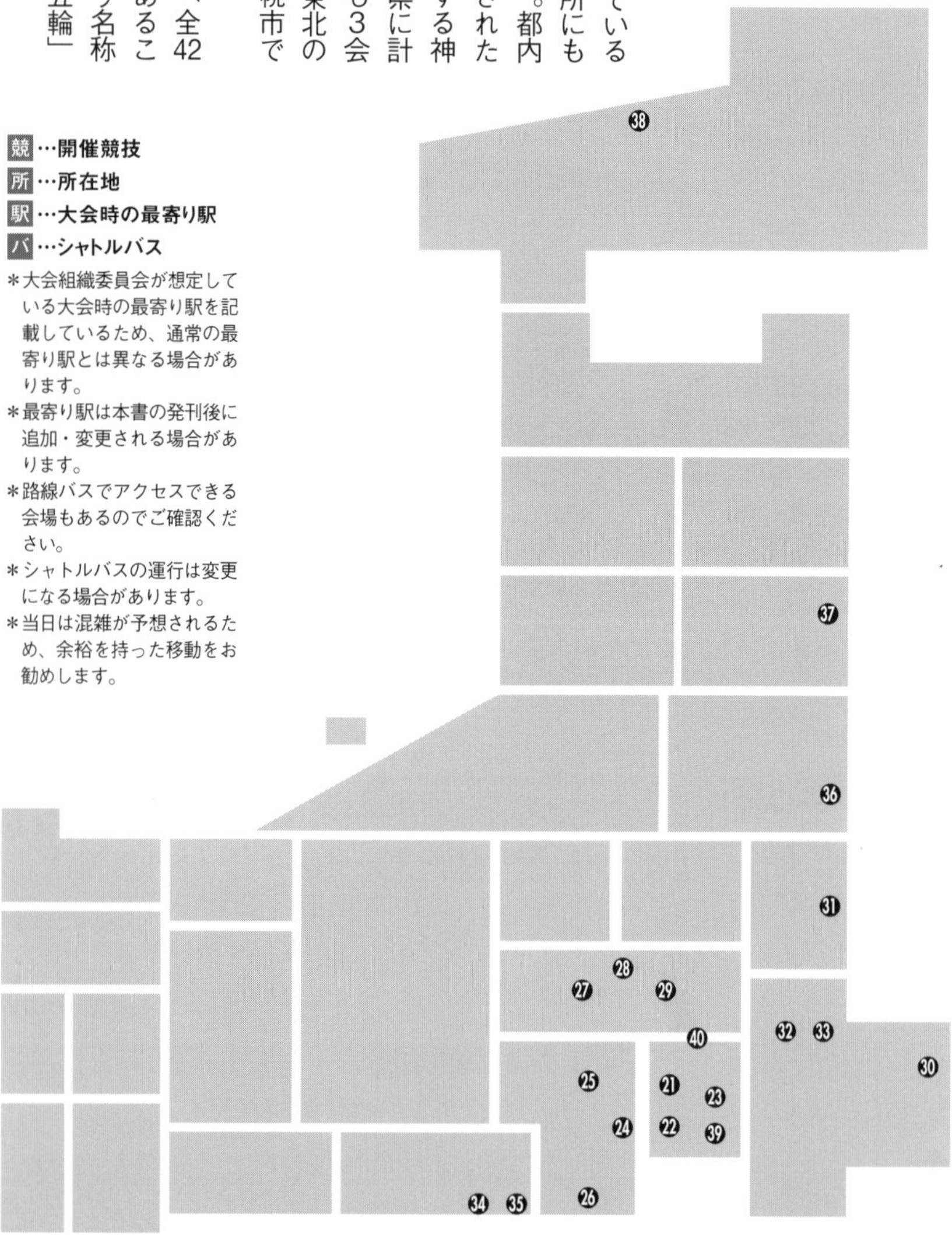

もっと楽しめるはみ出しネタ

東京大会は招致段階より、東日本大震災から立ち直りつつある姿を世界にアピールし、被災地復興を加速させる「復興五輪」をうたってきました。東北２県での競技開催は、この一環でもあります。

㉑ 武蔵野の森公園

競 **自転車競技**
（ロード〈ロードレース・スタート〉）
所 東京都府中市朝日町
駅 多磨駅（西武多摩川線）
バ ー

㉒ 武蔵野の森 総合スポーツプラザ

競 **バドミントン、近代五種（フェンシング）**
所 東京都調布市飛田給
駅 飛田給駅（京王線）
バ ー

㉓ 東京スタジアム

競 **サッカー、ラグビー、近代五種（水泳、フェンシング、馬術、レーザーラン）**
所 東京都調布市西町
駅 飛田給駅・西調布駅・調布駅（京王線）、狛江駅（小田急線）、武蔵境駅（JR 中央線・西武多摩川線）、多磨駅（西武多摩川線）
バ 有（調布・狛江・武蔵境各駅発着）

㉔ 横浜スタジアム

競 **野球・ソフトボール**
所 神奈川県横浜市中区
駅 関内駅（JR 根岸線・横浜市営地下鉄ブルーライン）、日本大通り駅（みなとみらい線）
バ ー

㉕ 横浜国際総合競技場

競 **サッカー**
所 神奈川県横浜市港北区
駅 小机駅（JR 横浜線）、新横浜駅（JR 横浜線・横浜市営地下鉄ブルーライン・東海道新幹線）
バ ー

㉖ 江の島ヨットハーバー

競 **セーリング**
所 神奈川県藤沢市江の島
駅 片瀬江ノ島駅（小田急江ノ島線）、江ノ島駅（江ノ島電鉄）、湘南江の島駅（湘南モノレール）
バ 有（東京テレポート・新木場各駅発着）

㉗ 霞ヶ関カンツリー倶楽部

競 **ゴルフ**
所 埼玉県川越市笠幡
駅 笠幡駅（JR 川越線）、狭山市駅（西武新宿線）、稲荷山公園駅（西武池袋線）、川越駅（ 東武東上線・JR 川越線）
バ 有（狭山市・稲荷山公園・川越各駅発着）

㉘ さいたまスーパーアリーナ

競 **バスケットボール**
所 埼玉県さいたま市中央区
駅 さいたま新都心駅（JR 高崎線・宇都宮線・京浜東北線）、北与野駅（JR 埼京線）
バ ー

㉙ 埼玉スタジアム 2002

競 **サッカー**
所 埼玉県さいたま市緑区
駅 浦和美園駅（埼玉高速鉄道）、浦和駅（JR 宇都宮線・高崎線・湘南新宿ライン・京浜東北線）、東浦和駅（JR 武蔵野線）、北越谷駅（東武スカイツリーライン）
バ 有（浦和美園・浦和・東浦和・北越谷各駅発着）

㉚ 釣ヶ崎海岸サーフィンビーチ

競 **サーフィン**
所 千葉県一宮町
駅 上総一ノ宮駅（JR 外房線）
バ 有（上総一ノ宮駅発着）

㉛ 茨城カシマスタジアム

競 **サッカー**
所 茨城県鹿嶋市神向寺後山
駅 鹿島神宮駅（JR 鹿島線）、鹿島サッカースタジアム駅（鹿島臨海鉄道線）
バ 有（鹿島神宮駅発着）

㉜㉝ 幕張メッセ

競 **A ホール：テコンドー、レスリング**
B ホール：フェンシング
所 千葉県千葉市美浜区
駅 海浜幕張駅（JR 京葉線）
バ ー

㉞ 伊豆MTBコース

競 **自転車競技（マウンテンバイク）**
所 静岡県伊豆市大野
駅 伊東駅（JR 伊東線）、修善寺駅（伊豆箱根鉄道）
バ 有（伊東・修善寺各駅発着）

㉟ 伊豆ベロドローム

競 **自転車競技（トラック）**
所 静岡県伊豆市大野
駅 伊東駅（JR 伊東線）、修善寺駅（伊豆箱根鉄道）
バ 有（伊東・修善寺各駅発着）

㊱ 福島あづま球場

競 **野球・ソフトボール**
所 福島県福島市佐原
駅 福島駅（JR 東北本線・山形線、阿武隈急行線、福島交通飯坂線）
バ 有（福島駅発着）

㊲ 宮城スタジアム

競 **サッカー**
所 宮城県利府町菅谷字舘
駅 仙台駅（JR 常磐線、仙山線、仙石線、東北本線・南北線・東西線）、泉中央駅（南北線）、利府駅（JR 東北本線）、荒井駅（東西線）、多賀城駅（JR 仙石線）
バ 有（仙台・泉中央・利府・荒井・多賀城各駅発着）

㊳ 札幌ドーム

競 **サッカー**
所 北海道札幌市豊平区
駅 福住駅（東豊線）、南郷 18 丁目駅（東西線）、真駒内駅・平岸駅（南北線）、白石駅（JR 北海道線）、新札幌駅（JR 北海道線）、新さっぽろ駅（東西線）
バ 有（福住・南郷 18 丁目・真駒内・平岸・白石・新札幌・新さっぽろ 各駅発着）

㊴ 馬事公苑

競 **馬術（馬場馬術、総合馬術、障害馬術）**
所 世田谷区上用賀
駅 経堂駅・千歳船橋駅・成城学園前駅（小田急線）、用賀駅・新桜町駅（東急田園都市線）、上町駅（東急世田谷線）
バ 有（用賀駅発着〈夜間退出時：成城学園前駅着〉）

㊵ 陸上自衛隊朝霞訓練場

競 **射撃**
所 練馬区大泉学園町
駅 朝霞駅（東武東上線）、和光市駅（東武東上線・有楽町線・副都心線）、光が丘駅（都営大江戸線）
バ 有（朝霞・和光市・光が丘各駅発着）

※マラソン、競歩の会場は、各競技ページにコースマップを掲載しています。

もっと楽しめるはみ出しネタ

ボート競技を宮城県登米市で行う案を小池百合子東京都知事が提唱し、混乱したことがあります（2016 年）。結局実現しませんでしたが、同市はその後、ポーランドの事前キャンプ地に決まっています。

TOKYO
2020

新国立競技場

スポーツの新聖地誕生

オリンピックスタジアムは、1964年大会のメイン会場だった旧国立競技場を建て替えた新国立競技場（正式名：国立競技場）です。隈研吾氏の設計による、木材を多く用いて〝日本らしさ〟を大きく打ち出した建築物。明治神宮外苑の緑と一体化した杜のスタジアムをうたっています。

建設計画は二転三転しました。2016年大会の招致では中央区晴海に新設する計画でしたが、2020年大会は旧国立競技場を建て替えることに。一度決まった案も仕切り直しとなり、ようやく現在の形に決定しました。難産の末誕生したスポーツの新聖地で、どんな熱戦が展開されるでしょうか。

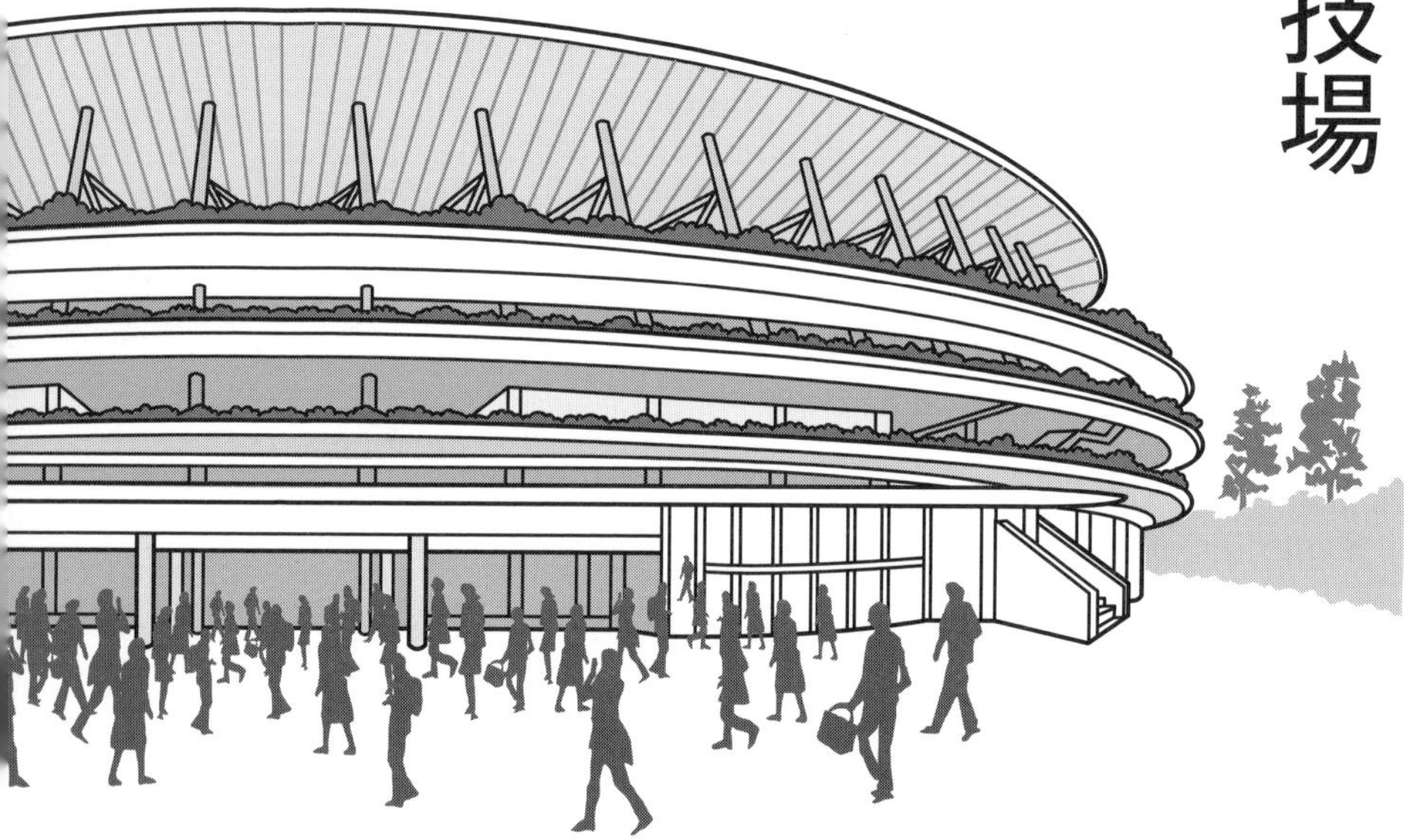

新国立競技場の概要

場所	新宿区霞ヶ丘町
建築面積	約72,400㎡
延べ面積	約194,000㎡
階数	地上5階・地下2階
高さ	約47.4m
座席数	約60,000席　※80,000席まで増設可能

隈研吾氏

建築家。1954（昭和29）年生まれ。東京大学教授。木材や竹などの自然素材を積極的に用い、縦格子を基調としたデザインが印象的な“和テイスト”の建築物で知られる。手がけた作品の多くで受賞。サントリー美術館、根津美術館、寿月堂銀座歌舞伎座、浅草文化観光センター、京王電鉄高尾山口駅駅舎、JR高輪ゲートウェイ駅（建設中）など実績多数。

もっと楽しめるはみ出しネタ

旧国立競技場の正式名称は「国立霞ヶ丘陸上競技場」で、「国立競技場」はあくまで“通称”でした。国立の競技場はほかにもあるからですが、新しい国立競技場は「国立競技場」が正式名称となります。

新国立競技場建設までの歩み

2012年

- 2月　国立競技場の全面改築構想発表（17日）
- 7月　新国立競技場基本構想の国際コンペ公募開始（20日）
- 9月　公募締切（25日／応募件数：46）
- 11月　国際コンペ結果発表（15日）。ザハ・ハディド氏案採用
  ※その後、高額な建設費と維持費が問題化

2014年

- 5月　旧国立競技場閉場（31日）

2015年

- 3月　旧国立競技場解体工事開始
- 5月　旧国立競技場解体工事終了
- 7月　安倍晋三首相が計画の白紙化を表明（17日）
- 8月　新計画発表（28日）
- 9月　再コンペ公募開始（1日）
  公募締切（18日／応募件数：2）
- 12月　審査結果公表（22日）
  A案（大成建設・梓設計・隈研吾建築都市設計事務所 共同企業体）に優先交渉権
  ※B案が「伊東豊雄・日本設計・竹中工務店・清水建設・大林組 共同企業体」によることも併せて公表

2016年

- 12月　本体工事開始

2019年

- 11月　竣工
- 12月　オープニングイベント（21日）

聖火台はどうなる？

大会のシンボルとなる聖火台ですが、今大会の聖火台がどのようなものになるか、現時点では明らかになっていません（2019年12月現在）。トップシークレットなのか、さまざまな憶測も流れていますが、建材に木が使われているため防火に最大限の配慮が求められることは間違いなく、今までにない斬新な聖火台になる可能性もあって、期待されています。

もっと楽しめる はみ出しネタ

2016年大会の招致計画で、オリンピックスタジアムの新設が見込まれた晴海地区。その建設想定地に建てられたのが、今大会の選手村です。これもある意味「レガシーの活用」といえるかもしれません。

TOKYO 2020

選手村

大会終了後はマンション街に

大会期間中、各国選手の生活の場となる選手村は、これまでにない方式で開設されます。従来、日本では、選手村としてつくられた建物を、大会終了後に公営住宅に転用するのが一般的でしたが、今大会では、東京都が進める晴海地区の市街地再開発事業に組み込み、民間デベロッパーが建設するマンションを組織委員会が借り受け、大会期間中に選手村として供用します。キャパシティーは21棟・1万8,000床。大会終了後はリノベーションされ、高層マンション2棟を加えたうえで分譲・賃貸されます。商業施設や小中学校等もつくられ、1万2千人の居住を想定した新市街「晴海フラッグ」に生まれ変わります。

選手村の概要

敷地面積	44ha
棟数	21 棟（14 ～ 18 階建て／約 3,800 戸・約 18,000 床）
施設	居室（シングル、ツイン）、ビレッジプラザ、メインダイニングホール、カジュアルダイニング、スポーツジム、総合診療所、商業施設など
使用期間	**オリンピック** 2020 年 7 月 14 日～ 8 月 12 日 **パラリンピック** 同年 8 月 18 日～ 9 月 9 日

大会後に整備される「HARUMI FLAG」の概要

高層棟 2（追加建設／分譲）、中層板状棟 21（分譲 17・賃貸 4）、総戸数 5,632（2LDK ～ 4LDK）、商業施設・小中学校・水素ステーション・公園等を併設、想定最大人口約 18,000 人、2023 年春に入居開始予定

もっと楽しめるはみ出しネタ

居室で使用される寝具も画期的です。ベッドのフレームは段ボール製。紙とはいえ約 200kg の荷重に耐える強度があるといいます。役割を終えた後は古紙として回収され、再利用されることになっています。

選手村の歴史

選手村の源流はパリ 1924 大会で設けられたコテージといわれます。正式な選手宿泊施設として設けられたのはロサンゼルス 1932 大会が最初です（ただし男子のみ。女子はロンドン 1948 大会から）。大会終了後は住宅に転用されるのが一般的ですが、レークプラシッド 1980 冬季大会の選手村は刑務所に転用されました。これまで日本で開かれた３大会の選手村について紹介します。

東京大会の選手村

在日米軍の宿舎、通称・ワシントンハウス（旧陸軍代々木練兵場）が五輪に合わせて返還され、選手村「本村」が整備された（八王子、相模湖、大磯、軽井沢に「分村」を併設）。跡地は都立代々木公園、施設の一部は国立オリンピック記念青少年総合センターに転用。

1964 年

札幌冬季大会の選手村

札幌市郊外（当時）真駒内の北海道警察学校跡に日本住宅公団（現 UR 都市機構）などが整備。今も「UR 五輪団地」として現役。フィギュアスケートで銅メダルのジャネット・リン選手（アメリカ）が、部屋の壁に「Peace & Love」と書き残したエピソードが有名。

1972 年

長野冬季大会の選手村

大会前年に開業した JR 信越本線・今井駅（長野市川中島町）の東に長野市が整備した市営住宅地「今井ニュータウン」を選手村として借用。大会後は予定どおり一般に分譲されたが、当初は販売が伸び悩んだという。今も市営住宅、長野県職員宿舎として現役。

1998 年

選手村　ここに注目！

メインダイニング／カジュアルダイニング

選手に食事を提供するメインダイニングは 2 階建てで約 4,500 席。24 時間営業で選手の需要に応える。軽食を提供するカジュアルダイニングは 3 か所に開設（計 400 席）。「日本ならではの“食”」を提供しようと、一部のメニューを国内から広く公募する「みんなのフードプロジェクト」が実施された。

ビレッジプラザ

選手村のシンボル的施設。チーム歓迎式典などを行うホールのほか、各種店舗、銀行・郵便局など、選手の生活を支える施設が入る。木造平屋建て（延床面積：約 6,000㎡）で、全国 63 自治体から提供された木材約 2,000㎥を使用。大会終了後は解体されて各自治体に返却され、再利用される。

もっと楽しめるはみ出しネタ

選手「村」だけに、管理責任者は「村長」。施設の“顔”なので著名人が就くことも多く、1998 年長野冬季大会では、メルボルン 1956 大会レスリングの金メダリスト、笹原正三氏が務めました。

テストイベントとは？

トップアスリートの本気の戦いが見られる

テストイベントは、本番に向けて、会場や設備、大会運用などに問題がないかどうかをチェックし、課題を洗い出すために行われます。

例えば自転車競技の１つである男子ロードレースの場合、東京都調布市にある「武蔵野の森公園」をスタートし、静岡県小山町にある富士スピードウェイにゴールする、約２４４㎞のコースで争われます。

しかし、日本国内で行われる自転車競技ロードレースは、ほとんどが１周数㎞から20㎞程度の周回コースで行われており、１都３県にわたる長大なレースを運営するノウハウは、ほとんどありません。

２０１９年7月21日に男子自転車競技ロードレースのテストイベ

テストイベントのロゴ

東京 2020 組織委員会が主催するテストイベントには、「東京 2020 大会の準備ができた。気を引き締めて、成功に向かって進んでいこう」というメッセージが込められた、ロゴ“READY STEADY TOKYO”が冠されています。

競技（種別）	日程	READY STEADY TOKYO
セーリング	2018年9月9日～16日	－
自転車競技（ロード）	2019年7月21日	○
バドミントン	2019年7月23日～28日	－
ボート	2019年8月7日～11日	－
トライアスロン	2019年8月15日～18日	－
バスケットボール（バスケットボール）	2019年8月22日～25日	－
柔道	2019年8月25日～9月1日	－
陸上競技（マラソン）	2019年9月15日	－
レスリング	2019年10月3日～5日	○
卓球	2019年11月6日～10日	－
サッカー	2020年1月1日	－
ボッチャ	2020年2月28日～3月1日	－
スポーツクライミング	2020年3月6日～8日	○
車いすラグビー	2020年3月12日～15日	－
体操（体操）	2020年4月4日～5日	－
水泳（競泳）	2020年4月14日～15日	○
陸上競技	2020年5月5日～6日	－

https://tokyo2020.org/jp/games/sport/testevents/
※「READY STEADY TOKYO」欄に○があるものは、東京 2020 組織委員会主催。
それ以外は、各競技団体が主催している。

テストイベントの予定

オリンピック本番のリハーサルにあたるテストイベントは、すでにはじまっています。左の表は、一部。2018 年９月に開催されたセーリングから 2020 年５月予定の陸上競技まで、56 競技のテストイベントがあります（2020 年１月 14 日時点）。

もっと楽しめるはみ出しネタ

自転車競技（ロード）テストイベントに参加したボランティアには、執務中の SNS は禁止の旨、通達がありました。しかし、SNS の情報発信力を踏まえ、本番では弾力的な運用も考えられているとか。

ントが、選手のほか、監督やコーチ、メディア、審判なども加え、本番さながらのコースで行われました。

テストイベントに参加する選手は、競技によってさまざまです。オリンピック・パラリンピック本番とほぼ同じ選手が出場する競技もあります。そうした意味で、テストイベントは、単なるリハーサルの枠を超えています。トップレベルの選手たちが、本気で競技をしているからです。

観戦したい場合は、テストイベントでは共通のチケット販売窓口があるわけではないので、観たい競技のテストイベント・ホームページをチェックし、観戦チケットの入手方法を個別に確認してください。テストイベントによっては、無料で観戦できるものもあります。

東京2020大会の観戦チケット抽選に外れた人でも、世界のトップアスリートたちが躍動し、競い合う姿を見ることができるチャンスが、テストイベントなのです。

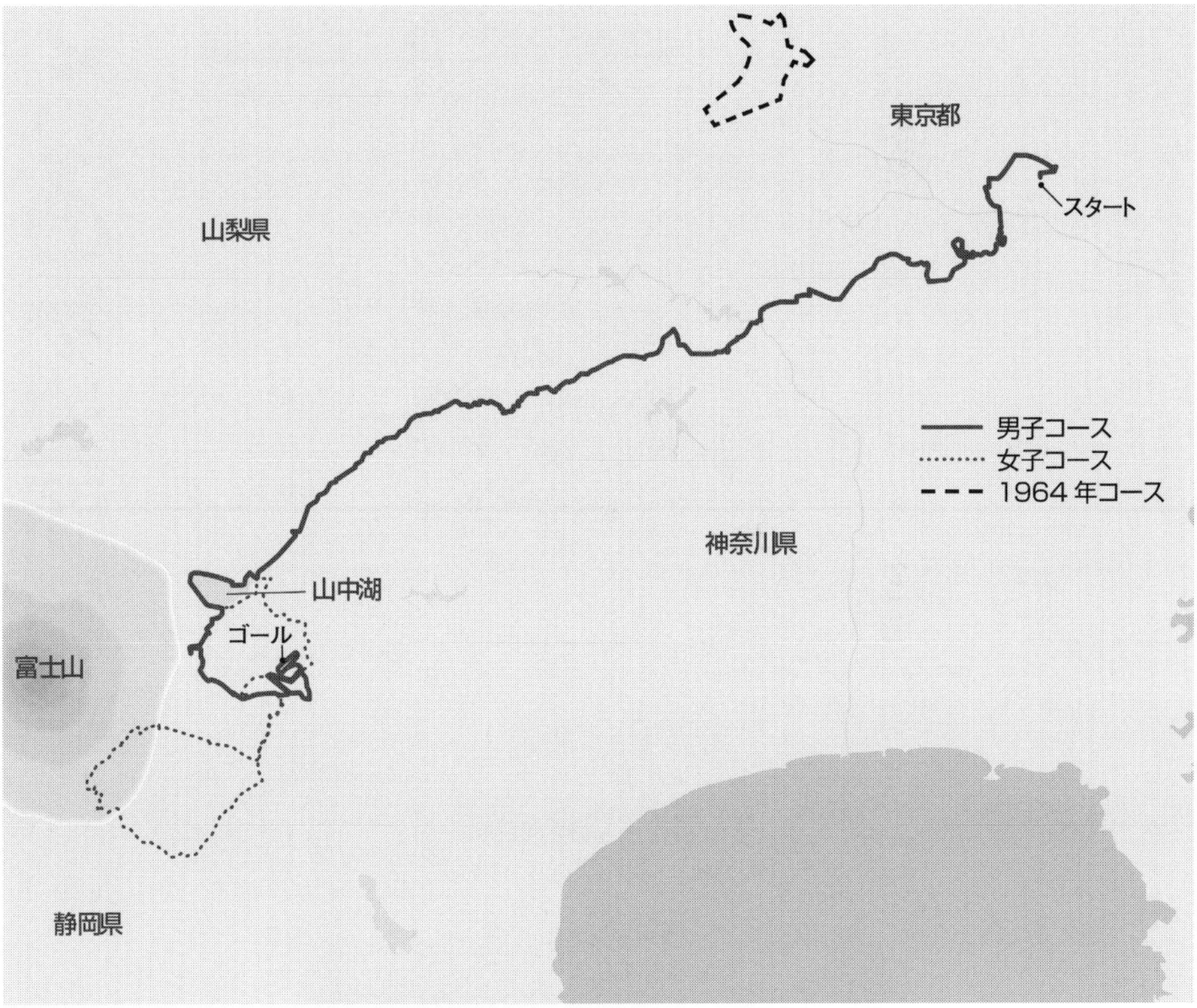

1964 年大会と東京 2020 大会

実線は、東京 2020 自転車競技ロードレース男子のコース。ちなみに、1964 年の東京オリンピックでは、点線で描いた周回コースを 8 周（200km）しました。自転車競技ロードレースのような長大なコースが設定されたレース開催経験は、日本はまだ乏しいといえます。だからこそ、テストイベントは、運営側にとっては、大切な本番へのリハーサルなのです。

もっと楽しめる はみ出しネタ

テストイベントでは、本大会を見据えた運用が行われます。開催済みの一部テストイベントでは、テロなどを想定した爆発物処理班なども会場に現れたようです。

TOKYO 2020

東京2020の物流問題

大会関係者に対する輸送対策

　東京2020大会では、約9万人の大会関係者、約27万人の大会スタッフ、そして約1,010万人の観客が見込まれています。膨大な人数の輸送を確保しつつ、大都市東京の経済活動が生み出す、年間2億2,800万トンの物流を維持する必要があります。

　現状のまま東京2020大会を迎えた場合、首都高速の渋滞は、現況の2倍近くまで悪化することが予測されていますし、異常な通勤ラッシュが発生するため、会社に間に合わない人も出てくるでしょう。観客も会場にたどり着けないかもしれませんし、選手すらも競技開始時間に間に合わないかもしれません。

　そのため、東京都を中心に、さまざまな対策が考えられています。

　競技会場は、「ヘリテッジゾーン」と、東京湾岸部に広がる「東京ベイゾーン」の2つに大別されます（→108ページ参照）。

　中央区晴海にある選手村から各競技会場（千葉県、埼玉県、東京都調布市など近郊競技場を含む）への移動ルートに設定されるのが、

夏季オリンピックを開催した都市の域内総生産

過去3大会の開催都市におけるGRP（域内総生産）を比較したもの。東京は2位のニューヨーク、3位のロサンゼルスを押さえて世界一。前回大会のリオデジャネイロ、前々回のロンドンなどと比べて、突出しています。東京は、この経済活動を維持しつつ、巨大イベントを遂行しなければならないという大きな使命を抱えています。

開催年	都市名	2014年実績/単位:10億米ドル
2020	東京（首都圏）	1617
2016	リオデジャネイロ	176.6
2012	ロンドン	835.7
2008	北京	506.1

東京2020大会における大会物流と通常物流

主な輸送機関	オリンピック物流
バス・乗用車	大会関係者（選手等）
トラック等	競技備品等
公共交通機関（鉄道・バス等）	観客・会場スタッフ

主な輸送機関	通常物流
トラック等	通常物流

交通網が発達している東京ではありますが、狭い土地に人がひしめき合っているのは通常であってもそうです。オリンピックが開催されるとなると、混乱するのは必至です。着々と準備が進められています。

もっと楽しめるはみ出しネタ

東京2020大会に向けて、道路標識の一部が変更されました。「一時停止」標識の「止まれ」の文字下には、「STOP」、「徐行」および「前方優先道路」の「徐行」の文字下には「SLOW」が追加されています。

「オリンピック（パラリンピック）・ルート・ネットワーク」。バスや乗用車が輸送を担います。

東京２０２０大会における輸送対策は多岐にわたりますが、その要となるのが、「ＴＤＭ（交通需要マネジメント）」です。ＴＤＭは、東京23区内を中心に、交通需要をコントロールする対策です。例えば、期間中は、日中の首都高速の通行料金を１，０００円上乗せする、都心方面に向かう一般道の信号を短くするといった対策が予定されています。また、東京都では、「２０２０ＴＤＭ推進プロジェクト」を立ち上げ、協力団体・企業を募っています。

同プロジェクトに参加する際は、時差通勤やテレワークの実施、もしくは物流の発送時間を競技開催時間外に変更するなど、ＴＤＭに貢献ができるアクションプランを表明する必要があります。

２０１９年12月11日現在、すでに、３，２６５社が協力を表明しています。

各競技開催地と物流の近接

「海の森水上競技場」では、ボート競技が行われる予定です。ここだけでなく、東京ベイゾーンの各競技場は、倉庫や東京港のふ頭に隣接しているため、物流への影響は必至。対策が急がれます。

対策

選手村から各会場に設定される
オリンピック・ルート・ネットワーク

鉄道等の安全で円滑な輸送を実現する
公共交通輸送マネジメント

道路状況に応じて
交通の需給関係を高度に運用管理する
交通システムマネジメント（TSM）

交通需要の
抑制・分散・平準化を行う
交通需要マネジメント
（TDM）

もっと楽しめる はみ出しネタ

かつて上野や銀座など、山手線東部が人気の繁華街でしたが、1964年大会で駒沢、代々木など山手線西部が開発されたことによって、渋谷、新宿に人気が移っていったという説があります。

TOKYO
2020

東京2020ボランティア

2つのボランティア

　東京２０２０大会には、２種類のボランティアがあります。「Ｆｉｅｌｄ Ｃａｓｔ」は、組織委員会が募集する大会ボランティアで、「Ｃｉｔｙ Ｃａｓｔ」は、東京都をはじめとする、競技会場の所在地の自治体がそれぞれ募集する都市ボランティアです。

　大会ボランティアは、競技運営や選手たちのサポート、通訳、競技結果の入力作業、大会関係者に対する送迎など、東京２０２０大会の運営全般にわたって、さまざまな職務を担います。

　一方、都市ボランティアは、主に競技会場に関係する業務を担います。会場までの交通案内や来場者の誘導、大会インフォメーションや、少し変わったところでは、ライブサ

大会ボランティアと都市ボランティア

募集人数は大会ボランティアが8万人、東京都の都市ボランティアが3万人でしたが、大会ボランティアに20万4,680人(2019年1月18日時点)、都市ボランティアに2万467人(2018年12月4日時点)の応募がありました。登録サイトからの募集のほか、競技団体が個別に募集を行ったケースもあります。

	大会ボランティア	都市ボランティア
名称	**Field Cast** (フィールドキャスト)	**City Cast** (シティキャスト)
運営	公益財団法人 東京オリンピック・パラリンピック 競技大会組織委員会	東京都をはじめとする、競技会場の所在地の自治体
活動内容	競技が行われる会場や選手の生活ベースとなる選手村、その他大会関連施設等で、観客サービスや競技運営のサポート、メディアのサポート等、大会運営に直接携わる活動をします。 **1. 指定なし**　**6. 運営サポート** **2. 案内**　**7. ヘルスケア** **3. 競技**　**8. テクノロジー** **4. 移動サポート**　**9. メディア** **5. アテンド**　**10. 式典**	観光案内、交通案内、大会インフォメーション、観客の盛り上げ、来場者案内、会場運営サポート等。 ※自治体によって条件が異なります。
活動期間	10日以上の活動が基本。 1日8時間程度。	5日以上の活動が基本。 1日5時間程度。 ※自治体によって条件が異なります。
支給品	オリジナルデザインのユニフォーム一式(トップス、ジャケット、パンツ、ハット、シューズ、バッグ等)、活動中の飲食、ボランティア活動向けの保険、交通費相当額(1日1,000円)	オリジナルデザインのユニフォーム一式(シャツ、ジャケット、パンツ、キャップ、シューズ、バッグ等)、活動中の飲食、ボランティア活動向けの保険、交通費相当額

https://tokyo2020.org/jp/special/volunteer/data/volunteer-leaflet-JP.pdf

もっと楽しめるはみ出しネタ

ボランティアの名称「Field Cast／City Cast」はボランティア応募者による投票で決定しました。次に得票数が多かったのは、「シャイニングブルー／シャイニングブルートウキョウ」でした。

イト会場における観客盛り上げも役目の1つです。

　本番時のボランティア活動の様子を、すでに行われた自転車競技ロードレースのテストイベントを例にとってご紹介します。

　体験者は、午前10時前にゴール会場となる富士スピードウェイ入りし、総合受付を行いました。観客のなかには、自転車競技を知らない人もいるため、自転車競技の見どころなどを説明します。途中、昼食休憩を挟み、職務を継続しますが、ゴール地点における選手やチームカー、審判車などの誘導人員が足りないことが判明、そちらの応援に入りました。

　最終走者のゴールは午後5時過ぎ、同時にボランティア業務も終了しました。臨機応変な対応なども求められましたが、オリンピック運営の責任と名誉の一翼を担えた実感は確かなものがあったそうです。

本番までの大会ボランティアスケジュール

2018年
- 9月26日～12月21日 ▶▶ 応募登録

2019年
- 1月～7月ごろ ▶▶ オリエンテーション（説明会・面接等）
- 9月～ ▶▶ 研修通知等受け取り
- 10月～ ▶▶ 共通研修

2020年
- 3月～ ▶▶ 役割・会場のお知らせ通知
- 4月～ ▶▶ 役割別・リーダシップ研修参加
- 5月～ ▶▶ ユニフォーム等受け取り
- 6月～ ▶▶ 会場別研修参加

↓

TOKYO2020

※都市ボランティアのスケジュールは自治体によって異なります。

もっと楽しめるはみ出しネタ

1964年大会でも多くのボランティアが活躍しました。当時の報告書には、「日体大生は、骨身を惜しまず印象がよかった」「ユニフォームの不具合に関するクレームが多かった」と記録されています。

地方からのサポート

ホストタウンと事前キャンプ

東京２０２０大会の開催に合わせ、国は全国の自治体にホストタウンへの立候補と登録を呼びかけてきました。特定の参加国・地域の〝パートナー〟となり、人的・経済的・文化的な交流を行って相互理解を深め、東京２０２０大会の成功をバックアップするとともに、地域の活性化につなげようという制度です。２０１９年12月27日の時点で４０５件、１６３か国・地域が登録されています。

交流事業の内容は自治体によりさまざまですが、自治体としては、ホストタウンになることで、最終的に事前キャンプの誘致につなげたい思惑もあるようです。

事前キャンプは開催国やチームの判断に委ねられるので、ホストタウンが必ずキャンプ地になるとは限りません。隣国で実施したり、キャンプ自体を行わなかったりすることもあります。一方、誘致に成功した自治体も数多く、活性化が課題の市町村には魅力的です。

また、事前キャンプ中はトレーニング以外に練習試合の公開や選手との交流行事等の実施が想定されるので、会期中に東京へ行けない人にとっては、トップアスリートを間近にする貴重な機会になります。たとえ事前キャンプ地に選ばれなくても、パートナー国・地域には親近感が増し、テレビを通した応援に力が入ることでしょう。

ホストタウンの交流活動の例

長野県佐久市 ／ エストニア

市名の発音が同じであるエストニア共和国サク市と相互交流。2016 年 10 月にサク市から中学生７人が来訪し８日間滞在。中学校体験入学や買い物体験など実施。翌年７月には佐久市から中学生８人を派遣。

北海道士別市 ／ 台湾

2017 年７月に台湾師範大学ウエイトリフティング部の合宿を約１週間受け入れ。練習の合間に、そば打ち体験、日本文化体験（茶道、弓道）を実施。歓迎会では地元産農産物を使った料理を提供して PR。

千葉県船橋市 ／ アメリカ

2018 年６月にアメリカ男子体操チームが６日間合宿。期間中、市立船橋高校第３体育館でトレーニングを行うとともに、市内小学生との交流会、書道体験、練習公開、小学生対象の体操教室などを実施。

山形県村山市 ／ ブルガリア

2017 年６月にブルガリア新体操チームが事前キャンプを行う（約２週間）。練習の合間に茶道、華道、さくらんぼ狩りなどを体験。地元中学校新体操部と合同トレーニング。市民体育館で公開演技会など実施。

もっと楽しめるはみ出しネタ

大会組織委員会が開設している「事前トレーニングキャンプ　オンラインガイド」は、トレーニング施設と自治体の紹介を日・英・仏の３か国語で発信しています。https://pregamestraining.tokyo2020.jp/jp/

地方からもライブで応援！

競技会場でなくても、皆と一緒に観戦して盛り上がれる場所……それがライブサイトとパブリックビューイングです。ライブサイトは大型スクリーンによる競技中継だけでなく、ステージイベントや競技体験、各種売店などもあり、総合的な観戦・応援ができる場所。大会組織委員会と関係自治体が共催する東京 2020 ライブサイトと、地方自治体が主催するコミュニティライブサイトの２種類があります。パブリックビューイングは、自治体や各種団体が開設する、競技中継のみ行う場所。いずれも会期中、全国に開設される予定です。

主要参加国の事前キャンプ

決定済みの一部を掲載します。トレーニング施設は自治体のホームページ等に公表されているものを記載していますが（空欄は未確定）、変更になる場合もあるのでご注意ください。トレーニングの観覧の可否も各自治体にご確認ください。

国	予定地	競技	トレーニング施設
アメリカ	千葉県印西市・成田市・佐倉市	陸上	順天堂大学さくらキャンパス ほか
	千葉県船橋市	体操（男子）	船橋市立船橋高校 第 3 体育館
	岐阜県中津川市	レスリング	東美濃ふれあいセンター
	山口県岩国市	ソフトボール	愛宕スポーツコンプレックス野球場
イギリス	神奈川県川崎市	サッカー、7 人制ラグビー、陸上	等々力陸上競技場
	岐阜県高山市	陸上	飛騨御嶽高原高地トレーニングエリア
イタリア	東京都杉並区	ビーチバレー	永福体育館
	東京都板橋区	バレーボール	板橋区立小豆沢体育館
	埼玉県所沢市	陸上、競泳、フェンシング	早稲田大学所沢キャンパス
オーストラリア	埼玉県上尾市	柔道	埼玉県立武道館
	神奈川県小田原市	7 人制ラグビー	城山陸上競技場
	新潟県長岡市	水泳	ダイエープロビスフェニックスプール
カナダ	岐阜県岐阜市	陸上	岐阜メモリアルセンター
	岩手県盛岡市	水球	盛岡市立総合プール
	神奈川県相模原市	ボート	神奈川県立相模湖漕艇場
ドイツ	新潟県上越市	体操	上越市体操アリーナ（建設中）
	山梨県山梨市	ウエイトリフティング	牧丘 B&G 海洋センター
	兵庫県豊岡市	ボート	円山川城崎漕艇場
	沖縄県那覇市	空手	
ブラジル	神奈川県相模原市	サッカー（女子）	相模原ギオンスタジアム
		競泳、飛込等	さがみはらグリーンプール
	東京都大田区	アーチェリー	平和の森公園アーチェリー場
		ビーチバレー	大森東水辺スポーツ広場
フランス	岐阜県高山市	陸上	飛騨御嶽高原高地トレーニングエリア
	山梨県北杜市	自転車（BMX）	YBP
	山梨県甲府市	卓球	
	山梨県山中湖村	自転車（ロード）	
	新潟県新潟市	空手	

もっと楽しめるはみ出しネタ

全国ぐるみの事業としては「東京 2020 参画プログラム」もあります。各地のスポーツ、文化、その他のイベントを東京 2020 大会の応援事業として位置づけるものです。https://participation.tokyo2020.jp/jp/

TOKYO
2020

メダル

みんなでつくった五輪メダル

東京２０２０大会のメダルは画期的なものになりました。全国から提供された使用済みの小型家電（携帯電話など）から回収した金属が使われています。２０１７年４月から２年にわたり展開された「都市鉱山からつくる！ みんなのメダルプロジェクト」により金、銀、銅いずれも必要量を確保。リサイクル率１００％を達成しました。

また、大会のオリジナリティーを出すウラ面のデザインは、プロデザイナーとデザイン専攻の学生から公募（２０１７年12月～２０１８年１月）。４２１作品のなかから川西純市氏の案が採用されました。

東京２０２０大会のメダルは、まさに「みんなでつくった」ものです。

メダルデータ

直径	85mm
厚さ	7.7mm（最小部）～ 12.1mm（最大部）
重量	金：約 556g、銀：550g、銅：約 450g
材料	金：純銀に金めっき（6g）、銀：純銀、銅：丹銅（銅 95%＋亜鉛 5%）

※側面に英語の刻印（競技名、種別名、性別、種目名）
※藍色の木製メダルケース付属

オリンピックメダルの規定

オリンピックのメダルには次のような規定があります。

・直径 70 ～ 120mm、厚さ 3 ～ 10mm、重さ 500 ～ 800g であること
・１位と２位のメダルは銀製（純度 92.5%以上）であること
・金メダルは６g 以上の純金を張ること（金めっき）

夏季大会のメダルはオモテ面に大会の正式名称とオリンピックシンボル、アテネのパナシナイコスタジアムに立つニケ（勝利を司るギリシャ神話の女神）の姿を刻むことになっていますが、ウラ面の規定は、大会エンブレムと競技名を入れることだけです。そのため大会のオリジナリティーは、ウラ面のデザインで発揮されます。

２タイプのニケ

オモテに描かれるニケは、21 世紀最初の大会であるアテネ 2004 大会から変更されました。それまでのニケは彫刻然としており、古代オリンピックからの伝統を感じさせます。現在のニケは翼を広げてスタジアムに降臨する姿で、躍動感があります。アニメ的な雰囲気もあり、キャッチーで、いかにも“21 世紀風”です。

もっと楽しめるはみ出しネタ

冬季大会のメダルの規定は、オモテ面にオリンピックエンブレムと大会の正式名称、ウラ面に競技名と大会エンブレムを入れることだけなので、夏季大会より自由度の高いデザインが可能になっています。

日本のメダル数・入賞数一覧

日本が参加するようになった第5回ストックホルム 1912 大会以降のメダル数と入賞数の一覧です。なお「入賞」は、第 22 回モスクワ 1980 大会までは6位まで、第23回ロサンゼルス 1984 大会から8位までになりました。

開催年	開催地	金	銀	銅	メダル数	4位	5位	6位	7位	8位	入賞数	総数
2020年（第32回大会）	東京	?	?	?	?	?	?	?	?	?	?	?
2016年（第31回大会）	リオデジャネイロ	12	8	21	**41**	8	14	5	7	13	**47**	**88** メダル最多
2012年（第30回大会）	ロンドン	7	14	17	**38**	6	14	7	9	8	**44**	**82**
2008年（第29回大会）	北京	9	8	8	**25**	9	15	11	9	9	**53**	**78** 入賞最多
2004年（第28回大会）	アテネ	16	9	12	**37**	6	12	6	7	9	**40**	**77** 金メダル最多タイ
2000年（第27回大会）	シドニー	5	8	5	**18**	5	10	8	9	10	**42**	**60**
1996年（第26回大会）	アトランタ	3	6	5	**14**	7	14	5	6	4	**36**	**50**
1992年（第25回大会）	バルセロナ	3	8	11	**22**	5	10	5	9	12	**41**	**63**
1988年（第24回大会）	ソウル	4	3	7	**14**	5	4	7	3	5	**24**	**38**
1984年（第23回大会）	ロサンゼルス	10	8	14	**32**	8	9	8	7	8	**40**	**72**
1980年（第22回大会）	モスクワ	ー	ー	ー	ー	ー	ー	ー	ー	ー	ー	ー 不参加
1976年（第21回大会）	モントリオール	9	6	10	**25**	6	6	7			**19**	**44**
1972年（第20回大会）	ミュンヘン	13	8	8	**29**	10	9	5			**24**	**53**
1968年（第19回大会）	メキシコシティー	11	7	7	**25**	9	10	5			**24**	**49**
1964年（第18回大会）	東京	16	5	8	**29**	12	8	16			**36**	**65** 金メダル最多
1960年（第17回大会）	ローマ	4	7	7	**18**	12	9	6			**27**	**45**
1956年（第16回大会）	メルボルン	4	10	5	**19**	6	6	5			**17**	**36**
1952年（第15回大会）	ヘルシンキ	1	6	2	**9**	4	4	6			**14**	**23** 戦後初の参加
1948年（第14回大会）	ロンドン	ー	ー	ー	ー	ー	ー	ー			ー	ー 不参加
1944年（第13回大会）	ロンドン	ー	ー	ー	ー	ー	ー	ー			ー	ー 大会中止
1940年（第12回大会）	東京	ー	ー	ー	ー	ー	ー	ー			ー	ー 大会中止
1936年（第11回大会）	ベルリン	6	4	10	**20**	7	7	11			**25**	**45**
1932年（第10回大会）	ロサンゼルス	7	7	4	**18**	3	9	7			**19**	**37**
1928年（第9回大会）	アムステルダム	2	2	1	**5**	3	0	3			**6**	**11** 初の金メダル
1924年（第8回大会）	パリ	0	0	1	**1**	1	2	2			**5**	**6**
1920年（第7回大会）	アントワープ	0	2	0	**2**	0	0	0			**0**	**2** 初のメダル獲得
1916年（第6回大会）	ベルリン	ー	ー	ー	ー	ー	ー	ー			ー	ー 大会中止
1912年（第5回大会）	ストックホルム	0	0	0	**0**	0	0	0			**0**	**0** 日本初参加

※第6回大会（ベルリン）は第1次世界大戦のため中止。
※第 12 回大会（東京）は日中戦争激化のため開催権返上。第2次世界大戦のため代替開催（ヘルシンキ）も中止。
※第 13 回大会（ロンドン）は第2次世界大戦激化のため中止。
※第 14 回大会（ロンドン）は日本の参加が承認されず不参加。
※第 22 回大会（モスクワ）はソ連のアフガニスタン侵攻に抗議する西側諸国に連動して日本は参加をボイコット。

入賞者は何が授与される？

メダルにばかり関心が向きがちですが、4～8位の「入賞」も決して価値のない結果ではありません。世界の8指に入るのは大変な実力。トップアスリートであることに変わりありません。入賞者には賞状が授与されます。なお、賞状はメダリストにも贈られるので、正確には1～8位が「入賞」です。

もっと楽しめるはみ出しネタ

第1回アテネ大会の優勝メダルは金ではなく銀でした。金、銀、銅になったのは第2回パリ大会からです。ただし形状は長方形でした。第3回セントルイス大会から円形に戻り、現在に至っています。

エンブレムとマスコット

単純なようで実は精緻

国立競技場同様、大会エンブレムも〝難産〟でした。当初決まったデザインに海外からクレームが入り、大騒ぎになってしまったからです。

結局、制作者が作品提供を取り下げ、使用は中止されました。これを受けて実施された〝仕切り直し〟の公募を経てようやく決まったのが、野老朝雄氏がデザインした現エンブレムです。

これも当初は「地味」「結果ありきの選考では?」などの声が一部から上がりましたが、明確な意図と精緻な計算に基づいたデザインであることがわかってくると、次第に異論は減り、賞賛の声が大きくなっていきました。歴史に残るエンブレムの誕生です。

TOKYO 2020

TOKYO 2020
PARALYMPIC GAMES

藍色組市松紋

日本の伝統的な藍色を使った市松模様がモチーフ。多様性を表す3種類・計45枚の四角形を組み合わせて、国・文化・思想などの違いを超えた調和を表現。四角形はオリンピックエンブレム、パラリンピックエンブレムで同数。角度を変えずに各四角形を移動させると、もう一方のエンブレムになる。エンブレム中央のスペースに内接する円の直径も双方同じ。

エンブレムの規定

当初決まったエンブレムの撤回後、招致活動で用いられた"桜リース"のエンブレム(島峰藍氏作)が暫定的に使用されました。このとき「本大会もこれでいいのでは?」との声が一部で上がりましたが、国際オリンピック委員会は招致運動と本大会は別のエンブレムを使うよう規定しているため、これは実現性に乏しい提案でした。

再公募データ

公募期間	2015年11月24日〜12月7日
応募総数	14,599
最終候補4作品発表	2016年4月8日
最終審査	2016年4月25日 (野老朝雄氏作品に決定)

もっと楽しめるはみ出しネタ

招致エンブレムが大会エンブレムに流用できない理由の1つは、大会エンブレムは使用料が発生するからです。無償で使えた招致エンブレムを有料化したのでは、社会的理解が得られないおそれがあります。

マスコットは小学生が選定

　大会エンブレムをめぐる騒動の影響か、マスコットキャラクターは〝公明正大〟を重視した選考が行われました。一般公募作品を3案に絞り込み、小学校、特別支援学校、海外日本人学校などの児童による投票で最終決定するという今までにない試みです。

ミライトワとソメイティ

　これにより圧倒的多数で決定したのが谷口亮氏考案の作品。後日、ミライトワ（オリンピックマスコット）、ソメイティ（パラリンピックマスコット）と名づけられました。どちらも大会エンブレムの市松模様があしらわれ、アニメやゲームのキャラクターを彷彿とさせる未来感に満ちたフォルム。現代日本にふさわしい姿といえます。

公募データ

公募期間	2017 年 8 月 1 日～8 月 14 日
応募総数	2,042
小学生投票	2017 年 12 月 11 日～ 2018 年 2 月 22 日 ※ 16,769 校・205,755 学級参加
結果発表	2018 年 2 月 28 日 （谷口亮氏作品に決定）
名称発表	2018 年 7 月 22 日

TM　©Tokyo 2020

ミライトワ

「温故知新」がコンセプト。伝統を重んじる一方、最先端の情報にも精通する。正義感が強く、運動神経バツグン。瞬間移動が特技。

ソメイティ

顔の桜の花びらの触角でテレパシーを送受信。市松模様のマントで飛行も可能。石や風と話したり、見るだけで物を動かしたりできる。

TM　©Tokyo 2020

もっと楽しめるはみ出しネタ

オリンピックマスコット第1号は 1968 年冬季大会（グルノーブル）の「シュス」です。公式マスコットは 1972 年夏季大会（ミュンヘン）で初登場（愛称：ヴァルディ）。

TOKYO 2020

IBC／MPC

世界中に発信するメディア拠点

熱戦の模様をテレビ・ラジオや新聞などを通して世界中に発信する拠点が、IBC（国際放送センター）とMPC（メインプレスセンター）です。日本最大のコンベンションセンター、東京ビッグサイト（江東区有明）に設けられます。

東展示棟に開設されるIBCは映像メディアの基地として機能。OBS（オリンピック放送機構）は各競技の映像をここに集積し、国際映像の制作と配信を行います。各国の放送局もスタジオを置き、独自番組を自国に向け放送します。

西展示棟に開設されるMPCは、新聞などのメディアの取材拠点。オフィスや記者会見場があります。

東京ビッグサイト

正式名：東京国際展示場。1996年にオープンした日本最大のコンベンションセンター（展示・会議施設）。主要な競技会場へ20～40分程度でアクセスできる好位置にある。当初はレスリングなどの競技会場にもなる予定だったが、国際オリンピック委員会の指摘を受けて幕張メッセへ変更されたため、IBC／MPCが専有することとなった。

オリンピック放送機構（OBS）

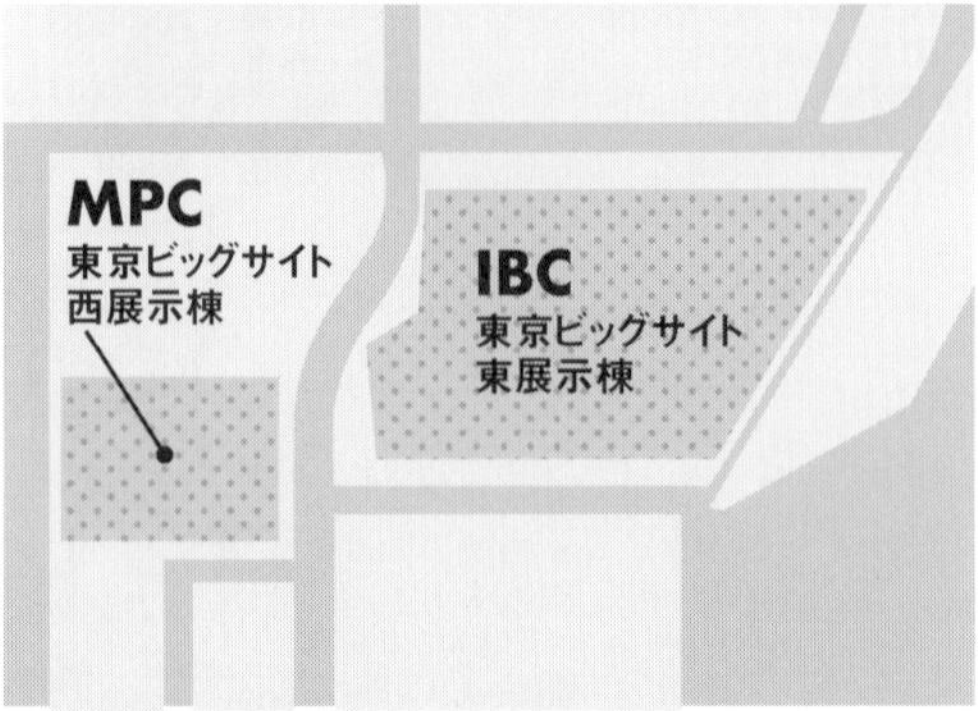

2001年に設立された、オリンピック・パラリンピックの映像を統括する組織。ホストブロードキャスター（主幹放送事業者）として、開催される全競技を撮影し、世界共通の「国際映像」を制作して、放映権をもつ各国各局に配信する。

もっと楽しめる はみ出しネタ

日本ではじめてオリンピックがラジオ放送されたのはロサンゼルス1932大会。放送権料の問題で生中継できず、競技の録音に後からメモをもとにした実況を吹き込んで放送されました。

中継放送から生まれた名セリフ6選

各大会で、名セリフが生まれています。試合中継があったからこそ残る名言ともいえるでしょう。東京2020大会ではどんな名セリフが生まれるでしょうか。

前畑頑張れ！前畑頑張れ！

ベルリン1936大会の女子200m平泳ぎ決勝でのNHK河西三省アナウンサーのラジオ実況。興奮のあまり前畑秀子選手の名前を連呼。

今まで生きてきた中で一番幸せです

バルセロナ1992大会の女子200m平泳ぎを史上最年少で制した当時14歳の岩崎恭子選手が試合直後のインタビューに応えた言葉。

こけちゃいました（笑）

バルセロナ1992大会の男子マラソンでシューズが脱げるアクシデントに見舞われるも8位に入賞した谷口浩美選手のゴール後の言葉。

初めて自分で自分をほめたいと思います

アトランタ1996大会の女子マラソンで、前回大会の銀メダルに続き、銅メダルを獲得した有森裕子選手が、ゴール後のインタビューに応えて。

チョー気持ちいい！

アテネ2004大会の男子100・200m平泳ぎを制した北島康介選手の言葉。北京2008大会で同種目を連覇した際も「何も言えねえ」の名言を残す。

伸身の新月面が描く放物線は栄光への架け橋だ！

アテネ2004大会の男子体操団体で、冨田洋之選手の演技を受けてのNHK刈屋富士雄アナウンサーの実況。日本は28年ぶりの金メダルを決めた。

中継番組の制作

開催競技の映像はOBSが特定の国・選手に偏らないように編集し、国際映像として配信します。しかし、それだけでは国ごとに異なる視聴者の関心に応えられないので、各国の放送局は独自取材した映像も加えて自国向けの映像を制作します。日本ではこれをNHKと民放が共同で結成したジャパンコンソーシアム（JC）が行います。JCのスタッフは各局から派遣されるため、民放のアナウンサーがNHKで中継するといったことも起こります。

ジャパンコンソーシアム（JC）

NHKと民間放送が共同で結成した組織。アトランタ1996大会以降、日本を代表して放映権を獲得し、国際映像の供給を受けている。オリンピックだけでなく、サッカーワールドカップなど、海外で行われる大きなスポーツ大会でも機能している。

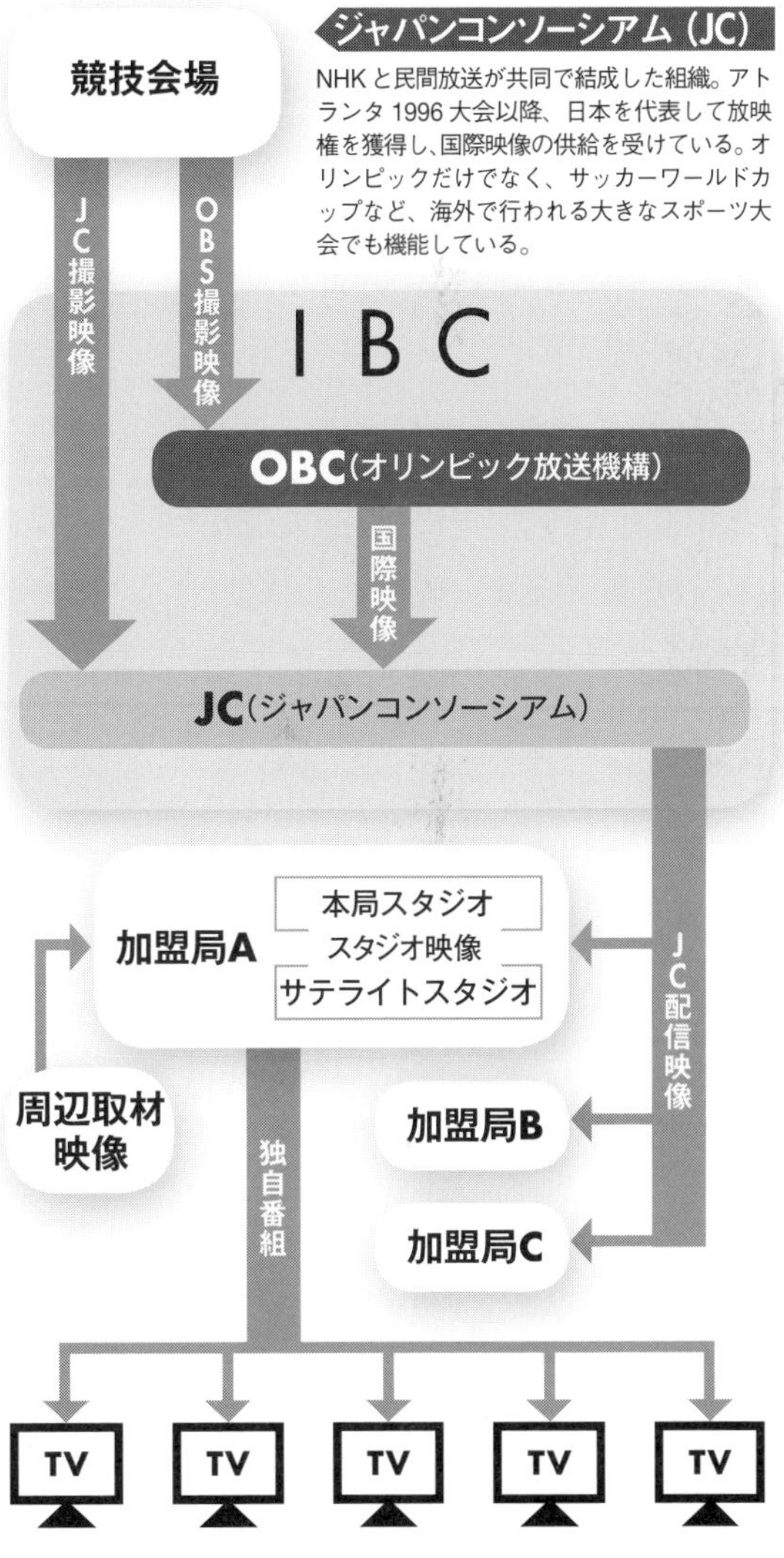

もっと楽しめるはみ出しネタ

最初のテレビ放送はベルリン1936大会で実施されました。まだ実験段階だったため、視聴はベルリンと近郊に限られました。衛星による全世界生中継が実現したのは、1964年の前回東京大会からです。

TOKYO 2020

公式記録映画

映画史に残る名作になるか

国際オリンピック委員会は大会の記録映画の制作を開催都市に義務づけています。夏季大会の公式記録映画は、ストックホルム１９１２大会以降、すべての大会で撮られてきました。高名な監督の起用も多く、映画史に残る名作も誕生しています。

はじまりはベルリン１９３６大会の『オリンピア』（レニ・リーフェンシュタール監督）でしょう。東京１９６４大会の『東京オリンピック』（市川崑総監督）も傑作の誉れ高く、劇場公開時には大ヒットとなりました。東京２０２０大会は河瀬直美監督の起用が決まっています。２０２１年春に完成の予定。新たな傑作の誕生となるでしょう。

河瀬直美

現在の日本の女性映画監督を代表する1人。1997年、初の商業映画『萌の朱雀』でカンヌ国際映画祭のカメラドール（新人監督賞）を最年少（27歳）で受賞。同映画祭ではその後、2007年『殯の森』でグランプリ、2017年『光』でエキュメニカル審査員賞を受賞した。ほかにも『2つ目の窓』『あん』など、監督作はいずれも評価が高い。

『オリンピア』

（レニ・リーフェンシュタール監督／1938年公開）

ベルリン1936大会の記録。2部構成。日本では「民族の祭典」「美の祭典」に分けて公開された。現在も「ナチスのプロパガンダ映画」との批判は根強いが、映画としての芸術性は高く評価されている。

レニ・リーフェンシュタール

ドイツの女性監督。『オリンピア』などの制作により、生涯「ナチス協力者」の非難を浴びた（戦争犯罪は認定されていない）。戦後は写真家として活動。2003年に101歳で他界。

『東京オリンピック』

（市川崑総監督／1965年公開）

オリンピックに向け変化を遂げる東京の風景を映した印象的なオープニング。選手の心情を表現し、ドラマ性が強調された構成で、公開時には「芸術か記録か」の大論争が起こった。現在は「映画史に残る傑作」の誉れ高い。

市川崑

劇映画、ドキュメンタリー、テレビドラマ、CMなど、幅広いジャンルを手がけた名監督。代表作に『ビルマの竪琴』『炎上』『おとうと』『犬神家の一族』（以上映画）、『木枯らし紋次郎』（テレビ）など。

もっと楽しめるはみ出しネタ

公式記録映画を最も多く監督したのは、アメリカのバド・グリーンスパン。1998年の長野冬季大会を含む、夏冬8大会を担当しました。公式監督に指名されなかった大会にも、自ら足を運んだといいます。

その他の代表的な公式記録映画

冬季大会も含めて紹介します。映画館の減少などに伴い、日本では公式記録映画が劇場公開されなくなりましたが、河瀬監督による東京 2020 大会の映画は劇場公開される予定です。

『札幌オリンピック』
（篠田正浩監督／1972年公開）

1972 年札幌冬季大会の記録。日本が表彰台を独占した 70 m級スキージャンプ、“銀盤の妖精”と呼ばれたジャネット・リンのフィギュアスケートの演技シーンが印象的。

『白い恋人たち』
（クロード・ルルーシュ監督／1968年公開）

1968 年グルノーブル冬季大会の記録。ノーナレーションで競技映像がコラージュされ、フランシス・レイ作曲のテーマ曲がくり返し流れる独創的な構成。

『時よ止まれ、君は美しい／ミュンヘンの17日』（1973年公開）

ミュンヘン1972大会の記録。8人の監督によるオムニバス。日本からは市川崑監督が参加。他にクロード・ルルーシュ、アーサー・ペン、ミロシュ・フォアマンなど。

動画配信への取り組み

〈OLYMPIC CHANNEL〉
https://www.olympicchannel.com/
https://www.youtube.com/user/olympic

公式記録映画やテレビ中継に力を入れてきた国際オリンピック委員会だけに、インターネットによる動画配信に取り組まないはずはありません。公式動画サイト「OLYMPIC CHANNEL」があり、YouTube にもチャンネルを開設しています。ここでは過去の映像が視聴できるほか、大会中はライブ配信も実施されます。国際オリンピック委員会がはじめて YouTube で配信を行ったのはロンドン 2012 大会で、ソチ 2014 冬季大会では、ネット配信の時間がテレビの配信時間を上回りました。映画、テレビに続く新たな映像メディアとして、今後さらに発展することは間違いありません。

もっと楽しめる はみ出しネタ

監督選定は、オリンピック組織委員会に委ねられています。国際オリンピック委員会の求める「国際的に活躍する日本人監督」という条件に基づき検討と協議を重ね、河瀬監督に決まりました。

TOKYO 2020

オリンピックの知的財産

知財は厳しく管理されている

　国際オリンピック委員会や日本オリンピック委員会が知的財産権に厳しいことは有名です。シンボル、エンブレム、マスコット、競技などを表現するピクトグラム、写真や映像、メダルや聖火台、トーチ、「オリンピック」「パラリンピック」の呼称、「東京2020」などの略称、さらに「がんばれ！ニッポン！」などのスローガンも、自由な使用は認められていません。

　厳格な知財管理の背景にはスポンサーの存在があります。大会の開催・運営には莫大な費用がかかりますが、そのかなりの部分はスポンサー料でまかなわれています。1社あたり最高で100億円単位にもなるといわれる高額な協賛金の見返りとして、各種知財を広告や販促などに使う権利をスポンサーに認めています。

アンブッシュマーケティング

　金額が金額だけに、知財については厳格に対応しなければ、スポンサーに〝顔向け〟ができません。無断使用を放置していては、スポンサーになる魅力が薄れ、将来的な資金難を招くおそれもあります。

　よって必然的に知財管理は徹底されることになります。近年は特にアンブッシュマーケティングに神経をとがらせています。いわゆる便乗商法などを指し、無断使用だけでなく、類似のアイコン、連想させるフレーズなどもNGになっています。個人商店なども十分な注意が必要です。

オリンピックのスポンサー

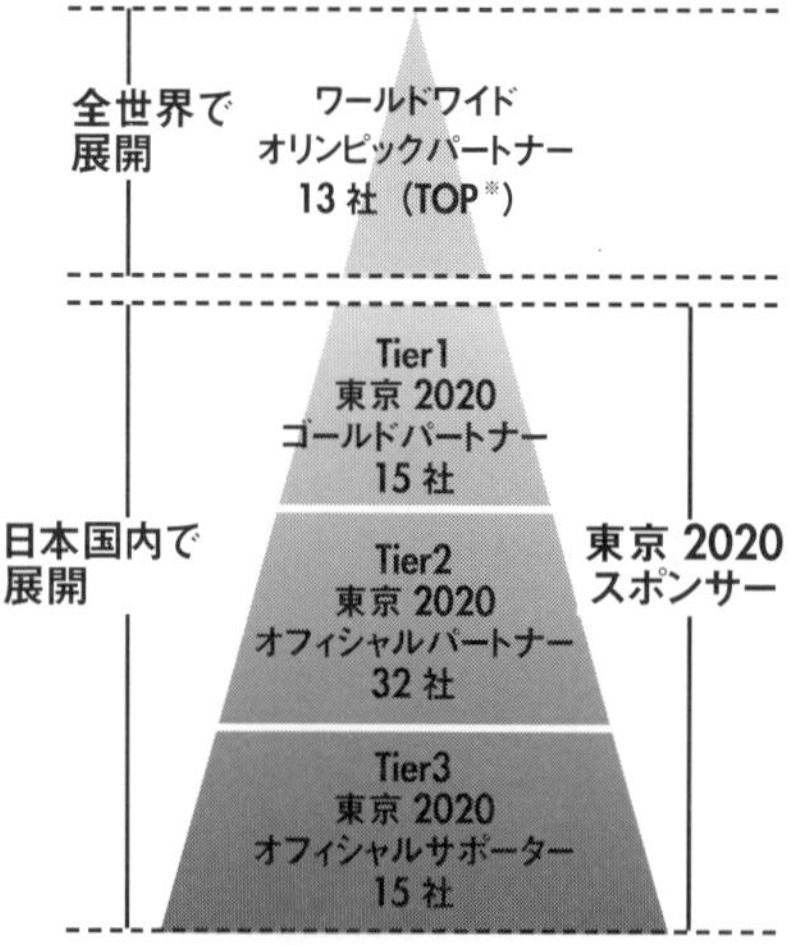

※ The Olympic Partner

大会運営に関連する収入の割合

立候補ファイル（2013）より抜粋・編集
・The Olympic Partner［TOP］

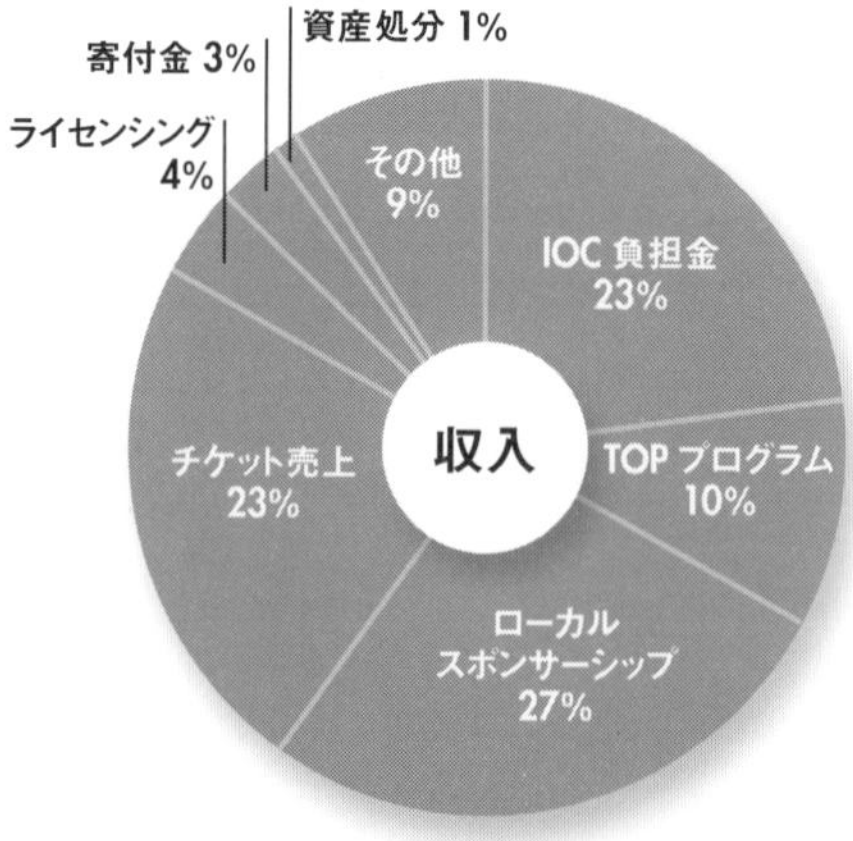

もっと楽しめる はみ出しネタ

スポンサー重視の方針は「商業主義が過ぎる」と批判もありますが、開催地の税金拠出に頼りすぎていたオリンピックを資金面で救い、今日の隆盛につなげたことも確かな事実です。

SNSへの動画投稿は“御法度”

2019年初夏にチケットの抽選販売が実施されたとき、インターネット空間をざわつかせた一件があります。「チケット購入・利用規約」に、来場者が競技会場で撮影した動画をSNSなどインターネットに投稿する行為を禁止する規定※1があったからです。

条文をよく読むと、撮影自体を禁止しているわけではなく、私的利用や非営利的利用などはOKとしています。また、写真の投稿については禁止規定がなく、動画と音声に限っています。ユーチューブやインスタグラムなどの投稿動画を、テレビ放送や動画配信サービスのコンテンツ等と同等に位置づけていることは明らかです。

私的な写真もIOCに権利が

規約には“驚きの規定”がもう1つありました。来場者は会場内で撮影した写真や動画、録音した音声について、著作権を含む一切の知的財産権を国際オリンピック委員会に移転することに同意し、それが私的利用や非営利的利用の許諾の前提になるという規定です※2。「あなたが撮った写真・動画であっても、国際オリンピック委員会のモノです」といっていることになります。

こうした規定にチケットの購入者はかなり困惑したようで「自撮りもダメなのか」「時代に合わない」「実行性が疑わしい」などの声が多く上がりました。ただ、見方を変えると、国際オリンピック委員会はそれくらい「権利」という概念を尊重しているともいえます。

実際に私的な動画投稿でクレームが入るとは考えにくいですが、内容によってはSNSの運営会社に削除が要請される可能性もゼロではありません。無用なトラブルを避けるためには、規定を原則として理解しておくべきでしょう。

※1　IOCは（中略）チケット保有者が会場内で撮影・録音したコンテンツを個人的、私的、非営利的かつ非宣伝目的のために利用することができる制限的かつ取消可能な権利を、チケット保有者に対して許諾します。ただし、チケット保有者は、会場内で撮影または録音された動画および音声については、IOCの事前の許可なく、テレビ、ラジオ、インターネット（ソーシャルメディアやライブストリーミングなどを含みます。）その他の電子的なメディア（既に存在するものに限らず将来新たな技術により開発されるものを含みます。）において配信、配布（その他第三者への提供行為を含みます。）することはできません。〔東京2020チケット購入・利用規約　第33条の4〕

※2　チケット保有者は、会場内において、写真、動画を撮影し、音声を録音することができます。また、チケット保有者は、IOCが、これらのコンテンツに係る知的財産権（著作権法第27条および第28条の権利を含みます。）について、チケット保有者もしくはその代理人に対する金銭の支払や、これらの者から別途許諾を要することなく、単独で権利を保有することに同意し、さらにチケット保有者は、これらのコンテンツについて保有する一切の権利（著作権法第27条および第28条の権利を含みます。）をIOCに移転するとともに、その著作者人格権を行使しないことに同意します。〔東京2020チケット購入・利用規約　第33条の3〕

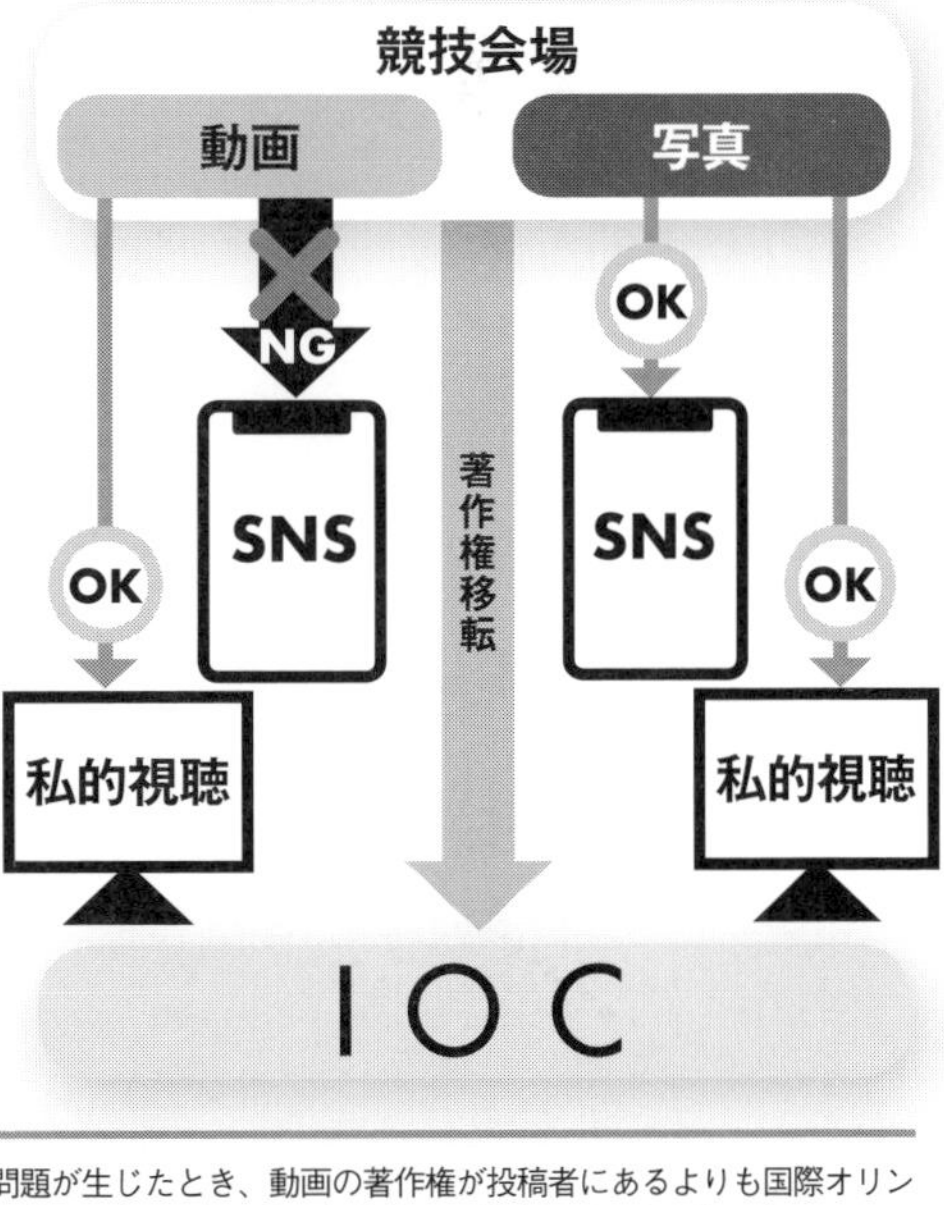

もっと楽しめるはみ出しネタ

SNSへの投稿動画が原因で何らかの問題が生じたとき、動画の著作権が投稿者にあるよりも国際オリンピック委員会にあったほうが削除要請がしやすい、ということもあって規定しているようです。

TOKYO 2020

東京2020観戦チケット

サーバーがパンクした抽選販売

すでに観戦チケットを手に入れた人も多いことでしょう。本書の発刊時点では、公式リセール前の抽選販売は終了しています。

いずれも大盛況となり、2019年5月に実施された第1次抽選販売では、販売開始と同時に公式販売サイトにアクセスが集中してパンクし、運営側が「別の日にアクセスを」と呼びかける事態になりました。

申し込みできても、複数の種目で当選した人がいる一方で、すべて落選という人も続出しました。そのため「全敗」した人を対象に、セカンドチャンスと称する追加抽選販売が8月に実施されました。

チケットのタイプ

チケットには次の3つのタイプがあります。最も手軽で費用もかからないのはモバイルチケットですが「手数料がかかっても“思い出の品”を手元に残したい」と、あえて紙チケットを選択する人も少なくないようです。

ホームプリントチケット

ダウンロードしたチケットデータを自宅のプリンタで印刷する方法。若干手間がかかる。プリンタのインクの残量にも注意が必要。

モバイルチケット

いわゆるeチケット。スマートフォンやタブレット端末に表示する。手軽だが操作に慣れておくことと、端末のバッテリー残量に注意。

紙チケット

手間要らずで、半券が“思い出”にもなるが、発行手数料（300円＋税）と配送手数料（800円＋税）が必要なので、ほかのタイプより割高。

チケットの購入場所

チケットは原則として、すべて公式販売サイトを通しての販売になります。2020年春には公式販売所も都内に設置される予定です。また、観戦ツアーなど、組織委員会が指定した販売事業者を通しての販売もあります。それ以外での販売は禁止されており、ネットオークションやフリマアプリなどを通した転売には目を光らせています。非正規の方法で入手したチケットはすべて無効となるので注意が必要です（2020年春に公式リセールサイトが開設される予定）。

もっと楽しめるはみ出しネタ

2019年9月27日、大会組織委員会は第1次抽選販売で、不正なIDで購入されたチケットが約6,900枚あったことを公表、それらを無効化するとしました。転売目的での組織的不正が疑われます。

購入のチャンスは直前まである

　当初のスケジュールでは2019年秋に先着順販売を実施する予定でしたが、抽選販売以上にアクセスが殺到するおそれがあることからこれを取り止め、第2次抽選販売に切り替えることになりました。また、2020年春には公式チケット販売所が都内に開設される予定。

　また、購入できたものの、都合で行けなくなった人がチケットを譲渡販売できる公式リセールサイトも開設される予定です。

　さらに、一般チケット以外にも、ホスピタリティパッケージや旅行会社企画の観戦ツアーもあります。このように入手のチャンスはまだあります。諦めるのはまだ早い！

複数回のチャンスがある！

2019年5月　第1次抽選販売　済 → 当選

落選

2019年8月　追加抽選販売　済 → 当選

落選

2019年11月　第2次抽選販売　済 → 当選

落選

2020年春（予定）　公式リセール　春季販売（公式サイト、公式販売所） → 購入

残念　購入できず → ライブサイト　パブリックビューイングへ！

公式観戦ツアー

観戦と交通手段と宿泊をパッケージしたもの。オフィシャル旅行サービスパートナーの旅行会社が販売。

ホスピタリティパッケージ

特別席での観戦にラウンジでの飲食サービスなどをセットしたもの。公式サイトより登録・購入します。https://officialhospitality.tokyo2020.org/?lang=ja

こんなウラワザも？

大会スポンサーのなかには観戦チケットを賞品として販促キャンペーンを展開している企業があります。強運を信じて応募してみる？

もっと楽しめるはみ出しネタ

購入したチケットは来場予定者の氏名登録が必要で、入場時は身分証明書の提示が求められます。厳しすぎるようにも思えますが、会場がテロの標的になる可能性もあるだけに、やむを得ないところです。

TOKYO 2020

ユニバーサルデザインの推進

ユニバーサルデザインとは？

ユニバーサルデザインという語を耳にすることが多くなりました。「福祉用語」と思っている人が多いかもしれませんが、バリアフリーとは何が違うのでしょうか。

ユニバーサルデザインとは「文化、言語、国籍、年齢、性別などの違いや障がいの有無、能力差などを問わず、だれにでも使いやすい設計や情報」のこと。一方、バリアフリーは、障がいのある人の利用を妨げるさまざまな障壁（バリア）を取り払い、だれもが支障なく暮らせる社会を目指す取り組みです。

「だれにも」利用しやすく

同じように見えますが、バリアフリーは健常者の利用が先に想定され、ハンディキャップのある人にも配慮しようという考えです。一方、ユニバーサルデザインは、人はそれぞれ多様な違いを持っているという前提に立って、だれもが生活しやすい環境整備を目指す考えです。

例えば、階段にスロープを併設するのはバリアフリーです。ユニバーサルデザインでは「最初から段差を設けません」。ただし、ユニバーサルデザインとバリアフリーは対立するものではなく、並行して進め得るものです。

ユニバーサルデザインを全国展開

海外から多くの人を迎える東京大会に合わせ、国はユニバーサルデザイン2020行動計画を2018年に策定、共生社会実現を目標

ユニバーサルデザインの例

ピクトグラム

2020年東京大会

ユニバーサルデザインの代表例。「非常口サイン」や、障がい者に対応していることを示す「車いすマーク」は万国共通。国や言語が異なっても、ひと目で用途が理解できます。ちなみに非常口サインは日本発祥です。オリンピックでは大会ごとにオリジナルの競技ピクトグラムが考案・使用されています。東京2020大会でもデザイナーの廣村正彰氏率いるチームが、躍動感あるピクトグラムを開発しました。

点字付きビール缶

「物」にもユニバーサルデザインは採用されています。ビールなどアルコール飲料の缶に点字が刻印されていることを知っていますか？目の不自由な人だけでなく、誰もが酒類だとわかります。

ノンステップバス

近年普及が進んでいる、昇降の段差をなくした低床のバス。ドア側の車高を下げる「ニーリング機能」を搭載したタイプもあります。車いすや高齢者でも乗降しやすいのが特徴です。

駅ナンバリング

駅名表示や車内案内に英語や中国語、韓国語を併記する例が増えてきましたが、文字だけでは外国人にわかりにくい場合があります。駅ごとに番号を振ったことで、どの駅か判別しやすくなりました。

もっと楽しめる はみ出しネタ

多彩なピクトグラムが考案され使用されたのは、東京1964大会からです。美術評論家・勝見勝氏の主導のもと、競技のシンボルや公共施設などのピクトグラムが作成されました。

に公共施設や交通インフラのユニバーサルデザイン化を進めるとともに、心のバリアフリーを掲げ、人々への意識啓発も図っています。

　ユニバーサルデザインは、身近な場所で着実に採用されています。近年、公共施設のトイレが拡張されたり、街角にピクトグラムや自動音声による案内が設置されたり、身のまわりで進む〝変化〟を実感している人は多いでしょう。特に駅や空港のような、国内外の多くの人が利用する公共交通機関の施設では、エレベーターやホームドアの設置などが急がれています。

東京大会のレガシーとして

　東京五輪の組織委員会も「すべての人々にアクセシブルでインクルーシブな大会の実現」を掲げ、行政の協力も得て「Ｔｏｋｙｏ２０２０アクセシビリティ・ガイドライン」を策定しました。ユニバーサルデザインを取り入れた、会場整備の指針となるもので、会場内外のアクセスルートや設置設備、案内表示、さらにはスタッフやボランティアの接遇対応に至るまで、このガイドラインに基づいて整備が進められています。

　ユニバーサルデザインによる街づくりは、大会終了とともに終わるものではなく、東京２０２０のレガシー（→１４０ページ参照）として継承されていくものです。

心のバリアフリー

①障害のある人への社会的障壁を取り除くのは社会の責務であるという「障害の社会モデル」を理解すること。
②障害のある人（及びその家族）への差別（不当な差別的取扱い及び合理的配慮の不提供）を行わないよう徹底すること。
③自分とは異なる条件を持つ多様な他者とコミュニケーションを取る力を養い、すべての人が抱える困難や痛みを想像し共感する力を培うこと。
（「ユニバーサルデザイン 2020 行動計画」より）

UD タクシー

車いすの乗降に対応したユニバーサルデザインタクシー（UD タクシー）の導入を行政が補助して全国で進めている。東京都の場合、2020 年までの 5 年間で 1 万台の導入を目指している。

ホームドア

安全面からも設置が急がれる駅のホームドアは、2019 年 3 月末時点で、JR・私鉄合わせて全国 783 駅に設置されている。国土交通省はこれを 2020 年度までに約 800 駅まで増やす目標を掲げる。

鉄道車両の車いす対応

車両内の車いすスペース確保や車いす対応車内トイレの導入を JR・私鉄ともに進めている。JR・私鉄を合わせた車いすスペースの全国の導入割合は、車両編成ベースで 75.5%（2019 年 3 月末現在）。

「Tokyo2020アクセシビリティ・ガイドライン」の基準例

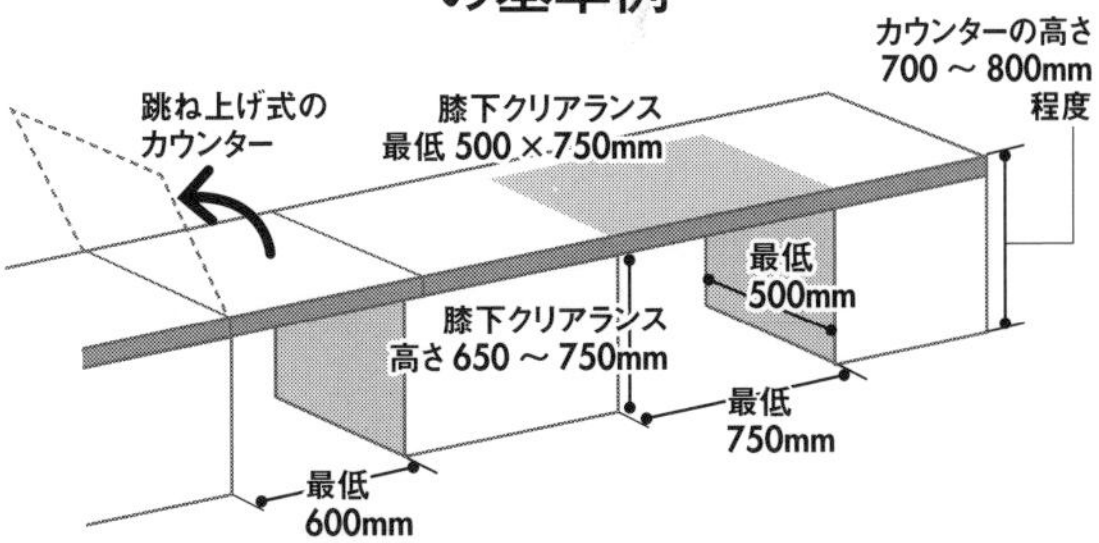

サービスカウンター

・床面からの高さ：700 ～ 800mm 程度
・車いす使用者、腕が届きにくい人、腕力のない人をサポートできるよう、カウンター内側から外に出られる出入口を設ける（最低幅 600mm）

あらゆる人への対応ができるように、カウンターのサイズや構造が定められていることがわかる。
（「Tokyo2020 アクセシビリティ・ガイドライン／（概要版）」より）

もっと楽しめるはみ出しネタ

東京 1964 大会のピクトグラムを作成したデザイナーたちは、社会的な普及を願って著作権を放棄しました。世界初の体系的なピクトグラムは高く評価され、その思想は世界に広がり、発展していきました。

TOKYO 2020

東京2020と大会予算

東京2020の収支はどうなっている？

東京2020大会における収入は、6,000億円。支出は、1兆4,500億円から1兆6,500億円と算出されています。支出に差があるのは、1,000億円から3,000億円の間で、予備費が設定されているからです。

最も多いのは、国内スポンサーからの収入です。スポンサーは、4つのカテゴリに分類されます。最もレベルが高いのは、「ワールドワイドオリンピックパートナー」であり、国際オリンピック委員会との契約となります。コカ・コーラ、トヨタ自動車、ブリヂストンやパナソニックなど、13社が名を連ねます。

その下に、日本オリンピック委員会と契約を結ぶスポンサーが設定され、レベルの高い順から、「東京2020ゴールドパートナー」「東京2020オフィシャルパートナー」「東京2020オフィシャルサポーター」となります。

続いて、国際オリンピック委員会負担金、チケット売上となります。

支出の内訳は、会場建築費用などのハード関係支出が、8,100億円、大会運営費用や、輸送、セキュリティなどのソフト関係支出が5,400億円となります。

支出は、組織委員会と東京都、国が、4対4対1の割合で負担する予定です。

1964年の東京オリンピックとの比較

1964年に開催された、前回の東京オリンピックの支出と比較

東京 1964 大会との比較

	1964 年大会実績			2020 年大会予測
	当時の貨幣価値	※貨幣価値換算後		
ハード	170 億円	353 億円	→	7,050 億円
ソフト	100 億円	208 億円	→	6,450 億円
計	270 億円	561 億円	→	13,500 億円

出典／2020 年東京オリンピックの経済効果：1964 年との比較で考える
https://www.jcer.or.jp/j-column/column-saito/20180416.html
※ 2020 年大会予測は、予備費を抜いた金額。
※貨幣価値換算は、2019 年 8 月における企業物価指数（100.9）と、1964 年の同指数（48.6）から算出。

東京 2020　組織委員会予算の推移

		立候補時	V1（2016年12月発表）	V2（2017年12月発表）	V3（2018年12月発表）
収入	組織委員会予算	3,400 億円	5,000 億円	6,000 億円	6,000 億円
支出	ハード（会場関係）		6,800 億円	7,050 億円	7,050 億円
	ソフト（大会関係）		8,200 億円	6,450 億円	6,450 億円
支出計		8,000 億円	15,000 億円	13,500 億円	13,500 億円

出典／組織委員会予算 V3　https://tokyo2020.org/jp/games/budgets/ver3/

もっと楽しめるはみ出しネタ

公式発表はありませんが、東京 2020 大会において最も運用経費がかかる種目は、244km にわたって交通整理や警備を行う必要がある男子自転車ロードレースが最有力と考えられます。

してみましょう。

1964年大会での支出総額は、270億円。現在の貨幣価値に換算しても、561億円（→138ページ「東京1964大会」の補足を参照）であり、1兆円をはるかに超える2020年大会とは大きな開きがあります。

なぜ、こんなに支出が増えたのでしょうか。

まず、競技が増えたことによって、競技会場の数も増えています。1964年大会では20数か所だった競技会場は、2020年大会では40を超えています。会場の立地も分散しています。

1964年大会では、会場は、代々木公園、神宮外苑、駒沢公園を中心に実施されました。対して、2020年大会では、主要会場だけでも内陸部のヘリテッジゾーンと海側の東京ベイゾーンに分割され、結果、輸送費やセキュリティ費用などの運営費上昇の一因になっています。

こうしたオリンピック・パラリンピック開催費用の高騰は、東京大会に限らず、現代オリンピックの大きな課題となっています。記憶に新しいところでは、2022年冬季大会の招致で複数の都市がコスト高騰を理由に招致を断念し、結果、北京（中国）とアルマトイ（カザフスタン）の一騎打ちとなったことです。

最終予算はいくらになるのか？

東京2020大会の予算は、二転三転しています。招致時の支出見込みは、8,000億円でしたが、再算出し、2016年12月に発表された試算は、支出が1兆5,000億円（※予備費を含まない）に膨らみ、世論の批判を浴びました。

2017年、2018年の試算では、1兆3,500億円（※予備費を含まない）に見直しがかかりました。今後も、予期せぬ原因により、予算が上乗せされる可能性があります。

東京2020組織委員会予算

<table>
<tr><th></th><th></th><th>組織委員会</th><th>東京都</th><th>国</th><th>合計</th></tr>
<tr><td rowspan="15">支出</td><td>恒久施設</td><td>—</td><td>2,250億円</td><td>1,200億円</td><td>3,450億円</td></tr>
<tr><td>仮設等</td><td>950億円</td><td>2,100億円</td><td rowspan="3">200億円</td><td rowspan="3">4,650億円</td></tr>
<tr><td>エネルギーインフラ</td><td>150億円</td><td>250億円</td></tr>
<tr><td>テクノロジー</td><td>700億円</td><td>300億円</td></tr>
<tr><td>会場関係小計</td><td>1,800億円
(400億円)</td><td>4,900億円
(200億円)</td><td>1,400億円
(200億円)</td><td>8,100億円
(800億円)</td></tr>
<tr><td>輸送</td><td>350億円</td><td>250億円</td><td rowspan="6">100億円</td><td rowspan="6">5,400億円</td></tr>
<tr><td>セキュリティ</td><td>200億円</td><td>750億円</td></tr>
<tr><td>オペレーション</td><td>1,050億円</td><td>100億円</td></tr>
<tr><td>管理・広報</td><td>650億円</td><td>0億円</td></tr>
<tr><td>マーケティング</td><td>1,250億円</td><td>0億円</td></tr>
<tr><td>その他</td><td>700億円</td><td>0億円</td></tr>
<tr><td>大会関係小計</td><td>4,200億円
(200億円)</td><td>1,100億円
(100億円)</td><td>100億円
(100億円)</td><td>5,400億円
(400億円)</td></tr>
<tr><td>計</td><td>6,000億円
(600億円)</td><td>6,000億円
(300億円)</td><td>1,500億円
(300億円)</td><td>13,500億円
(1,200億円)</td></tr>
</table>

収入	IOC負担金	850億円
	TOPスポンサー	560億円
	国内スポンサー	3,200億円
	ライセンシング	140億円
	チケット売上	820億円
	その他	330億円
	増収見込	100億円
	計	6,000億円

（注1）このほかに予備費1,000億～3,000億円があります。これにより、予期せずに発生し得る、緊急に対応すべき事態等に対処します。
（注2）（　）は、うちパラリンピック経費分です。

もっと楽しめるはみ出しネタ

国際スポンサー制度がはじまった1988年から契約を継続しているのは、コカ・コーラ、VISA、パナソニックの3社。東京2020大会では、新たにブリヂストンとトヨタ自動車が加わりました。

東京2020が未来に遺すもの

「オリンピック・レガシー」とは?

「レガシー(Legacy)」とは、本来「遺産」や「先人の遺物」を意味する言葉ですが、最近では、「後世に業績として評価されることを期待した計画中の事業」の意味で用いられるようになっています。

「オリンピック・レガシー」とは、オリンピックを開催することによって得られる長期的な有形無形の恩恵を指します。

近年のオリンピック・パラリンピックでは、競技の勝敗やメダルの獲得数だけでなく、オリンピック・レガシーを重要視しています。

有形のレガシーとしては、例えばオリンピック競技場として建築され、オリンピック終了後も活用される施設や、オリンピック開催にとも

東京2020における「アクション&レガシー」

「アクション&レガシー」は、大きく2つのプロセスに分解されます。1つ目のプロセスは、東京2020大会ビジョンをもとに、「スポーツ・健康」「街づくり・持続可能性」「文化・教育」「経済・テクノロジー」「復興・オールジャパン・世界への発信」の5本の柱の専門家たちが、具体的なアクションプランや遺すべきレガシーを議論します。2つ目のプロセスは、先のプロセスをもとに、できるだけ多くの人々に、レガシーに関する具体的アクションに参画してもらうことを目的としています。

東京2020大会ビジョン

スポーツには世界と未来を変える力がある

すべての人が自己ベストを目指し(全員自己ベスト)
一人ひとりが互いを認め合い(多様性と調和)
そして、未来につなげよう(未来への継承)

各分野の専門家が、具体的アクションや、遺すべきレガシーを議論

アクション&レガシー

~東京2020大会に参画しよう。そして、未来につなげよう~

5つの柱

1. スポーツ・健康
2. 街づくり・持続可能性
3. 文化・教育
4. 経済・テクノロジー
5. 復興・オールジャパン・世界への発信

多くの方に参画してもらう

東京2020参画プログラム

東京2020公認プログラム

各省庁、開催都市(東京都、都内区市町村)、スポンサー企業、JOC、JPC、会場関連自治体などが実施する公認事業

東京2020応援プログラム

開催都市や会場関連自治体以外の自治体、非営利団体などアクションの裾野を広げることにより、より多くの人々が参加できることを目指す

東京2020終了後も、継続して取り組むことでレガシーとなる

もっと楽しめるはみ出しネタ

東京オリンピックは、1940年にも予定されていました。しかし日本は日中戦争を開始、当時の国際連盟が非難決議を行うなど、国際世論の非難を受け、1938年に東京オリンピック中止が決定しました。

なって整備された鉄道、道路などのインフラが挙げられます。

無形のレガシーとしては、国民意識の高まり、自国文化の世界に対する認知向上や、環境意識の向上などが挙げられます。

１９６４年のレガシーは何だったのか？

レガシーとは、意図してつくり上げるものであると同時に、後世、評価され、レガシーとして認識されるものでもあります。

では、１９６４年に開催された前回の東京オリンピックにおけるレガシーとは何だったのでしょう？

当時の日本は、戦後の高度経済成長期のただなかにありました。首都高速開通（１９６２年）や、東海道新幹線開業（１９６４年）は、オリンピックによる有形のレガシーにおける代表例でしょう。

また、１９６２年にテレビ受信契約数が１０００万を突破した背景には、東京オリンピックの存在がありました。「カラーテレビ、クーラー、自動車」は、１９５０年代後半の「三種の神器」（白黒テレビ、洗濯機、冷蔵庫）になぞらえて、「新三種の神器」として、当時の好景気を象徴するものでした。

このように、１９６４年大会のレガシーは、戦後日本の復興を象徴し、人々の生活を豊かにしていく、有形のものが中心であったのでしょう。

では、後世の人々は、東京２０２０のレガシーをどう捉えるのでしょうか。その候補をいくつか考えてみましょう。

◆自動運転システム

内閣府は、２０２０年までに自動運転を実現すると公言しています。自動運転技術は進化を続けており、東京２０２０を機に、自動運転が普及する可能性は高いでしょう。

ただし、自動運転は、高速道路や国家戦略特区など、限定された場所、条件下で可能であり、人の運転操作に取って代わる、完全自動運転の実現は、まだ先のことです。

各分野の事業・イベントで使われるマーク

公認プログラム

TOKYO 2020

TOKYO 2020
PARALYMPIC GAMES

TOKYO 2020
応援プログラム

「アクション＆レガシー」の２つ目を特に「東京2020 参画プログラム」と呼び、実施する団体によって、「公認プログラム」と「応援プログラム」の２つに分類されます。マークは左記のとおりです。また、アクションプランは、「スポーツ・健康」「街づくり」「持続可能性」「文化」「教育」「経済・テクノロジー」「復興」「オールジャパン・世界への発信」の８つのカテゴリに分類されています。

もっと楽しめるはみ出しネタ

1964 年大会では、IBM 製電子計算機による記録の集計と速報が初めて正式採用されました。競技会場で入力された記録が、即座に各所に配信されるしくみは、当時極めて画期的でした。

◆スムーズビズ

「スムーズビズ」とは、東京都が進めるプロジェクトであり、都民や企業による交通行動の工夫やテレワーク環境の整備、多様な働き方の実行などを後押しするものです。

東京2020における交通需要マネジメント（TDM）のアクションプランとして行われるものですが、東京2020終了後も継続することで、働き方改革を進め、レガシーとして定着させることを狙っています。

◆インバウンドの拡大

2018年実績で、訪日外国人旅行者は約3，119万人でしたが、2020年には4，000万人、2030年には6，000万人を目標としています。

現在、外国人旅行者の国内消費は買い物や宿泊費が中心となっています。観光地の魅力向上に努め、観光のための交通インフラを整備、サイクルツーリズムやご当地マラソンなどの魅力も発信することで、

1964年大会前後の主な出来事

・ユーリイ・ガガーリン飛行士（旧ソ連）が、有人衛星による人類初の宇宙飛行に成功
・大阪環状線が全線開通
・旧東ドイツが東西ベルリンの境界を封鎖。後にベルリンの壁を建設
1961年

・東京都、人口1,000万人を突破（世界初の1,000万人都市）
・日本のテレビ受信契約数が1,000万突破（普及率48.5%）
・ビートルズ、レコードデビュー
・キューバ危機
・首都高速の京橋 - 芝浦間が開通
1962年

・テレビアニメ『鉄腕アトム』放映開始
・名神高速の栗東 - 尼崎間が開通（日本初の高速道路）
・ケネディ大統領（アメリカ）が暗殺される
1963年

・東京オリンピック開催
・シャープが、世界初の電卓を発表
・営団地下鉄日比谷線が全線開通
・東海道新幹線が開業（東京 - 新大阪間）
1964年

・アメリカ軍による北ベトナム爆撃（北爆）開始
・名神高速道路が全線（小牧 - 西宮間）開通
・中国で文化大革命が始まる
1965年

・ビートルズ来日
1966年

・四日市ぜんそく（三重県）訴訟開始。患者9人が訴訟を起こす
・ツイッギー来日。日本にミニスカートブーム到来
・イタイイタイ病（富山県）の原因を、三井金属鉱業神岡鉱山（岐阜県）の廃水と特定
1967年

「モノの消費から、コトの消費」を喚起していきたいとしています。

変わる東京、変わる日本を見据えて

高度経済成長期のただなかにあった１９６４年大会と違い、現代の日本は、経済、社会とも成熟期にあります。そのぶん経済成長が鈍化し、少子高齢化が進む日本社会は、１９６４年当時のようなわかりやすい目標を掲げることが難しくなっています。東京２０２０大会組織委員会が掲げる「アクション＆レガシー」が複雑でわかりにくいのは、このような現代日本が抱える事情も原因の１つでしょう。

オリンピックは、スポーツの祭典であると同時に、開催国に大きなマイルストーンをもたらすきっかけでもあります。「スポーツには世界と未来を変える力がある」。私たちは、東京２０２０を心から楽しみながら、有形無形のレガシーを体験していくことになります。

インバウンド目標

観光庁は、「明日の日本を支える観光ビジョン」として、野心的なインバウンド目標を設定しています。

日本人国内旅行消費額
2020年 21兆円（最近5年間の平均から約5%増）
2030年 22兆円（最近5年間の平均から約10%増）

外国人リピーター数
2020年 2,400万人（2015年の約2倍）
2030年 3,600万人（2015年の約3倍）

地方部での外国人延べ宿泊者数
2020年 7,000万人泊（2015年の3倍弱）
2030年 1億3,000万人泊（2015年の5倍超）

訪日外国人旅行消費額
2020年 8兆円（2015年の2倍超）
2030年 15兆円（2015年の4倍超）

訪日外国人旅行者数
2020年 4,000万人（2015年の約2倍）
2030年 6,000万人（2015年の約3倍）

東京国際クルーズターミナル

お台場に建設中の「東京国際クルーズターミナル」。豪華客船によるクルーズ旅行が世界的に人気を集めていることもあり、超大型客船が接岸できない晴海客船ターミナルに代わる東京の船の玄関口となります。

生島 淳（いくしま じゅん）

1967年、宮城県気仙沼市生まれ。ノンフィクションライター。早稲田大学社会科学部卒業後、博報堂に入社。99年に独立。メジャーリーグ、NBAなどのアメリカンスポーツ、野球、ラグビー、水泳、陸上、古典芸能などを取材範囲とし、オリンピックはアトランタ1996大会から足を運ぶ。「スポーツ・グラフィック　ナンバー」での取材のほか、NHK、TBSラジオ等に出演。『スポーツを仕事にする！』（ちくまプリマー新書）、『箱根駅伝 勝利の方程式』（講談社＋α文庫）、『箱根駅伝　ナイン・ストーリーズ』（文春文庫）、『気仙沼に消えた姉を追って』『エディー・ジョーンズとの対話　コーチングとは「信じること」』（ともに文藝春秋）など著書多数。訳書に『ウサイン・ボルト自伝』（集英社インターナショナル）がある。

装幀　石川直美（カメガイ デザイン オフィス）
装画　Kirlls ／ Shutterstock.com
イラスト　高橋なおみ
本文デザイン　尾山叔子
地図製作　yscoba
執筆協力　小川裕子、坂田良平、清水一哉
編集協力　有限会社ヴュー企画（佐藤友美）
編集　鈴木恵美（幻冬舎）

知識ゼロからの東京オリンピック観戦入門

2020年2月20日　第1刷発行

監　修　生島 淳
発行人　見城 徹
編集人　福島広司
編集者　鈴木恵美

発行所　株式会社　幻冬舎
〒151-0051　東京都渋谷区千駄ヶ谷4-9-7
電話　03-5411-6211（編集）　03-5411-6222（営業）
振替　00120-8-767643
印刷・製本所　近代美術株式会社

検印廃止

ISBN978-4-344-90342-5 C2095
Printed in Japan
幻冬舎ホームページアドレス　https://www.gentosha.co.jp/
この本に関するご意見・ご感想をメールでお寄せいただく場合は、comment@gentosha.co.jp まで。